高职高专经管类专业实践创新教材

会计制度设计

路少杰　吴静　付晓 ◎ 主编
唐馨　王晓坤　郑云霞 ◎ 副主编

清華大学出版社
北京

内 容 简 介

本书以《中华人民共和国会计法》和财政部修订颁布的《企业会计准则》《企业会计准则——应用指南》，以及其他相关会计法规为主要依据，参考教育部颁布的专业教学标准，针对高职高专院校学生的培养目标，按照会计制度设计课程的定位与特点，设计了10个项目：会计制度总则设计、会计科目设计、会计凭证设计、会计账簿设计、财务会计报告设计、账务处理程序设计、内部控制制度设计原理、企业主要业务内部控制制度设计、会计信息化系统制度设计、会计政策及其选择。会计制度设计作为会计学科的分支学科，是对大数据与会计专业基本理论和方法的综合运用和实践。

本书可作为高等职业院校大数据与会计专业及相关专业的教学用书，也可作为各类企业在职会计人员的培训、自学教材，以及各类企业管理人员的参考书。

图书在版编目（CIP）数据

会计制度设计 / 路少杰，吴静，付晓主编. -- 北京 ：清华大学出版社，2025. 6. --（高职高专经管类专业实践创新教材）. -- ISBN 978-7-302-69145-7

Ⅰ. F233

中国国家版本馆 CIP 数据核字第 20252HR778 号

责任编辑：强　溦
封面设计：傅瑞学
责任校对：刘　静
责任印制：丛怀宇

出版发行：清华大学出版社
网　　址：https://www.tup.com.cn，https://www.wqxuetang.com
地　　址：北京清华大学学研大厦 A 座　　**邮　　编**：100084
社 总 机：010-83470000　　**邮　　购**：010-62786544
投稿与读者服务：010-62776969，c-service@tup.tsinghua.edu.cn
质量反馈：010-62772015，zhiliang@tup.tsinghua.edu.cn
课件下载：https://www.tup.com.cn，010-83470410
印 装 者：三河市君旺印务有限公司
经　　销：全国新华书店
开　　本：185mm×260mm　　**印　　张**：16　　**字　　数**：387 千字
版　　次：2025 年 7 月第 1 版　　**印　　次**：2025 年 7 月第1 次印刷
定　　价：49.00 元

产品编号：101683-01

前言
PREFACE

会计制度设计是大数据与会计及相关专业的核心课程，它以大数据“新技术＋”为背景，融入企业实际工作岗位标准，是学生将来从事财会工作必须学习的一门专业课程，是针对实践教学的专业训练和设计，实践性和应用性极强。

会计制度是会计工作的规范和准则，设计会计制度是会计管理的一项基础性工作。科学地设计企事业会计制度，不仅是加强经济管理的必然要求，也是会计制度设计人员深入研究的重要课题。会计制度设计作为会计学科的分支，有助于大数据与会计、大数据与审计、大数据与财务管理等专业的学生全面理解会计制度的基本理论与应用，并在未来的会计工作实践中，创造性地设计出符合企业特色的会计制度。

本书在编写过程中，严格遵循《中华人民共和国会计法》和《企业会计准则》及其他有关会计法规，紧密结合企业对财会人才的需求，突出职业教育的办学特色，秉持工学结合、理实一体的理念，以多样化的教学资源为基础，围绕提升学生会计制度设计能力这一核心目标对资源进行整理与系统化设计，致力于培养学生实践能力、综合能力和创新能力。

党的二十大报告指出，育人的根本在于立德。本书在编写过程中，注重深入贯彻党的教育方针，落实立德树人根本任务，在每个项目中明确“素质目标”，培养学生的会计职业道德和社会责任感，帮助学生成为有理想、敢担当、能吃苦、肯奋斗的新时代好青年。

本书采用“项目引领、任务驱动”的编写模式，系统地阐述了会计制度设计的基本理论、基本组织架构与操作技能，力求体系完善、结构合理，既突出理论深度，又考虑实践所需。本书共包含 10 个项目，分别为会计制度总则设计、会计科目设计、会计凭证设计、会计账簿设计、财务会计报告设计、账务处理程序设计、内部控制制度设计原理、企业主要业务内部控制制度设计、会计信息化系统制度设计和会计政策及其选择。每个项目根据会计工作岗位的职业能力要求，设计相应的任务，每个任务再根据课程培养目标设计不同的教学活动。

本书的创新之处有以下三点。

首先，直观简洁，一目了然。本书在编写过程中运用大量的图表呈现知识，直观简洁，可操作性强。为了方便学生的学习，每个项目前面都设有“学习目标”与“思维导图”，对项目内容和教学目标要求进行说明，每个项目后都设置“项目总结”，对本项目的重点内容进行梳理总结。同时，每个项目通过“项目描述”和“项目分析”设置多个任务，每个任务中又依次设置“知识准备”“实战演练”“知识拓展”“任务训练”。这种设计符合学生的认知和学习规律，注重循序渐进，体现了职业岗位核心技能要求和工学结合、产教融合的特点。

其次，案例导入，通俗易懂。本书以案例为载体，介绍会计制度设计的基本概念、理念和方法。在整体设计中融入大数据背景，既增加了信息量，又把理论和实践紧密联系起来，并把程序性的设计融入会计事务处理设计，使全书结构紧凑且完整。

最后，体现职业教育教学资源信息化的发展趋势。本书编写以大数据"新技术＋"为出发点，对接教育部"1＋X"证书的新职业标准与岗位要求，以企业真实的经济业务为载体，融入信息化的教学资源、智能化的教学评价，采用项目引领、任务导向的编写体例，构建真实案例、仿真情境的教学模式，为学生构建逼真的会计业务环境、业务流程和业务单据，让学生身临其境体验岗前实践，确保实训教学与企业需求相对接，教学方式与学生学情相对接。

本书由烟台文化旅游职业学院路少杰、吴静，山东商务职业学院付晓担任主编；烟台工程职业技术学院唐馨、山东商务职业学院王晓坤、烟台文化旅游职业学院郑云霞担任副主编；烟台文化旅游职业学院张晓芳、李慧，山东城市服务职业学院王正昕、张睿参与编写。编写团队秉持够用、必需、校企深度合作的原则，精心打磨每一个项目。

本书可作为高等职业院校大数据与会计专业及相关专业的教材，力求全面准确地反映会计典型工作任务的办理流程与手续，着重体现会计工作岗位内部控制的严密性和各项手续的规范性与完整性。同时，本书紧密联系相关会计业务，并进行适当补充，便于学生全面理解相关业务处理，能够灵活运用所学知识解决实际工作中的问题。

在编写过程中，编者参阅了大量文献，在此向这些文献的作者致以诚挚的谢意。由于编者水平有限，书中难免存在疏漏之处，恳请读者和同行不吝赐教，以便修正。

编　者

2025年4月

目录
CONTENTS

项目 1　会计制度总则设计 …… **1**

任务 1.1　会计制度总则概述 …… 2

任务 1.2　会计制度总则内容的设计 …… 5

项目 2　会计科目设计 …… **15**

任务 2.1　会计科目设计概述 …… 16

任务 2.2　总分类科目的设计 …… 19

任务 2.3　明细分类科目的设计 …… 27

任务 2.4　会计科目的编号与使用说明 …… 30

项目 3　会计凭证设计 …… **40**

任务 3.1　会计凭证设计概述 …… 41

任务 3.2　原始凭证的设计 …… 44

任务 3.3　记账凭证的设计 …… 53

项目 4　会计账簿设计 …… **64**

任务 4.1　会计账簿设计概述 …… 65

任务 4.2　序时账簿的设计 …… 68

任务 4.3　总分类账簿的设计 …… 75

任务 4.4　明细分类账簿的设计 …… 79

任务 4.5　备查账簿的设计 …… 83

项目 5　财务会计报告设计 …… **88**

任务 5.1　财务会计报告设计概述 …… 89

任务 5.2　资产负债表的设计 …… 94

任务 5.3　利润表的设计 …… 99

任务 5.4　现金流量表的设计 …… 102

任务 5.5　内部财务会计报告的设计 …… 106

项目 6　账务处理程序设计 …… **116**

任务 6.1　账务处理程序设计概述 …… 117

任务 6.2　记账凭证账务处理程序的设计 …… 121

任务 6.3　科目汇总表账务处理程序的设计 …… 124

任务 6.4 汇总记账凭证账务处理程序的设计…… 128

项目 7 内部控制制度设计原理 …… 134

任务 7.1 内部控制概述…… 135

任务 7.2 内部控制制度设计的意义和原则…… 138

任务 7.3 内部控制制度设计的内容…… 142

项目 8 企业主要业务内部控制制度设计 …… 148

任务 8.1 货币资金业务内部控制制度的设计…… 149

任务 8.2 采购业务内部控制制度的设计…… 159

任务 8.3 存货业务内部控制制度的设计…… 168

任务 8.4 成本费用业务内部控制制度的设计…… 176

任务 8.5 固定资产业务内部控制制度的设计…… 183

任务 8.6 销售业务内部控制制度的设计…… 189

任务 8.7 投资与筹资业务内部控制制度的设计…… 202

项目 9 会计信息化系统制度设计 …… 216

任务 9.1 会计信息化系统制度设计概述…… 217

任务 9.2 会计信息化系统制度内容的设计…… 221

任务 9.3 会计信息化系统内部管理制度的设计…… 224

项目 10 会计政策及其选择 …… 237

任务 10.1 会计政策概述 …… 238

任务 10.2 会计政策的选择 …… 241

参考文献…… 249

项目1

会计制度总则设计

学习目标

【知识目标】

1. 了解会计制度总则的作用。
2. 了解会计制度总则的内容。
3. 掌握会计制度总则内容的设计方法。
4. 掌握会计机构与会计人员总则。
5. 掌握会计核算总则。

【能力目标】

1. 掌握会计制度总则的设计方法。
2. 认识会计制度的作用、内容和设计方法。

【素质目标】

1. 具有认真、严谨的工作作风。
2. 具有一定的自主学习能力。
3. 培养会计素养,树立会计责任意识。

思维导图

会计制度总则设计思维导图如图 1-0-1 所示。

项目描述

华茂公司是一家大型企业,其财会部设有财务科、会计科和审计科三个职能科室。该企业的财务管理分工如图 1-0-2 所示,请指出该公司会计机构的设置存在哪些问题?你认为还应该增设哪些岗位?

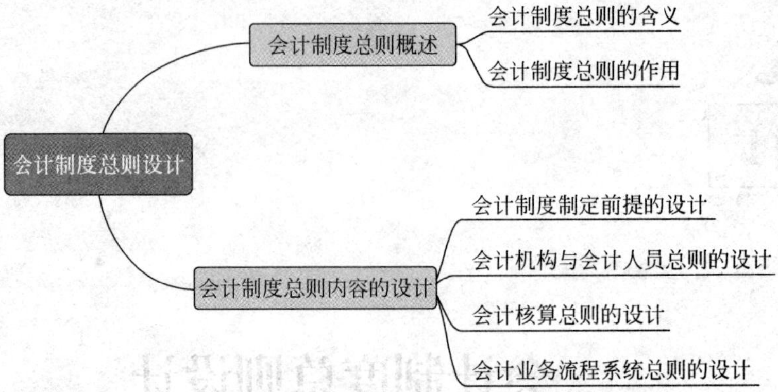

图 1-0-1 会计制度总则设计思维导图

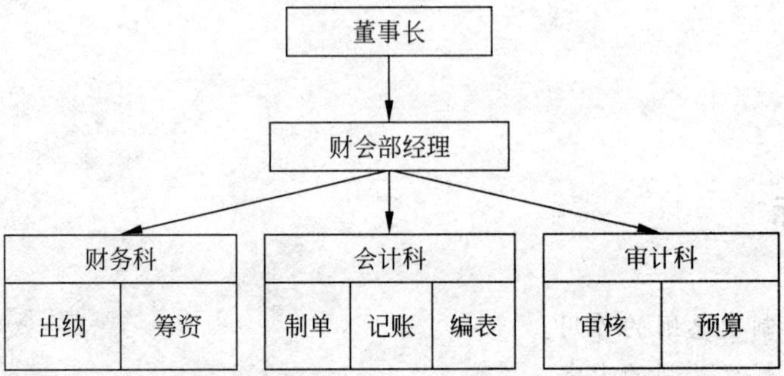

图 1-0-2 华茂公司财务管理分工

项目分析

华茂公司作为一家大型企业,其会计机构的设置是存在问题的,应进一步明确各职能科室的设置及管理权限。这需要会计制度设计者一方面明确会计制度总则设计的作用,另一方面熟知会计制度总则内容设计的注意事项,以此为各职能科室的设置及人员分工提供指导。

任务 1.1 会计制度总则概述

任务目标

1. 了解会计制度总则的概念。
2. 了解会计制度总则的作用。

想一想

1. 你了解什么是会计制度总则吗?
2. 你认为会计制度总则对会计工作有哪些作用?

知识准备

一、会计制度总则的含义

会计制度总则是指写在会计制度最前面的，具有概括性的，且适用于会计工作各个环节的总体原则。在我国，一项会计制度第一章的名称基本上都是“总则”，有时也称为“总说明”。

会计制度设计的内容包括三个方面：会计组织系统设计、会计信息系统设计和会计业务流程系统设计。企业在设计自身适用的会计制度时，应该将这三部分内容统筹考虑，为了总括说明这几部分内容，有必要在会计制度开头设计一个总则部分。

会计制度总则一般包括会计制度的制定目的与依据、适用范围、会计组织机构设置、会计工作任务、会计核算一般原则、记账方法、计量货币、文字选择、财务报告要求等。这些内容概括性地规定了指导性原则、总体要求和任务，是企业组织会计工作的重要依据。通过会计制度总则，企业的财会人员和其他人员可以了解会计制度制定的目的、实施要求，掌握会计制度的总精神，掌握一些指导会计工作的规范，这对会计制度的贯彻实施、明确会计工作任务、做好会计工作具有重要的意义。

二、会计制度总则的作用

（一）统领整个会计制度

任何企业在设计适用于自身的会计制度时，都必须说明该制度的制定目的与依据、适用范围和会计工作任务等。这些要求对该制度所包含的内容起统领作用，会计制度后续的所有内容都必须遵循这些要求，并在这个框架下制定。例如，某集团公司制定了一套会计制度，在适用范围中规定：“本制度适用于本集团内所有纳入合并报表范围的母公司和子公司的会计核算。”从这个规定可以得知，该集团公司在制定会计制度时，仅仅考虑了纳入合并报表范围的公司的会计核算，未纳入合并报表范围的公司的会计核算不受此制度约束。

（二）指导做好会计工作

会计制度总则是写在最前面的概括说明，简要概括了会计制度的基本内容和一些原则性规定，如会计核算一般原则、计量货币、文字选择和记账方法的选择等。这些内容对会计工作具有全面的指导意义。

实战演练

1. 想一想

请你联系一家企业，以会计制度设计为目的，了解企业的基本情况，并阐述该企业会计制度总则存在的不足之处。

2. 写一写

西方电子公司拟根据《企业会计制度》设计内部会计制度，请你为其编写内部会计制度总则的第一条和第二条。

知识拓展

《企业会计制度》第一章 总则(前六条)

第一条 为了规范企业的会计核算，真实、完整地提供会计信息，根据《中华人民共和国会计法》及国家其他有关法律和法规，制定本制度。

第二条 除不对外筹集资金、经营规模较小的企业，以及金融保险企业以外，在中华人民共和国境内设立的企业(含公司，下同)，执行本制度。

第三条 企业应当根据有关会计法律、行政法规和本制度的规定，在不违反本制度的前提下，结合本企业的具体情况，制定适合于本企业的会计核算办法。

第四条 企业填制会计凭证、登记会计账簿、管理会计档案等要求，按照《中华人民共和国会计法》《会计基础工作规范》和《会计档案管理办法》的规定执行。

第五条 会计核算应当以企业发生的各项交易或事项为对象，记录和反映企业本身的各项生产经营活动。

第六条 会计核算应当以企业持续、正常的生产经营活动为前提。

任务训练

一、单项选择题

1. 一般写在规章条例前面的概括性条文是(　　)。

A. 前言　　B. 序言　　C. 说明　　D. 总则

2. 下列各项不属于会计制度总则作用的是(　　)。

A. 明确制定会计制度的目的　　B. 明确贯彻实施的范围

C. 掌握会计制度的总精神　　D. 规范会计工作的操作

3. 我国会计制度是国家财政部门通过一定行政程序制定的，具有(　　)的会计规范。

A. 正确性　　B. 强制性　　C. 协调性　　D. 广泛性

4. 设计会计制度时，必须以(　　)为依据。

A.《企业会计制度》　　B.《企业会计准则》

C.《中华人民共和国公司法》　　D.《中华人民共和国会计法》

5.《中华人民共和国会计法》规定，(　　)应对本单位的会计工作和会计资料的真实性、完整性负责。

A. 会计师　　B. 财务总监　　C. 单位负责人　　D. 董事长

二、多项选择题

在设计的会计制度中，应在(　　)等方面体现内部控制要求。

A. 控制环境　　B. 控制内容　　C. 控制程序　　D. 控制机构

三、简答题

会计制度设计与会计法规体系有什么关系？

任务 1.2 会计制度总则内容的设计

任务目标

1. 掌握会计制度总则的设计内容。
2. 了解会计制度总则内容设计中需注意的问题。

想一想

你认为作为会计主管,在会计制度总则设计中应注意哪些问题?

知识准备

会计制度总则内容涉及范围广泛,各条规定又是概括性的,这就要求总则内容必须简明易懂、切实可行。根据会计制度总则的内容,可将其划分为四个方面:会计制度制定前提的设计、会计机构与会计人员总则的设计、会计核算总则的设计及会计业务流程系统总则的设计。

一、会计制度制定前提的设计

会计制度制定的前提主要是指会计制度制定的目的与依据、适用范围与要求。

(一) 会计制度制定的目的与依据

目的与依据是制定会计制度的主要前提。不同要求会计制度的制定目的与依据也有所不同。

会计制度设计的目的与依据

(二) 会计制度的适用范围与要求

会计制度的适用范围与要求是会计制度得以存在的另一个必要前提条件。

(1) 财政部制定的《企业会计准则——基本准则》(2006 年 2 月 15 日发布)第一章第二条指出:“本准则适用于在中华人民共和国境内设立的企业(包括公司,下同)。”这一条指出了该准则的适用范围,即在中华人民共和国境内设立的企业均适用。

不适用财政部发布的《小企业会计准则》第一章第二条规定的情形

(2) 财政部发布的《小企业会计准则》(2011 年 10 月 18 日发布)第一章第二条规定:“本准则适用于在中华人民共和国境内依法设立的、符合《中小企业划型标准规定》所规定的小型企业标准的企业。”

(3) 某集团公司的会计制度规定:“本制度适用于公司本部、事业部制企业、控股子公司及所有纳入公司合并报表范围的单位或企业。集团所属其他企业可参照执行本制度。”这条明确了该集团会计制度的适用范围。

二、会计机构与会计人员总则的设计

《中华人民共和国会计法》(以下简称《会计法》)第三十四条规定:“各单位应当根据会计业务的需要,依法采取下列一种方式组织本单位的会计工作:设置会计机构;在有关机构中设置会计岗位并指定会计主管人员；委托经批准设立从事会计代理记账业务的中介机构代理记账；国务院财政部门规定的其他方式。"这条规定明确了单位开展会计工作时对会计机构与会计人员设置的要求。

在设计会计制度总则时，需要对会计机构和会计人员作出原则性规定，具体规定可以在后续的内容中体现。一般来说，以下几个方面需要予以说明。

(1) 是否设置专门的会计机构？是在有关机构中指定会计人员，还是委托代理记账？

(2) 会计机构与财务机构是否分别设置？财务机构的职责是资金的筹集、管理和使用，而会计机构履行会计核算和监督职能。这需要结合企业规模大小及管理要求综合考虑。会计机构与财务机构相关岗位设置如图 1-2-1 所示。

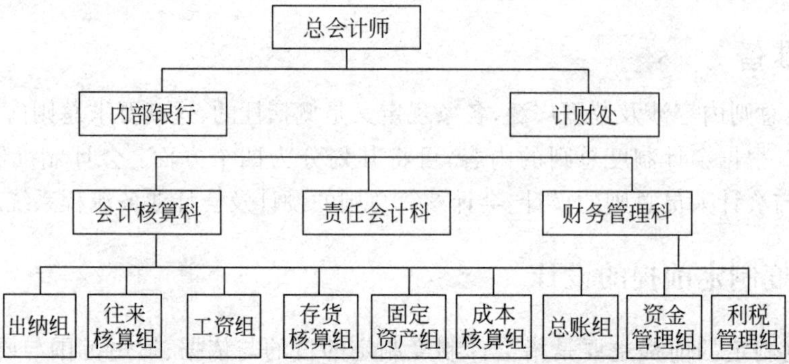

图 1-2-1 会计机构与财务机构相关岗位设置

(3) 是否设置总会计师岗位？根据《会计法》规定，国有的和国有资本占控股地位或者主导地位的大、中型企业必须设置总会计师。例如，某大型国有企业会计工作职能科室设置如图 1-2-2 所示。

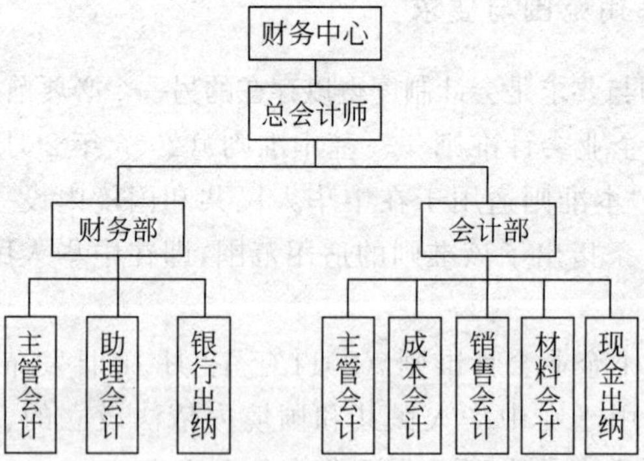

图 1-2-2 某大型国有企业会计工作职能科室设置

(4) 会计工作岗位按什么原则设置？在内部设置工作岗位时，可以按照企业交易循环涉及的业务设置工作岗位，也可以按照报表项目设置工作岗位。例如，某企业会计工作岗位设置如图 1-2-3 所示。

(5) 对会计人员的总体要求。例如，会计人员应当具备从事会计工作所需的专业能力。

(6) 会计档案管理的规定。会计档案是指会计凭证、会计账簿、财务会计报告等会计核算专业资料。会计档案管理规定需要说明会计档案的整理、分类、编号、保管、利用和销毁等内容。

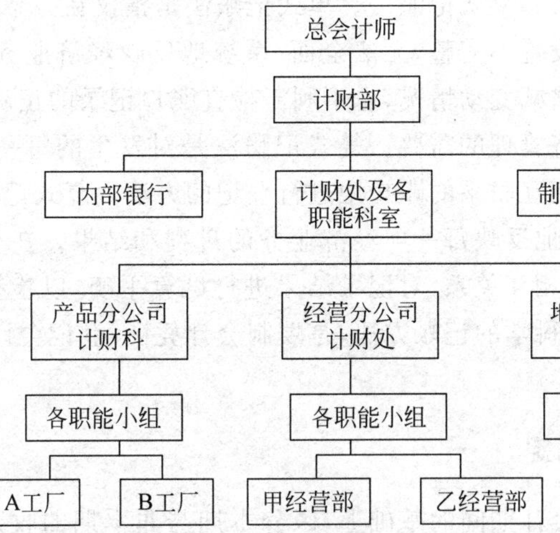

图 1-2-3　某企业会计工作岗位设置

(7) 会计人员的交接规定。会计人员因工作调动或其他原因离职时，必须与接管人员办理交接手续。这样既能使会计工作前后衔接，防止账目不清、财务混乱，也是分清责任的重要措施。

三、会计核算总则的设计

会计核算总则是单位会计核算中约定俗成、必须共同遵守的法则或章程，涵盖采用的会计期间、记账方法、会计处理基础、会计记录所使用的文字、会计科目的编号及运用、会计凭证填制、会计账簿登记、编制和提供财务报告的规定，以及会计制度与税收制度的关系等。这些内容在国家统一会计制度中有原则性规定，但由于各个单位业务性质、经营规模和管理组织形式都不相同，在不违背国家统一会计制度的前提下，各单位对部分会计核算规则有一定的选择权。因此，在进行会计制度设计时，必须在会计制度总则中加以明确。

（一）会计期间的确定

会计期间的确定是单位会计核算的基本前提之一，也是单位设计和选择会计方法的重要依据。为满足单位管理者和利害关系人及时利用有用会计信息来安排与改进行动方针的需求，会计人员必须确定从何时开始到何时截止对经济活动进行核算，也就是说，需要人为地将单位持续不断的经济活动划分为若干个间隔相等的期间，以提供分阶段的会计信息。单位通常以一年作为划分会计期间的标准，也可依据其他的标准来划分会计期间。以一年为会计期间的，称为会计年度。在一个会计年度内，为满足管理上的需要，还可进一步划分为若干较短的会计期间，一般按月份或季度来划分。

（二）记账方法的选用

记账方法是根据一定的原理和规则，采用特定的符号，利用账户记录经济业务的会计核算方法。科学的记账方法对于提供正确、全面的会计信息，实现会计职能，完成会计工作的各项任务具有重要意义。

记账方法分为单式记账法和复式记账法。单式记账法是指仅在一个账户中做单方面登记的方法。由于该方法账户设置不完整，无法全面、系统地反映经济业务的来龙去脉，难以了解各会计要素有关项目的增减变动情况，也不利于检查账户记录的正确性和真实性，所以这种方法已无法适应现代经济管理的需要。复式记账法是对发生的每一笔经济业务，用相等的金额在两个或两个以上相互联系的账户中进行登记的方法。复式记账法虽然记账手续比单式记账法复杂，但能完整地反映每一项经济业务的过程和结果。在全部经济业务登记入账以后，可通过账户之间的相互关系，对记录结果进行试算平衡，以检查账户记录的正确性。因此，复式记账法是一种科学的记账方法，是填制会计凭证、登记会计账簿、进行试算平衡和编制会计报表的基础。

（三）会计处理基础的确定

会计处理基础是在确定会计期间的基础上，区分本期与非本期的收入和费用的入账基准，有两种方法可供选择：一是权责发生制，二是收付实现制。

1. 权责发生制

权责发生制又称应计制或应收应付制，是指本期的收入和费用以其归属期或权责关系为标准确定。采用权责发生制，对于有关收入和费用需按照其归属期或权责关系在本期和非本期之间进行分配确认，因此需要在会计上运用应收、应付、预收、预付、待摊等特殊的会计处理方法。采用权责发生制进行会计核算，优点是收入和费用二者之间存在合理的因果关系，能较好地体现收入和费用相配比的原则，据此计算的损益能够真实地反映企业在一定时期内的经营成果和获利能力，也能真实地反映企业在该会计期间终了时的财务状况；缺点是不能真实地反映企业在一定时期内的现金流量。

2. 收付实现制

收付实现制又称现金制或实收实付制，是指确认本期的收入和费用以其收支期为标准。采用收付实现制，对于收入和费用的确认仅依据是否收到或支付款项，因此会计上一般不需要运用应收、应付、预收、预付、待摊等特殊的会计处理方法。采用收付实现制进行会计核算，手续比较简便，可真实地反映单位在一定时期内的现金流量，但难以真实地反映单位在一定时期内的经营成果。

目前，我国财政总预算会计和行政单位会计以收付实现制为会计处理基础；事业单位会计根据单位实际情况，分别采用收付实现制和权责发生制；企业会计均以权责发生制为会计处理基础，仅在编制现金流量表和为简化会计核算工作、节约核算成本、处理一些不重要的会计事项时才运用收付实现制。因此，单位在设计会计制度时，必须在总则中明确本单位所采用的会计处理基础。

（四）记账本位币和会计记录文字的确定

1. 记账本位币的确定

记账本位币是指一个单位在会计核算时统一使用的记账货币。关于在会计核算时采用人民币记账还是采用人民币以外的货币记账，《会计法》作出了原则性规定：会计核算以人民币为记账本位币。业务收支以人民币以外的货币为主的单位，可以选定其中一种货币作为记账本位币，但是编报的财务会计报告应当折算为人民币。这为外币业务发生频繁的单位如实反映和简化会计核算手续、选择适合本单位情况的记账本位币提供了理论和法律依据。因此，单位在设计会计制度总则时应明确规定本单位所选用的记账本位币，并且编报的财务会计报告应当折算为人民币，即单位对外报出的财务会计报告应以人民币金额反映，各个外币账户的期末余额应以期末市场汇率折合为人民币，作为编制财务报告的依据。我国在境外设立的企业，一般以当地的币种进行经营活动和会计核算，但为便于国内有关部门了解企业财务状况和经营成果，在向国内报送财务会计报告时，应当折合为人民币来反映企业情况。

2. 会计记录文字的确定

会计记录文字是指会计凭证、账簿、财务会计报告等会计专业核算资料的书面表达形式，它是会计信息交流的工具。我国《会计法》对会计记录文字的规定既强调原则又具有灵活性，一方面规定了会计记录的文字应当使用中文，另一方面规定了在民族自治地方，会计记录可以同时使用当地通用的一种民族文字，在中华人民共和国境内的外商投资企业、外国企业和其他外国组织的会计记录可以同时使用一种外国文字。这为我国民族地区的单位和涉外单位在选择会计记录文字时提供了理论和法律依据。

（五）运用会计科目的规定

单位会计核算制度一般包括总则、会计科目、会计报表、主要会计事项分录举例等。会计科目的分类、编号、名称，以及对会计科目使用的详细说明，都应在会计科目设计中进行规定。在会计制度总则中对运用会计科目的规定只是原则性要求，一般有以下三点。

(1) 单位会计核算制度应按照国家统一的会计制度规定会计科目的编号，以便于编制会计凭证、登记账簿、查阅账目、实行会计电算化并保证提供会计信息的统一性。单位所属各核算部门（包括分公司、分支机构）不应随意改变或打乱重编会计科目的编号。会计制度在某些会计科目之间留有空号，主要供增设会计科目之用。

(2) 各核算部门（包括分公司、分支机构）应按会计制度的规定，设置和使用会计科目。在不影响会计核算要求和会计报表指标汇总，以及对外提供统一财务会计报告的前提下，可以根据实际情况自行增设、减少或合并某些会计科目。除单位会计制度已有规定者外，在不违反统一会计核算要求的前提下，各核算部门（包括分公司、分支机构）可以根据需要自行规定明细科目的设置。

(3) 各核算部门在填制会计凭证、登记账簿时，应填制会计科目的名称，或者同时填列会计科目的名称和编号，不应只填会计科目的编号，不填会计科目的名称。

（六）会计凭证填制的规定

单位办理经济业务事项，必须填制或者取得原始凭证并及时送交会计机构。会计机构、会计人员必须按照国家统一的会计制度的规定对原始凭证进行审核。对不真实、不合法的原始凭证有权不予接受，并向单位负责人报告；对记载不准确、不完整的原始凭证予以退回，并要求按照国家统一的会计制度的规定更正、补充。原始凭证记载的各项内容不得涂改，原始凭证有错误的，应当由出具单位重开或者更正，更正处应当加盖出具单位印章。原始凭证金额有错误的，应当由出具单位重开，不得在原始凭证上更正。记账凭证应当根据经过审核的原始凭证及有关资料编制。

(七)会计账簿登记的规定

会计账簿登记必须以经过审核的会计凭证为依据,并符合有关法律、行政法规和国家统一的会计制度的规定。会计账簿应当按照连续编号的页码顺序登记。会计账簿记录发生错误或者隔页、缺号、跳行的,应当按照国家统一的会计制度规定的方法更正,并由会计人员和会计机构负责人(会计主管人员)在更正处盖章。使用电子计算机进行会计核算的,其会计账簿的登记、更正,应当符合国家统一的会计制度的规定。

(八)编制和提供财务会计报告的规定

编制和提供财务会计报告的详细说明应在财务会计报告设计中进行规定,在会计制度总则中只对编制和提供财务会计报告提出原则性要求。

1. 合法性要求

单位应当按照《会计法》、国家统一的会计制度中关于财务会计报告的编制要求、提供对象和提供期限的规定,根据经过审核的会计账簿记录和有关资料编制,并提供真实、完整的财务会计报告。

2. 财务会计报告的内容

单位向外提供的财务会计报告包括资产负债表、利润表、现金流量表、有关附表和会计报表附注及财务情况说明书。报表种类和格式、会计报表附注的主要内容应符合国家统一的会计制度的要求。单位内部管理需要的会计报表由单位会计制度规定。

3. 财务会计报告提供的时间

单位的财务会计报告应当按相关法规规定的时间向有关各方提供。需要向股东提供财务会计报告的,还应按公司章程规定的期限向股东提供。

4. 财务会计报告使用的货币计量单位

财务会计报告的填列,一般以人民币“元”为金额单位,“元”以下填至“分”。

5. 编制和提供财务会计报告的责任

单位向外提供的财务会计报告应依次编定页数,加具封面,装订成册,加盖公章。单位对外提供的财务会计报告应当由单位负责人和主管会计工作的负责人、会计机构负责人(会计主管人员)签名并盖章。设置总会计师的单位,还须由总会计师签名并盖章。《会计法》还特别强调了单位负责人应当保证财务会计报告真实、完整,强化了单位负责人的责任。

四、会计业务流程系统总则的设计

会计业务流程系统是为提高会计信息质量,保护资产的安全、完整,确保有关法律法规和规章制度的贯彻执行而制定与实施的一系列方法、措施和程序。在总则设计中,也需要对会计业务流程系统进行概括说明,包括会计业务流程系统的目标、建立会计流程系统的依据、会计流程系统的内容等。

实战演练

1. 想一想

西方电子有限公司是一家新设立的私营流通企业，主要从事计算机主机批发业务。注册资金为300万元，经营面积为260平方米。董事长为刘某，总经理李某负责日常经营管理工作，配备副总经理一名，业务员、货管员各两名。会计机构和人员由董事长委派，请据此设置企业的会计工作机构和会计人员岗位，并明确其职责。

2. 画一画

请绘制关于会计机构和会计人员的思维导图。

知识拓展

公司治理结构与内部控制的关系如图1-2-4所示。

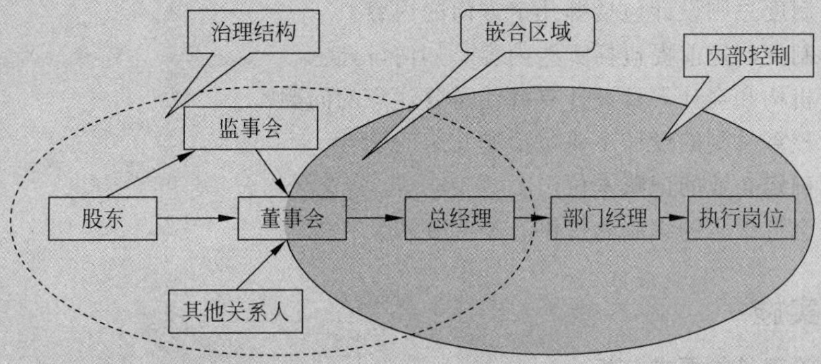

图1-2-4　公司治理结构与内部控制的关系

任务训练

一、单项选择题

我国会计制度总则设计的内容不包括（　　）。

A. 会计机构与会计人员总则的设计　　B. 会计核算规则的设计

C. 会计业务流程系统总则的设计　　D. 会计档案管理办法的设计

二、多项选择题

1. 会计制度制定的前提有（　　）。

A. 依法制定　　B. 执行单位　　C. 目的明确　　D. 实施要求

2. 一般会计制度总则的主要内容有（　　）。

A. 会计制度制定的前提　　B. 会计工作的一般原则规定

C. 会计基础工作的要求　　D. 会计组织机构的设置原则

3. 属于会计核算总则内容的有（　　）。

A. 会计期间的规定　　B. 记账方法的选择

C. 会计处理基础的确定　　D. 会计记录文字的选择

4. 会计核算总则设计的内容包括（　　）。

A. 会计期间的确定　　B. 记账方法的选用

C. 运用会计科目的规定　　　　　　　　　D. 会计凭证填制的规定

三、判断题

1. 目前,我国的事业单位可以根据实际情况,分别采用收付实现制和权责发生制。（　　）

2. 我国的《会计法》规定,只能选择人民币作为记账本位币。（　　）

3. 会计制度总则中对会计科目的使用只需要做原则性的规定。（　　）

4. 为适应现代经济管理的需要,应采用复式记账法。（　　）

5. 会计账簿登记需以经过审核的会计凭证为依据,并符合有关法律、行政法规和国家统一的会计制度的规定。（　　）

四、简答题

1. 会计制度总则指的是什么？它有什么作用？
2. 会计制度总则设计包括哪几个方面的内容？
3. 会计制度制定前提包括哪些内容？如何设计？
4. 会计机构和会计人员设计有哪些需要注意的问题？
5. 会计核算总则的设计主要包括哪几个问题？
6. 如何确定企业的记账本位币？
7. 财务会计报告的编制和提供有哪些要求？

项目实施

1. 公司治理结构要求分析

公司治理结构举例如图 1-2-5 所示。

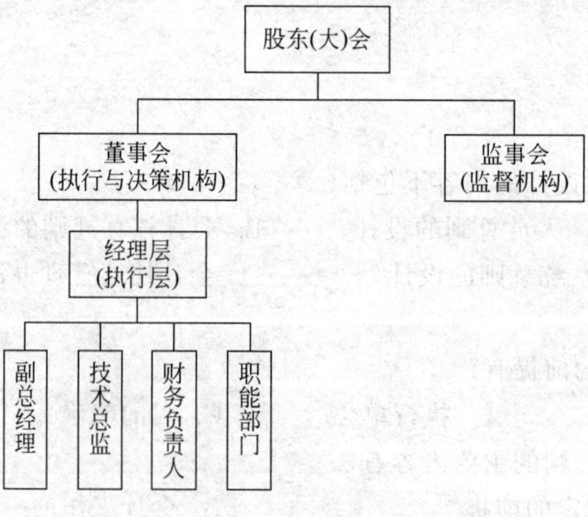

图 1-2-5　公司治理结构举例

股东(大)会是公司最高决策机构,由全体股东组成,主要职责包括：决定公司经营方针、投资计划及重大事项(合并、分立、解散等)；选举董事、监事,审议批准董事会和监事会的报告及财务方案；制定和修改公司章程。

董事会对股东(大)会负责,是公司日常治理的核心,主要职责包括：执行股东会决议,制订经营计划和投资方案；设置内部管理机构,聘任/解聘高管(如总经理、财务负责人)；

拟订重大方案（如增资、合并等）。

监事会独立于董事会和经理层，主要职能包括：检查公司财务，监督董事、高管的行为合法性；提议召开临时股东会，必要时向监管部门报告违规行为；列席董事会会议，确保决策透明度。

经理层（执行层）由董事会聘任，负责日常经营管理，下设不同职能部门，主要职责包括：组织实施董事会决议，主持公司运营（如年度计划、部门设置）；制定管理制度，协调突发事件及对外关系；受董事会监督，接受绩效考核与薪酬激励（如股权、奖金）。

2. 内部控制要求分析

内部控制与治理结构必须遵循相互制约、相互牵制的原则，实现对人、财、物的分离，以提高公司的管理经营效率，实现利益最大化，如图1-2-6所示。因此，审计科一般不能设在财会部之内；否则，审计人员就没有独立性可言。如果审计科在财会部内，应详细说明其具体职责内容。

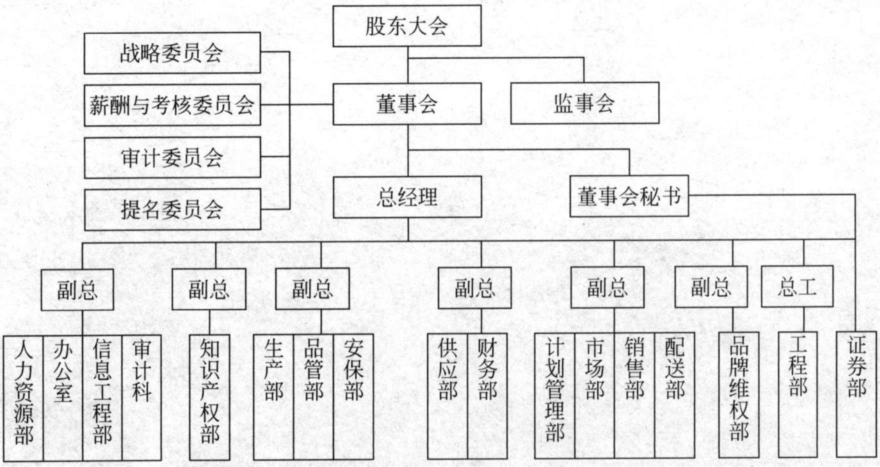

图1-2-6　内部控制与治理结构

3. 财会部内部各职能科室的管理权限调整

（1）财务科：融资、筹资。

（2）会计科：出纳、账务处理、成本管理、资产管理、内部结算。

（3）综合科：预算编制及分析、税务。

（4）技术科：结算软件开发、计算机系统维护、档案管理。

项目总结

会计制度总则是指写在会计制度最前面的，具有概括性的，且适用于会计工作各个环节的总体原则。通过会计制度总则，企业的财会人员和其他人员可以了解会计制度制定的目的、实施要求，掌握会计制度的总精神，掌握一些指导会计工作的规范，这对会计制度的贯彻实施、明确会计工作任务，做好会计工作有着重要的意义。

根据会计制度总则的内容，可将会计制度总则设计划分为四个方面：会计制度制定前提的设计，主要指会计制度制定的目的与依据、适用范围与要求；会计机构与会计人员总则的设计，在总则设计中，只需要作出原则性的规定，具体规定可以在后续的内容中体现；会计核算总则的设计，主要有采用的会计期间、记账方法、会计处理基础、会计记录所使用的文字、会计科目的编号及运用、会计凭证填制、会计账簿登记、编制和提供财务报告的规定，以及会计制度与税收制度的关系等；会计业务流程系统总则的设计，在总则设计中，需要对会计业务流程系统进行概括说明，包括会计业务流程的目标、建立会计业务流程的依据、会计业务流程的内容等。

项目2

会计科目设计

学习目标

【知识目标】

1. 了解会计科目设计的意义。
2. 了解会计科目设计的基本原则。
3. 掌握总分类科目设计的方法。
4. 掌握明细分类科目设计的方法。
5. 了解会计科目的编号与使用说明。

【能力目标】

1. 能阐述会计科目设计的意义和原则。
2. 能阐述各类会计科目的设计方法。

【素质目标】

1. 培养学生会计专业能力,树立会计责任意识。
2. 具有严谨、细致的工作作风。
3. 具有一定的自主学习能力。

思维导图

会计科目设计思维导图如图 2-0-1 所示。

项目描述

华茂公司是一家大型企业,前期已对会计制度设计有了一定程度的了解,且会计机构和会计人员已设计好。公司在经营过程中发生了一系列业务,为规范会计核算工作,需要先对会计科目进行设计。

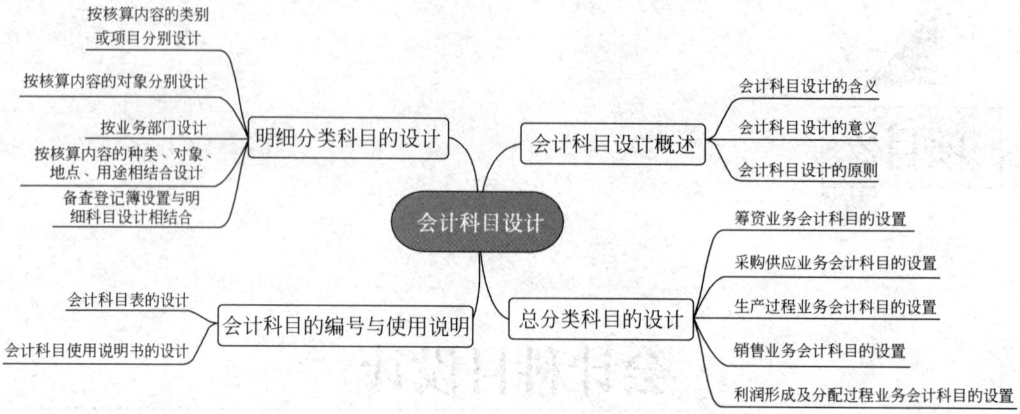

图 2-0-1 会计科目设计思维导图

项目分析

华茂公司是一家大型企业，会计科目设计是会计制度设计的一个重要环节。会计科目设计旨在对会计核算内容进行具体分类，在设计会计科目时，需要遵循合法性、全面性原则，以满足企业经营管理的需要，同时会计科目名称应能明确地反映其核算内容，并简明实用。

任务 2.1 会计科目设计概述

任务目标

1. 了解会计科目的概念。
2. 理解会计科目设计的意义。
3. 了解会计科目设计的基本原则。

想一想

1. 会计科目设计有什么意义？
2. 你认为设计会计科目应遵循什么原则？

知识准备

会计科目是会计制度的重要组成部分，它是按照经济管理的要求，对会计要素的内容进行具体分类核算和监督的项目，是编制和加工整理会计凭证、设置账簿和编制财务报表的依据。会计科目设计是会计制度设计的重心。由于各个企业的业务性质、经营目标、规模大小、业务繁简程度及组织状况有所不同，会计科目的设计必须充分考虑这些客观条件，遵循特定的原则和要求，以保证会计信息需求者能够获取有用的会计核算指标，并发挥会计分析和会计检查的作用。

一、会计科目设计的含义

会计科目设计是会计制度设计的一个重要环节，是确定会计对象经济内容的分类体系，为会计凭证、会计业务簿、会计报表及会计事务处理办法等的设计奠定基础。

二、会计科目设计的意义

(一) 会计科目是对会计核算内容具体分类的方法

会计核算系统性特点主要体现在会计分类。会计核算内容首先按其性质被划分为资产、负债、所有者权益、收入、费用、利润这六要素，而会计科目是对会计要素内容所做的进一步分类。各单位发生的经济业务纷繁复杂，会引起会计要素在具体形态和数量上发生变化。如果对各要素不加以具体分类，就很难满足有关会计信息使用者的需求。因此，为了全面、系统、分类地核算和监督经济业务的发生及其所引起的会计要素的变化的具体情况，以满足经济管理者和会计信息使用者的要求，还必须采用科学的方法对会计要素的具体内容做进一步的分类。设计会计科目就是对会计要素作出科学分类。

(二) 会计科目是编制会计凭证的依据

单位经济业务发生后取得原始凭证，首先要根据会计科目对取得的原始凭证进行分类整理，其次按规定的会计科目编制会计分录(即记账凭证)，最后记账凭证要按会计科目进行归类、整理。

(三) 会计科目是账户分类设置和账户格式设计的前提

会计科目是账户的名称，是总分类账和明细分类账开设的依据，它规定了各会计账户的具体核算内容，决定了账户格式的设计。有多少个会计科目就要开设多少个分类账户。企业、单位会计科目体系是建立其账簿体系的基础。

(四) 会计科目的设计为会计报表的设计奠定了基础

会计报表的信息主要来自会计科目分类汇总的资料，会计科目往往又被称为会计报表上的指标项目。会计报表所反映的单位财务状况和经营成果，就是根据会计科目开设的账户的余额与发生额在会计报表上的综合呈现。

(五) 会计科目的设计是审查稽核的基础准备

进行审计工作时，首先必须了解一个单位的会计科目组织系统，然后才能详查每一账户的内容是否相符。每一笔交易的发生均会引起会计要素的变化，并体现在各账户记录中，所以审计工作的实质就是对全部会计科目进行审查、评价与分析。

三、会计科目设计的原则

根据企业会计准则体系的规定，企业在不违背会计准则中确认、计量和报告相关规定的前提下，可以根据本单位的实际情况自行增设、分拆、合并会计科目。企业不存在的交易或者事项，可不设置相关会计科目。对于明细科目，企业可参照《企业会计准则》(2014 年版)附录中的规定自行设置。会计科目编号可供企业在填制会计凭证、登记会计账簿、查阅会计账目及采用会计软件系统时参考，企业可结合自身实际情况自行确定会计科目编号。

实战演练

1. 想一想

请你联系一家企业，了解其基本情况，并阐述该企业会计科目设计的意义。

2. 写一写

请根据《企业会计准则》的规定，将华茂公司科目设计应遵循的原则写一写。

知识拓展

会计科目设计原则

会计科目是向投资者、债权人、企业经营管理者等提供会计信息的重要手段，在设计过程中应力求做到科学、合理、适用。其设计应遵循下列原则。

1. 合法性原则

合法性原则是指所设置的会计科目必须符合国家统一的会计制度规定。我国现行的统一会计制度均对企业设置的会计科目作出规定，以保证不同企业对外提供的会计信息具有可比性。企业应当参照会计制度中统一规定的会计科目，并结合自身的实际情况设置会计科目，但其设置的会计科目不得违背现行会计制度的规定。对于国家统一会计制度规定的会计科目，企业可以根据自身的生产经营特点，在不影响统一会计核算要求及对外提供统一的财务报表的前提下，自行增设、减少或合并某些会计科目。

2. 相关性原则

相关性原则是指所设置的会计科目应当为提供有关各方所需的会计信息服务，满足对外报告与对内管理的双重要求。根据企业会计准则，企业财务报告提供的信息必须满足对内和对外各方面的需求，而设置会计科目时必须服务于会计信息的提供，且与财务报告的编制相协调、相关联。

3. 实用性原则

实用性原则是指所设置的会计科目应契合单位自身特点，满足单位实际业务需要。由于企业的组织形式、所处行业、经营内容及业务种类等不同，在会计科目的设置上也应有所区别。在遵循合法性的基础上，企业应根据自身特点，设置符合自身需求的会计科目。

4. 清晰性原则

会计科目作为对会计要素分类核算的项目，要求简单明确、字义相符、通俗易懂。同时，企业对于每个会计科目所反映的经济内容，也必须做到界限明确，既要避免不同会计科目所反映的内容出现重叠，也要防止出现全部会计科目未能涵盖企业某些经济内容的情况。

任务训练

一、单项选择题

会计科目设计要考虑到企业经济业务特点和生产经营过程，这符合的原则是(　　)。

A. 合法性　　B. 全面性　　C. 实用性　　D. 清晰性

二、多项选择题

会计科目设计应遵循的原则有(　　)。

A. 合法性　　B. 全面性

C. 重要性　　D. 满足企业经济管理的需要

E. 简明实用

三、判断题

1. 会计科目设计是会计制度设计的一个重要环节,是确定会计对象经济内容的分类体系,为会计凭证、会计账簿、会计报表及会计业务处理程序等的设计奠定基础。(　　)

2. 会计科目的总体设计基本上是由粗到细地对企业的经济业务进行逐步分类。(　　)

四、简答题

1. 会计科目设计有什么意义?

2. 设计会计科目应遵循什么原则?

任务 2.2　总分类科目的设计

任务目标

1. 了解总分类科目。

2. 掌握总分类会计科目的设计。

想一想

总分类科目设计包括哪几种情况?每种情况如何来设计?

知识准备

总分类科目又称总账科目或一级科目,是对会计要素具体内容进行总括分类,为提供总括信息而设立的会计科目,如“应收账款”“应付账款”“原材料”等。

总分类账是指按照总分类科目设置,以公允货币计量单位进行登记,用于提供总括核算资料的账户。

总分类账简称总账,是根据总分类科目开设账户,用于登记全部经济业务,开展总分类核算,提供总括核算资料的分类账簿。总分类账所提供的核算资料,是编制会计报表的主要依据,任何单位都必须设置总分类账。

总分类账通常采用订本式账簿,其账页格式一般设计为“借方”“贷方”“余额”三栏式,根据实际需要,也可在“借方”“贷方”两栏内增设“对方科目”栏。此外,总分类账的账页格式也可以采用多栏式格式,如把序时记录和总分类记录结合在一起的联合账簿,即日记总账。

总分类账的登记依据和方法主要取决于所采用的会计核算形式。它既可以直接根据各种记账凭证逐笔登记,也可以先把记账凭证按照一定方式汇总,编制成科目汇总表或汇总记账凭证等,然后据此进行登记。总分类科目的具体设计方法如下。

一、筹资业务会计科目的设置

资金是企业存在的基础，企业开展生产和经营活动，发生各项经济业务，都离不开一定数量的资金支持。因此，通过各种形式和途径取得资金，是企业生存和发展的首要条件。企业取得资金的渠道主要有投资者投入的资本金、从银行和其他金融机构借入的信贷资金、发行债券取得的资金。

（一）筹集资本金的会计科目设置

根据《企业会计准则》《企业财务通则》《中华人民共和国公司法》（以下简称《公司法》）等财经法规的规定，投资者可以用现金、实物和无形资产等形式向企业投资。筹资业务发生后，一方面会形成企业的所有者权益，另一方面会增加企业的资产，二者形成对应关系。因此，一般企业都应当设置“实收资本”科目；同时，相应设置“库存现金”“银行存款”“库存商品”“原材料”“固定资产”“无形资产”等科目。

为突出股份制企业的特点，应当设置“股本”科目来代替“实收资本”科目。

另外，在筹集资本金过程中，如果投资者缴付的出资额超出资本金，为保持资本金原貌，贯彻资本金保全制度，应设置“资本公积”科目，用以核算出资额超出资本金的差额（或股票发行的溢价收入）。直接计入所有者权益的利得和损失，则在“资本公积”和“其他综合收益”科目中进行核算。

“实收资本”（或“股本”）和“资本公积”是维护所有者权益、明确经济责任、加强资本金管理的两个重要科目。

（二）借款业务会计科目的设置

当企业经营资金不足时，从银行或其他金融机构借款是筹集资金的重要途径。按照借款期限的不同，可分为长期借款和短期借款。其中，期限在一年以上（不含一年）的借款为长期借款；期限在一年以下（含一年）的借款为短期借款。为反映这两种借款的增减变化情况，应设置“短期借款”和“长期借款”两个科目。

短期借款多用于企业的日常经营活动，其借款利息应计入当期损益，因此还需相应设置“财务费用”科目。长期借款既可用于企业的生产和经营，又可用于固定资产的购建，借款利息既可能计入当期损益，又可能计入固定资产建造成本，所以还需相应设置“在建工程”或“固定资产”科目。

（三）发行债券业务会计科目的设置

为解决经营资金短缺问题，企业除向银行借款外，还可通过发行债券的方式筹集资金。为反映各种债券及应付利息的增减变化情况，便于确认债务责任，应设置“应付债券”科目，与之相对应的一般是“银行存款”会计科目。

此外，还有其他筹资方式，如企业采用补偿贸易方式引进设备、融资租入固定资产发生的长期应付款业务，应设置“长期应付款”科目进行核算。

二、采购供应业务会计科目的设置

采购供应过程是企业生产经营过程的重要环节。采购业务是指企业为开展产品生产或商品销售活动，采购各种材料、商品或物资储备待用。

采购供应业务主要包括以库存现金、银行存款支付各种材料、商品或物资的价款，以及各类采购相关费用；计算材料或商品的采购成本；处理因采购材料或商品等产生的相应债务，如应付账款、应付票据等。具体内容如下。

（一）计算采购成本会计科目的设置

材料和商品是企业存货的重要组成部分。为计算采购成本，应当设置“在途物资”或“材料采购”科目，用以反映材料和商品的采购成本。其中，“材料采购”科目核算企业采用计划成本进行材料日常核算时购入材料的采购成本和采用实际成本进行材料日常核算的购入材料的采购成本在“在途物资”科目核算；购入的工程用材料，则在“工程物资”科目核算。

采购材料或商品的价款和各种采购费用，一般通过库存现金、银行存款、外埠存款、银行汇票、银行本票等支付，也会采用赊购或预付货款的方式进货，所以需相应设置“库存现金”“银行存款”“其他货币资金”“应付票据”“应付账款”“预付账款”等科目。

（二）各种存货会计科目的设置

企业购买的各种材料物资，在生产中的用途各不相同，有的直接构成产品实体，有的有助于产品形成，有些则用于保护产品，在其存续期间都属于存货。针对存货的不同用途，应分别设置“原材料”“库存商品”“发出商品”“周转材料”等科目。

“原材料”科目核算企业库存的各种材料，包括原料及主要材料、辅助材料、外购半成品（外购件）、修理用备件（备品备件）、包装材料、燃料等的计划成本或实际成本。采用计划成本核算的企业，还应当设置“材料成本差异”科目，用于核算计划成本与实际成本的差异。

“库存商品”科目核算企业库存的各种商品的实际成本（或进价）或计划成本（或售价），包括库存产成品、外购商品、存放在门市部准备出售的商品、发出展览的商品及寄存在外的商品等。

“发出商品”科目核算企业未满足收入确认条件但已发出商品的实际成本（或进价）或计划成本（或售价）。

“周转材料”科目核算企业周转材料的计划成本或实际成本，包括包装物、低值易耗品，以及企业（建造承包商）的钢模板、木模板、脚手架等。企业的包装物、低值易耗品也可以单独设置“包装物”“低值易耗品”科目。

如有向外加工业务，还应设置“委托加工物资”科目，核算企业委托外单位加工的各种材料、商品等物资的实际成本。

采用售价进行日常核算的商业企业，应设置“商品进销差价”科目核算商品售价与进价之间的差额。

对于各种存货在存续期间发生的溢余或短缺，应当设置“待处理财产损溢”科目进行核算，以保证存货核算的真实性，便于加强存货的管理。

企业对存货发生的跌价损失，在提取跌价准备金时，应当设置“存货跌价准备”账户进行核算。

企业接受其他单位委托代销和寄销商品，或受托代管商品和物资，应当设置相应的备查账进行登记，以便区分自有“库存商品”和其他单位代销、代管商品物资的所有权，加强财产管理。

(三) 采购付款业务会计科目的设置

企业采购材料或商品时，除了以库存现金、银行存款和其他货币资金支付外，还常采用赊购的方式，这就会与供货单位之间产生结算关系。为清晰反映这些债务，需设置“应付账款”和“应付票据”科目。

三、生产过程业务会计科目的设置

企业在生产过程中形成的生产费用，有的是为生产某种产品发生的直接费用，可以直接计入某种产品的生产成本；有的则是为生产几种产品发生的间接费用，需要通过一定的分配方式，在几种产品之间进行合理分配；还有的则是为组织生产经营活动而发生的，属于管理费用。具体的生产业务主要有原材料的领用、职工薪酬和各种费用的支付、固定资产折旧的计提、产品生产成本的计算及完工产品的入库。基于上述情况，生产过程业务会计科目的设置如下。

(一) 各种费用会计科目的总体设置

根据企业会计准则和企业会计制度的规定，企业在一定期间内发生的各项费用，有的费用是当期受益，有的费用则在若干会计期间受益，所以应当遵循权责发生制原则。

基于核算与管理的需求，生产性企业的生产业务应当设置“生产成本”“制造费用”“管理费用”科目，分别核算直接生产费用、间接生产费用和管理费用。此外，单独核算废品损失、停工损失的企业，还可以增设“废品损失”和“停工损失”科目。大型制造业企业若需要加强成本核算与管理时，可将“生产成本”科目分设为“基本生产成本”和“辅助生产成本”两个科目。小型制造业企业，也可将“生产成本”和“制造费用”合并为“生产费用”科目。

(二) 职工薪酬业务会计科目的设置

生产部门职工薪酬的核算包括生产部门人员的工资、福利费、社会保险费、住房公积金、工会经费、职工教育经费、非货币性福利、辞退福利等的计算与结算，以及职工薪酬的支付。职工薪酬结算会导致生产成本或制造费用成本的增加，支付职工薪酬则会使货币资金减少。因此，职工薪酬业务的核算除涉及前述的各种成本费用科目和“库存现金”“银行存款”科目外，还应设置“应付职工薪酬”科目，用以核算根据有关规定应付给职工的各种薪酬。

(三) 提取折旧业务会计科目的设置

企业生产经营用的房屋、建筑物、机器和设备，因其使用期限较长，其价值应逐期分摊计入各期的成本费用。“固定资产”科目反映的是固定资产的原价，即历史成本，为反映其已计入各期成本费用的价值，应当设置“累计折旧”科目，作为固定资产的备抵科目。

（四）核算完工产品成本业务会计科目的设置

制造业企业生产的产品完工且检验合格后，应交付仓库保管。为反映产成品入库、出库及结存情况，应设置“库存商品”科目。实行计划成本核算的企业，还应设置“产品成本差异”科目，用以核算产品实际成本与计划成本的差额。只有“库存商品”和“产品成本差异”两个科目并在一起，才能反映库存产成品的实际成本。

四、销售业务会计科目的设置

销售业务是指企业销售产品及其他非产品，并收回货币资金等的过程。其主要业务包括出售产品、商品和材料及提供劳务等取得的各种收入，结转销售成本，支付各种销售费用，计提销售税金，计算和结算销售折扣和折让，核算因销售业务而产生的各种应收款项。销售业务会计科目设置包括以下各项。

（一）营业收入会计科目的设置

营业收入包括主营业务收入和其他业务收入。企业在销售商品、提供劳务及让渡资产使用权等日常活动中所产生的收入，称为主营业务收入，应当设置“主营业务收入”科目进行核算。企业除主营业务收入以外的其他销售或其他业务的收入，如生产性企业销售材料、代购代销、包装物出租等收入，称为其他业务收入，应当设置“其他业务收入”科目进行核算。

（二）营业成本会计科目的设置

营业成本包括主营业务成本和其他业务成本。企业因销售商品、提供劳务等日常活动而发生的实际成本，称为主营业务成本，应设置“主营业务成本”科目进行核算。企业除主营业务成本以外的其他销售或其他业务所发生的支出，包括销售材料、出租包装物等发生的相关成本、费用，称为其他业务成本，应当设置“其他业务成本”科目进行核算。

（三）税金及附加费用会计科目的设置

税金及附加费用是企业日常活动应负担的税金及附加费用，包括消费税、城市维护建设税、资源税、土地增值税和教育费附加，应当设置“税金及附加”科目进行核算。

（四）应收款项会计科目的设置

企业销售业务发生以后，由于赊销或结算方式等原因，可能产生暂时无法收回的应收款项，形成结算债权，这是企业流动资产的重要组成部分，应当设置会计科目进行反映。根据各种应收款项的不同形式，应分别设置“应收票据”“应收账款”科目，以反映其发生、收回和结存情况。

“应收票据”科目用以核算各种应收票据的增减变化及结存情况；“应收账款”科目用以核算各种应收账款的增减变动及结存情况；“其他应收款”用以核算各种赔款、备用金和各种垫付款。

根据企业会计准则的谨慎性原则，为均衡各会计期间的负担，企业可按规定，按应收账款的一定比例或一定金额提取坏账准备金，因此应当设置“坏账准备”科目，作为“应收账款”

的备抵账户。

此外，如有预收货款业务，应设置“预收账款”科目；如有分期收款销售业务，可相应设置“分期收款发出商品”科目。

五、利润形成及分配过程业务会计科目的设置

（一）利润形成业务会计科目的设置

企业经过一定时期的生产和经营活动，会实现一定数额的利润。企业利润主要由营业利润、营业外收入和营业外支出构成。

营业利润是由营业收入抵减营业成本、税金及附加、销售费用、管理费用、财务费用、资产减值损失，加公允价值变动收益（减公允价值变动损失）、投资收益（减投资损失）所构成的。

营业收入反映企业经营主要业务和其他业务所确认的收入总额，分别设置“主营业务收入”和“其他业务收入”科目核算。

营业成本反映企业经营主要业务和其他业务所发生的成本总额，分别设置“主营业务成本”和“其他业务成本”科目核算。

在企业销售商品和材料、提供劳务过程中发生的各种费用，包括保险费、包装费、展览费和广告费、商品维修费、预计产品质量保证损失、运输费、装卸费等，以及销售本单位商品而专设的销售机构的职工薪酬、业务费、折旧费等经营费用，应当设置“销售费用”科目进行核算。企业发生的与专设销售机构相关的固定资产维修费用等后续支出，也在该科目核算。

企业为组织和管理企业生产经营所发生的管理费用，包括企业在筹建期间发生的开办费，董事会和行政管理部门在企业经营管理中发生的或者应由企业统一负担的公司经费（包括行政管理部门的职工薪酬、物料消耗、低值易耗品摊销、办公费和差旅费等）、工会经费、董事会费（包括董事会成员津贴、会议费和差旅费等）、聘请中介机构费、咨询费（含顾问费）、诉讼费、业务招待费、房产税、车船税、城镇土地使用税、印花税、技术转让费、矿产资源补偿费、研究费用、排污费、存货盘盈或盘亏（因管理不善造成的盘亏部分）等，应当设置“管理费用”科目进行核算。

企业为筹集生产经营所需资金等而发生的筹资费用，包括利息支出（减利息收入）、汇兑损益及相关的手续费、企业发生的现金折扣或收到的现金折扣等，应当设置“财务费用”科目进行核算。

企业计提各项资产减值准备所形成的损失，还应当设置“资产减值损失”科目进行核算。

企业为核算采用公允价值模式计量的资产、负债项目（如交易性金融资产、交易性金融负债、采用公允价值模式计量的投资性房地产和衍生工具等）公允价值变动形成的应计入当期损益的利得或损失，应当设置“公允价值变动损益”科目进行核算。

企业对外投资取得的投资收益或投资损失，应当设置“投资收益”科目进行核算。

企业除正常生产经营业务外，还有一些收入与支出，包括处理固定资产盘盈、盘亏，处理固定资产净损失、非常损失、罚款支出、对外理赔支出和捐赠支出等。由于这些收入与支出事项和企业经营无直接关系，故设置“营业外收入”和“营业外支出”两个科目进行反映。为反映固定资产处理收支情况，应当设置“固定资产清理”科目；为反映固定资产的盘亏情况，应当设置“待处理财产损溢”科目。

（二）利润结算会计科目的设置

企业在一定时期内实现的全部收入减去全部支出即为实现的利润，若为负数则为亏损。由于各收入与支出需由各相关科目转入，并结出当期实现的利润或亏损，为反映这些情况，应当设置“本年利润”科目。

（三）利润分配会计科目的设置

根据现行企业会计制度的规定，利润分配的去向主要有弥补以前年度的亏损，提取法定盈余公积金，提取任意盈余公积，向投资者分配利润。为反映利润分配情况，企业应当设置“利润分配”“盈余公积”“应付利润”“应付股利”等科目。其中，“利润分配”科目用以核算企业利润的分配或亏损的弥补情况；“盈余公积”科目用以核算企业按规定提取的法定盈余公积金和法定公益金的增减变动情况；“应付利润”或“应付股利”科目用以核算企业应付给投资者的利润（或股利），包括应付给国家、其他单位和个人的投资利润（或股利）。

以上总分类会计科目的设计以生产经营过程为主线，结合经济业务内容进行设置。从中可以看出会计科目设置的要求和基本原理，了解各科目特定的内容。但是，由于会计科目设置是根据业务要求提出的，显得比较零散。根据我国目前企业会计准则的规定，会计科目按经济内容分类，可分为资产类、负债类、共同类、所有者权益类、成本类和损益类六大类。具体分类情况如下。

（1）资产类会计科目，包括“库存现金”“银行存款”“其他货币资金”“交易性金融资产”“应收票据”“应收账款”“预付账款”“应收股利”“应收利息”“其他应收款”“坏账准备”“材料采购”“在途物资”“原材料”“材料成本差异”“库存商品”“发出商品”“商品进销差价”“委托加工物资”“周转材料”“存货跌价准备”“持有至到期投资”“持有至到期投资减值准备”“可供出售金融资产”“长期股权投资”“长期股权投资减值准备”“投资性房地产”“长期应收款”“固定资产”“累计折旧”“固定资产减值准备”“在建工程”“工程物资”“固定资产清理”“无形资产”“累计摊销”“无形资产减值准备”“长期待摊费用”“递延所得税资产”“待处理财产损溢”等科目。

（2）负债类会计科目，包括“短期借款”“应付票据”“应付账款”“预收账款”“应付职工薪酬”“应交税费”“应付利息”“应付股利”“其他应付款”“长期借款”“应付债券”“长期应付款”“专项应付款”“预计负债”“递延所得税负债”等科目。

（3）共同类会计科目，包括“清算资金往来”“货币兑换”“衍生工具”“套期工具”“被套期项目”5 个科目。此类科目的特点是需要从其期末余额所在方向界定其性质。

（4）所有者权益类会计科目，包括“实收资本”“资本公积”“盈余公积”“本年利润”“利润分配”“其他综合收益”等科目。

（5）成本类会计科目，包括“生产成本”“制造费用”“劳务成本”“研发支出”“工程施工”等科目。

（6）损益类会计科目，包括“主营业务收入”“其他业务收入”“汇总损益”“公允价值变动损益”“投资收益”“营业外收入”“主营业务成本”“其他业务成本”“税金及附加”“销售费用”“管理费用”“财务费用”“资产减值损失”“营业外支出”“所得税费用”“以前年度损益调整”等科目。

实战演练

1. 想一想

长城公司2021年1月份发生下列经济业务，判断应记入哪些会计科目。

(1) 1月1日，向银行申请取得期限为三年的借款150 000元，已存入银行账户。

(2) 1月5日，国家以新建厂房一栋向企业投资，价值500 000元。

(3) 1月10日，收到外商向企业的捐款80 000元，存入银行。

(4) 1月11日，用银行存款归还已到期的两年期借款本金共计120 000元。

(5) 1月15日，因临时需要，向银行申请三个月借款50 000元，存入银行账户。

(6) 1月17日，收到飞龙公司以专利权向企业的投资，评估价60 000元。

(7) 1月20日，收到大华公司投入资本200 000元，存入银行。

(8) 1月30日，经批准将资本公积120 000元转增注册资本，其中国家资本70 000元，法人资本50 000元。

(9) 1月31日，用银行存款归还已到期的期限六个月的借款60 000元。

(10) 1月31日，收到万达公司投入的机器设备，双方协商价100 000元；投入的土地使用权，双方协商价40 000元。

2. 做一做

请根据以上业务编制一个适合长城公司的总分类会计科目表。

知识拓展

总分类科目能够提供具体、详细的会计信息

会计科目简称科目，是对会计要素的具体内容进行分类核算的项目。会计科目按其核算详细程度不同，可以分为总分类科目、子目、明细科目；按其提供信息的详细程度及其统驭关系，可以分为总分类科目和明细分类科目。

(1) 总分类科目又称总账科目或一级科目，是对会计要素的具体内容进行总括分类，提供总括信息的会计科目。

(2) 明细分类科目又称明细科目，是对总分类科目做进一步分类，提供更为详细和具体会计信息的科目。如果某一总分类科目所辖的明细分类科目较多，可在总分类科目下设置二级明细科目，在二级明细科目下设置三级明细科目。

总分类科目和所属明细分类科目核算的内容相同，只是反映内容的详细程度有所不同，二者相互补充、相互制约、相互核对。总分类科目对所属的明细分类科目起着统驭和控制的作用，明细分类科目是对其总分类科目的详细和具体说明。

任务训练

一、单项选择题

1. 下列各项中，不属于总分类科目的是(　　)。

A. 应交企业所得税　　B. 所得税费用

C. 在途物资　　D. 累计摊销

2. 总分类会计科目一般按(　　)进行设置。

A. 企业管理的需要　　B. 统一会计制度的规定

C. 会计核算的需要　　D. 经济业务的种类不同

3. 为总分类科目"应收股利"设置明细分类会计科目时，一般采用的设计依据是(　　)。

A. 按总分类科目涉及的部门设计　　B. 按总分类科目的核算对象设计

C. 按总分类科目核算的内容类别设计　　D. 按总分类科目来源或支出的用途设计

二、多项选择题

1. 以下属于总分类科目的有(　　)。

A. 税金及附加　　B. 应交增值税

C. 在途物资　　D. 法定盈余公积

2. 进行筹资业务核算需要设计的会计科目有(　　)。

A. 实收资本　　B. 资本公积　　C. 盈余公积　　D. 应付债券

E. 长期借款

3. 核算企业存货需要设计的会计科目有(　　)。

A. 工程物资　　B. 原材料　　C. 库存商品　　D. 周转材料

E. 在途物资

三、判断题

1. 总分类科目对明细分类科目起着补充说明和控制的作用。　　(　　)

2. 所有企业核算接受投资者投入的资本金设置的会计科目都是"实收资本"。　　(　　)

任务 2.3　明细分类科目的设计

任务目标

1. 了解明细分类科目。

2. 掌握明细分类会计科目的设计。

想一想

明细分类科目设计包括哪几种情况？针对每种情况应如何进行设计？

知识准备

明细科目是总账科目所属的二级科目、三级科目及细目。明细科目的设计也被称为次级科目设计。目前，我国财政部颁布的企业会计制度中，一般只规定了部分二级科目和三级科目，对于其他明细科目只规定了设置原则。因此，大量的其他明细科目应由单位根据自身生产经营特点、内部管理需要和财务报告需要自行设计。各单位在自行设计明细科目时，可依据下列原则进行设计。

一、按核算内容的类别或项目分别设计

按核算内容的类别或项目设计就是根据总账科目所核算的经济内容进行分类或分项目

设计，这种方法在明细科目设计中比较常用。例如，“无形资产”总账科目可根据其不同类别，设置“专利权”“非专利权技术”“商标权”“著作权”“土地使用权”“商誉”等明细科目进行核算；再如，有外币现金和外币存款的单位，应分别针对人民币和各种外币存款设置现金与银行存款明细账，以进行明细核算。按经济内容的类别设置明细账的科目，还包括其他货币资金、短期投资、应收利息、包装物、待摊费用、长期待摊费用、应交税金、其他应交款、预提费用、长期应付款、股本、资本公积、主营业务收入、其他业务收入、投资收益、主营业务成本、其他业务成本等总账科目。

有些明细科目可按总账科目的来源或支出的用途划分为不同的明细项目。例如，“管理费用”科目应按费用项目设置“公司经费”“工会经费”“董事会费”“聘请中介机构费”“咨询费”“诉讼费”“业务招待费”“房产税”“车船税”“城镇土地使用税”“印花税”“技术转让费”“矿产资源补偿费”“研究费用”“排污费”等明细科目。按项目设置明细科目的还有“营业外收入”“营业外支出”“销售费用”“财务费用”等总账科目。

二、按核算内容的对象分别设计

企业的债权、债务、采购、销售和资产清理等活动，都必须明确其对象。例如，应收款项应向谁收取，应付款项应明确应付给谁，等等。因此，企业的应收股利、应收账款、预付账款、委托代销商品、受托代销商品、分期收款发出商品、应付账款、预收账款、代销商品款、在途物资（物资采购）、固定资产清理等总账科目，应按应收债务单位、应付债权单位、接受委托单位、委托单位、供应单位、销售单位及清理对象，分别设置明细科目进行核算。

对于企业生产过程中发生的各项生产费用，应按成本核算对象和成本项目分别进行归集和分配，以确定某一成本核算对象的生产成本。因此，企业生产成本的核算，首先应根据本单位生产特点，按品种、批别、步骤确定成本核算对象，“生产成本”科目也应按成本核算对象设置“直接材料”“直接人工”“制造费用”等明细科目进行核算。同样，“在建工程”科目也应按工程项目为对象设置明细科目进行核算。

三、按业务部门设计

各车间、部门为了考核业绩、明确责任，有些明细科目还可按车间、部门进行设置。如果企业的产品生产是多步骤的，企业的“制造费用”科目就应按车间设置二级明细科目，并按支出的用途设置三级科目，以核算其为生产产品和提供劳务而发生的各项间接费用。

四、按核算内容的种类、对象、地点、用途相结合设计

有的总账科目下属的明细科目分级较多，一般二级科目按类别、项目设计，三级和三级以下科目则按对象、具体用途或内容设计。例如，“持有至到期投资”科目应按债券投资、其他债权投资设置二级科目，再按债权种类设置三级明细科目；“短期借款”科目应按不同债权人设置二级科目，再按借款种类的不同设置三级明细科目；“原材料”科目应按其保管地点（仓库）、类别、品种和规格设置明细科目（或原材料卡片）。按这种方法设计明细科目的总账科目还有“其他应收款”“低值易耗品”“库存商品”“委托加工物资”“长期股权投资”“固定资产”“工程物资”“待处理财产损溢”“应付职工薪酬”“其他应付款”“长期借款”等科目。

五、备查登记簿设置与明细科目设计相结合

为了加强内部管理，及时、准确地提供会计信息，各单位在设计明细科目的同时，还应设置备查账簿进行明细核算。例如，“应收票据”科目应设置“应收票据备查簿”，逐笔登记每一应收票据的种类、号数和出票日期、票面金额、票面利率、交易合同号和付款人、承兑人、背书人的姓名或单位名称、到期日、背书转让日、贴现日期、贴现率和贴现净额，以及收款日期和收回金额、退票情况等资料。按这种方法设计明细科目的总账科目还有“固定资产”“长期股权投资”“委托加工物资”“应付票据”“应付债券”“递延所得税资产”“递延所得税负债”等科目。

明细科目的设计是根据管理的需要进行的，并非所有的总账科目都要设计明细科目进行明细核算。多数调整科目，如“累计折旧”“坏账准备”“存货跌价准备”“持有至到期投资减值准备”“长期股权投资减值准备”等，一般不设置明细科目。

实战演练

1. 想一想

在单位明细分类会计科目的设计中，企业会计制度对部分明细科目不做详细规定，只是一般要求，请思考：债权、债务类资产、负债按单位和个人名称应该设置的明细科目有哪些？

2. 写一写

请根据以上要求写出债权、债务类资产、负债按单位和个人名称应设置的明细科目。

知识拓展

总分类科目和明细分类科目的关系

总分类科目对明细分类科目起到统驭和控制的作用，明细分类科目则是对总分类科目的补充说明。

1. 总分类账户与明细分类账户的联系

(1) 二者反映的经济业务内容相同。

(2) 登记账户的原始依据相同，登记总分类账户与登记其所属明细账户的记账凭证和原始凭证是相同的。

2. 总分类账户与明细分类账户的区别

(1) 反映经济内容的详细程度不同。总账反映资金变化的总括情况，提供总括资料，明细账反映资金变化的详细情况，提供某一方面的材料，有些明细账还可以提供实物数量指标和劳动量指标。

(2) 作用不同。总账提供的指标是对明细账的综合，对所属明细账起统驭作用，明细账是对总账的补充。

任务训练

一、单项选择题

关于总分类科目和明细分类科目，以下表述不正确的是(　　)。

A. 总分类科目是提供总括信息的会计科目

B. 明细分类科目是提供更详细和更具体会计信息的科目

C. 明细科目较多的总账科目，可在总分类科目下设置二级明细科目，在二级明细科目下设置三级明细科目

D. 总分类科目又称总账科目或一级科目，是对会计对象具体内容进行总括分类、提供总括信息的会计科目

二、多项选择题

1. 一般需要设置明细分类账的总分类账户有(　　)。

A. 累计折旧　　B. 本年利润　　C. 应交税费　　D. 库存商品

2. 关于总分类科目与明细分类科目关系的下列表述中，正确的是(　　)。

A. 总分类科目与明细分类科目所反映的经济业务是相同的

B. 总分类科目与明细分类科目所反映的经济业务的详细程度是相同的

C. 明细分类科目对所属的总分类科目起着统驭控制作用

D. 明细分类科目对有关总分类科目起着补充说明的作用

三、判断题

1. 债权债务类资产、负债应按照具体的构成项目设置明细科目。(　　)

2. 明细分类科目是对总分类科目进一步分类，提供更详细、更具体的会计信息的科目。(　　)

任务 2.4　会计科目的编号与使用说明

任务目标

1. 了解会计科目的编号要求。
2. 掌握会计科目的编号方法。
3. 掌握会计科目的使用说明设计。

想一想

会计科目是如何进行编号的？会计科目在实际工作中又是如何运用的？

知识准备

一、会计科目表的设计

会计科目表的作用在于帮助所有会计人员清晰了解并正确地运用会计科目，规范账户的开设和会计分录的编制。会计科目表的设计主要是要解决会计科目的分类排列、会计科目的编号及会计科目的使用说明等问题。

(一) 会计科目的分类排列设计

会计科目分类排列设计的方法一般是将会计科目按照会计要素分类及其在会计报表中填列项目的顺序进行排列。企业会计科目表分为资产、负债、所有者权益、成本和损益五大

类,并按先后顺序排列。在每一大类中,各个会计科目的排列顺序也应依据一定标准。在资产负债表中,若资产是按照其重要性排列的,则在会计科目表中资产类科目也应按其重要性排列;在资产负债表中,若资产是按照其流动性排列的,则资产类科目也应按其流动性排列。在我国现行会计制度中的会计科目表中,资产类科目是按照其流动性排列的,负债类科目是按照其偿还期限的长短排列的,所有者权益类科目是按照其永久性程度高低排列的。

财政部统一会计制度中的会计科目表列出了一级会计科目的名称和部分二级会计科目的名称,基层单位在设计会计科目表时,应根据自身需要设计出明细科目。

(二) 会计科目的编号设计

会计科目编号的主要作用是使会计科目排序井然有序,便于查阅和记忆,方便分类安排账簿顺序,有利于会计报表依序编制,也有利于对会计事项进行归类。

排列会计科目的方法主要有以下三种。一是按大类别排列法,如先列资产排列法、先列负债排列法、先列净值排列法等。二是按性质别排列法,为反映企业偿债能力的强弱,应将流动性较大的排列在前,流动性较小的依次列入,如流动资产、固定资产、无形资产、递延资产、其他资产等,短期负债、长期负债、其他负债等;为反映企业的投资能力大小,应将流动性较小的排列在后,逐渐过渡到流动性较大者。三是按科目排列法,兼顾流动性及重要性,即一方面考虑其重要性的大小,同时注意流动性的强弱。例如,先按重要性划分,然后将每一类重要性相同项目再按流动性强弱排列;又如,按流动性划分,然后再将同一流动性的项目按重要性大小排列。

会计科目编号是利用数字、文字和其他特定的符号等作为工具,按一定的方式,组成特定形式的编码,作为科目的符号,以利于对会计科目的记忆和使用。目前,国内外编号的方法,主要有数字符号法、文字符号法、混合法等。

1. 数字符号法

数字符号法是用一定数字编列会计科目号数的方法。它又可以细分为以下三种方法。

(1) 顺序编号法,又称流水编号法,是一种较为简单的编号方法。它将会计科目依次排定,自"1"开始顺序排列至最后一个科目止。其优点是便于计算总数(最后编号就是总数)和查明有无缺漏。如果企业采用这种方法对会计科目编号,要注意在每一类科目后留有一定的空号,以便增加科目时使用。

(2) 数字分组法,又称分段编号法,是对数字符号法进行改进的一种方法。它将会计科目按所确定的数字组来排列,每类会计科目都给予一个数字组。在确定数字组时,首先以大类别为标准,确定其起止号数;然后按性质别,区分其性质别的起止号数;最后,在每一性质别的起止号数范围内,依次排列各科目的号数。例如,资产类科目为101～199,货币资金类科目为101～109,属于货币资金类的各个科目,其编号为101、102、103……109等。

(3) 十进位数字编号法,即用十进位数字编列会计科目号数的方法。此法先按大类别划分,从1编到9;再按性质别在大类别号数右边加一个数字,从0编到9;然后,就同一性质别的各科目(总账科目),在性质别号数右边加一个数字(从1编到9)。这样,从左边起,第一个数字表示某一大类科目,第二个数字表示某一性质别的科目,第三个数字则表示某一个性质别内的总账科目。

具体编号方法如表2-4-1所示。

表 2-4-1 会计科目名称和编号

顺 序 号	编 号	会计科目名称
		一、资产类
1	1001	库存现金
2	1002	银行存款
3	1003	存放中央银行款项
4	1011	存放同业
5	1012	其他货币资金
6	1021	结算备付金
7	1031	存出保证金
8	1101	交易性金融资产
9	1111	买入返售金融资产
10	1121	应收票据
11	1122	应收账款
12	1123	预付账款
13	1131	应收股利
14	1132	应收利息
15	1201	应收代位追偿款
16	1211	应收分保账款
17	1212	应收分保合同准备金
18	1221	其他应收款
19	1231	坏账准备
20	1301	贴现资产
21	1302	拆出资金
22	1303	贷款
23	1304	贷款损失准备
24	1311	代理兑付证券
25	1321	代理业务资产
26	1401	材料采购
27	1402	在途物资
28	1403	原材料
29	1404	材料成本差异
30	1405	库存商品
31	1406	发出商品
32	1407	商品进销差价
33	1408	委托加工物资
34	1411	周转材料
35	1421	消耗性生物资产
36	1431	贵金属
37	1441	抵债资产
38	1451	损余物资
39	1461	融资租赁资产
40	1471	存货跌价准备
41	1501	持有到期投资

续表

顺 序 号	编 号	会计科目名称
42	1502	持有到期投资减值准备
43	1503	可供出售金融资产
44	1511	长期股权投资
45	1512	长期股权投资减值准备
46	1521	投资性房地产
47	1531	长期应收款
48	1532	未实现融资收益
49	1541	存出资本保证金
50	1601	固定资产
51	1602	累计折旧
52	1603	固定资产减值准备
53	1604	在建工程
54	1605	工程物资
55	1606	固定资产清理
56	1611	未担保余值
57	1621	生产性生物资产
58	1622	生产性生物资产累计折旧
59	1623	公益性生物资产
60	1631	油气资产
61	1632	累计折耗
62	1701	无形资产
63	1702	累计摊销
64	1703	无形资产减值准备
65	1711	商誉
66	1801	长期待摊费用
67	1811	递延所得税资产
68	1821	独立账户资产
69	1901	待处理财产损溢
		二、负债类
70	2001	短期借款
71	2002	存入保证金
72	2003	拆入资金
73	2004	向中央银行借款
74	2011	吸收存款
75	2012	同业存放
76	2021	贴现负债
77	2101	交易性金融负债
78	2111	卖出回购金融资产款
79	2201	应付票据
80	2202	应付账款
81	2203	预收账款
82	2211	应付职工薪酬

续表

顺　序　号	编　　号	会计科目名称
83	2221	应交税费
84	2231	应付利息
85	2232	应付股利
86	2241	其他应付款
87	2251	应付保单红利
88	2261	应付分保账款
89	2311	代理买卖证券款
90	2312	代理承销证券款
91	2313	代理兑付证券款
92	2314	代理业务负债
93	2401	递延收益
94	2501	长期借款
95	2502	应付债券
96	2601	未到期责任准备金
97	2602	保险责任准备金
98	2611	保户储金
99	2621	独立账户负债
100	2701	长期应付款
101	2702	未确认融资费用
102	2711	专项应付款
103	2801	预计负债
104	2901	递延所得税负债
		三、共同类
105	3001	清算资金往来
106	3002	货币兑换
107	3101	衍生工具
108	3201	套期工具
109	3202	被套期项目
		四、所有者权益
110	4001	实收资本
111	4002	资本公积
112	4101	盈余公积
113	4102	一般风险准备
114	4103	本年利润
115	4104	利润分配
116	4201	库存股
		五、成本类
117	5001	生产成本
118	5101	制造费用
119	5201	劳务成本
120	5301	研发支出
121	5401	工程施工

续表

顺 序 号	编 号	会计科目名称
122	5402	工程结算
123	5403	机械作业
		六、损益类
124	6001	主营业务收入
125	6011	利息收入
126	6021	手续费及佣金收入
127	6031	保费收入
128	6041	租赁收入
129	6051	其他业务收入
130	6061	汇兑损益
131	6101	公允价值变动损益
132	6111	投资收益
133	6201	摊回保险责任准备金
134	6202	摊回赔付支付
135	6203	摊回分保费用
136	6301	营业外收入
137	6401	主营业务成本
138	6402	其他业务成本
139	6403	税金及附加
140	6411	利息支出
141	6421	手续费及佣金支出
142	6501	提取未到期责任准备金
143	6502	提取保险责任准备金
144	6511	赔付支出
145	6521	保单红利支出
146	6531	退保金
147	6541	分出保费
148	6542	分保费用
149	6601	销售费用
150	6602	管理费用
151	6603	财务费用
152	6604	勘探费用
153	6701	资产减值损失
154	6711	营业外支出
155	6801	所得税费用
156	6901	以前年度损益调整

2. 文字符号法

文字符号法是用一个字母或一系列字母作为会计科目及类别的标记。这种方法按照汉语拼音或英文字母的排列顺序来表示科目分类,优点是便于记忆、易于联想。其编号方法有以下两种。

(1) 普通文字法，即以英文字母的 A、B、C 等，按其顺序代替数字编号；或者采用我国汉语拼音字母，按顺序代替数字编号。

(2) 记忆法，即提取各级英文会计科目的首字母作为简字，然后就其属性加以连接，从而形成该科目的代表符号。利用汉语拼音字母排列也是如此，即总账科目和明细科目使用拼音的首字母来表示(也可以完全按照开头字母顺序排列)，这种方法适用于仓库材料、商品等存货方面的编号。

3. 混合法

混合法是将数字符号法及文字符号法加以合并，用于表示会计科目的编号方法。其构成可按分组符号法或十进位法处理。这种编号方法融合了两种方法的优点，既便于记忆，又有清晰明确的顺序。其具体组合方式有以下两种：一种是以数字表示科目分类和总账科目，用字母表示明细科目，其字母应取科目的第一个字母表示；另一种是用字母表示主要分类，而用数字表示总账科目和明细科目，字母多按顺序排列。

二、会计科目使用说明书的设计

会计科目设计完成后，要在会计科目表后以使用说明的方式，对各个会计科目的核算内容、用途、使用方法等进行详细说明，以确保正确使用。会计科目使用说明，其主要内容包括以下五个方面。

(一) 说明各会计科目核算的内容与范围

首先要说明每一个会计科目核算的具体内容，严格划分类似科目的界限，以保障准确核算，防止发生混淆使用会计科目的现象。另外，对于财产物资的计价方式也应加以说明。例如，"在建工程"科目，应先说明它是核算公司为基建、更新改造等在建工程发生的支出，包括固定资产新建工程、改扩建工程等所发生的实际支出，以及改扩建工程等转入的固定资产净值。购入不需要安装的固定资产，不在本科目核算；公司购入为工程准备的物资，也不在本科目核算。又如，"库存现金"科目，要说明该科目只核算单位的库存现金，明确备用金不在本科目核算，应在"其他应收款"科目下设置"备用金"明细科目进行核算。

(二) 说明会计科目的核算方法

在会计科目使用说明中，应说明根据会计科目设置的每一账户的性质、库存、结构及主要账务处理和核算要求，以便会计人员正确运用会计科目进行核算和监督。例如，"库存现金"科目，其用途是核算单位库存现金，应规定收入现金时记入借方，贷记有关科目；支出现金时，应借记有关科目，贷记本科目。同时要求单位设置"现金日记账"由出纳人员根据收付款凭证，按照业务发生顺序逐笔登记，每日终了，应计算当日的现金收入合计数、现金支出合计数和结余数，并将结余数与实际库存数核对，做到账实相符。对于有外币现金的单位，应分别以人民币和各种外币设置"现金日记账"进行明细核算。

(三) 会计手册和标准会计分录设计

为确保各种交易和事项能得到恰当的记录，并在会计报表中能正确地反映，一是要对影响每一个账户的各种交易进行描述，即编制会计手册，特别要重点说明非常规交易的记录处理方式；二是对常规的月末交易和事项建立一套标准会计分录，以便正确处理调整事项，避免在月报、季报中出现遗漏。月末事项调整主要包括资产折旧、坏账处理、应计税费、产品担保和利息、生产费用和销售收入结转等。

（四）说明明细科目的设置

单位使用的会计科目，大多数都需要设置二级科目或三级科目，应在使用说明中规定应如何设置和设置哪些明细科目。例如，“固定资产”科目应说明按固定资产的类别设置二级科目，并应设置“固定资产登记簿”和“固定资产卡片”，对固定资产进行明细核算。又如，“原材料”科目，规定应按材料的种类、存放地点分别设置明细科目进行核算等。

（五）其他事项说明

为保证会计科目的正确使用，应对会计基础和会计政策作出说明。例如，固定资产的不同折旧方法、存货计价的方法等会计基础和会计政策，应作出较详细的说明。

实战演练

1. 想一想

会计科目的编号设计有哪些方法？

2. 写一写

按会计科目的编号设计要求画出思维导图。

知识拓展

会计科目编号的规则

一级会计科目的编号：一般采用四位纯数字表示。

第一位数字（即千位）：表示会计科目的类别，其中1表示资产类，2表示负债类，3表示所有者权益类，4表示成本类，5表示损益类；第二位数字（即百位），可以划分大类下面小类；剩余两码为流水号。

在第一位数字主要类别之下，业务性质相同的会计科目都以同样的号码为第二位数字，在相同业务性质的会计科目下，再按照第三位数字依次排列各个会计科目。

第二位小类的排列顺序：资产类下面的小类按照变现能力大小排序；负债类下面的小类按照流动性大小排序；所有者权益类下面的小类按照转化为资本的能力大小排序。

同时，为便于会计科目的增减，一般情况下，编码要考虑到未来的扩展性，在编码之间预留一定的间隔。

二级会计科目的编号：一般采用六位编码，其中前四位为一级科目的代码，后两位为流水号。例如，“银行存款”科目（编码为1002）下，根据银行的不同，设置多个二级科目，如“100201 中国建设银行”“100202 中国工商银行”“100203 中国农业银行”等。

一般情况下，二级科目都是根据企业的需求来设置的。但无论一级科目、二级科目如何设置，都必须保证编码的唯一性。因此，为了确保会计科目的唯一性，数据保存时的检验动作必不可少。

任务训练

一、单项选择题

（　　）是将数字符号法及文字符号法加以合并，来表示会计科目的编号方法。

A. 混合法　　B. 文字法　　C. 数字符号　　D. 数字分组

二、多项选择题

会计科目使用说明书的设计包括的主要内容有（　　）。

A. 说明各会计科目核算的内容与范围

B. 说明会计科目的核算方法

C. 会计手册和标准会计分录设计

D. 说明明细科目的设置

三、简答题

1. 会计科目使用说明的主要内容包括哪几个方面？
2. 会计科目编号的方法有哪些？

项目实施

现有三位投资人决定合股投资300万元开设一家商店，经营范围主要为服装、家用电器和百货商品，并开设一个快餐店。已租入一栋三层楼房，一楼经营家用电器，二楼经营服装和百货，三楼为快餐店，营业执照等相关手续已办妥，准备开业。现委托某会计师事务所设计一套会计制度。经事前调查研究，获得以下资料。

(1) 除三位合股投资人外，还准备向银行贷款和吸收他人投资，但他人投资不作为股份，只作为长期应付款，按高于同期银行存款利率20%付息。

(2) 商场和快餐店均需要重新装修才能营业。

(3) 需购入货架、柜台、音响设备、桌椅、收银机等设备，还需购入一辆运输汽车。

(4) 商场购销活动中，库存商品按售价记账，可进行赊购赊销。

(5) 快餐店的收入作为附营业务处理。

(6) 雇用若干店员，每月按计时工资计发报酬，奖金视营销情况而定。

(7) 房屋按月缴纳租金。

(8) 按规定缴纳增值税和所得税（其他税种从略），税率按国家规定执行。

(9) 公司要求管理费用等共同费用应在商场和快餐店之间进行分摊。

(10) 利润要按商场和快餐店分别计算；税后利润按规定提取公积金。

(11) 本公司名称为东方有限责任公司。

(12) 公司已在银行开立账户。

(13) 购进商品的包装物出售给废品公司。

要求：为东方有限责任公司设计会计科目并对会计科目使用作出说明。

项目总结

会计科目设计是会计制度设计的一个重要环节，主要有以下五个方面的意义：①会计科目是对会计核算内容具体分类的方法；②会计科目是编制会计凭证的依据；③会计科目是账户分类设置和账户格式设计的前提；④会计科目的设计为会计报表的设计奠定了基础；⑤会计科目的设计是审查稽核的基础准备。

在设计会计科目时，应当遵循以下原则：①合法性原则；②相关性原则；③实用性原则；④清晰性原则。

总分类会计科目按经济业务分类设计：①筹资业务会计科目的设置；②采购供应业务会计科目的设置；③生产过程业务会计科目的设置；④销售业务会计科目的设置；⑤利润形成及分配过程业务会计科目的设置。

明细分类会计科目的设计：①按核算内容的类别或项目分别设计；②按核算内容的对象分别设计；③按业务部门设计；④按核算内容的种类、对象、地点、用途相结合设计；⑤备查登记簿设置与明细科目设计相结合。

会计科目的编号设计：①数字符号法；②文字符号法；③混合法。

会计科目使用说明书的设计：①说明各会计科目核算的内容与范围；②说明会计科目的核算方法；③会计手册和标准会计分录设计；④说明明细科目的设置；⑤其他事项说明。

项目3

会计凭证设计

学习目标

【知识目标】

1. 了解会计凭证设计的作用。
2. 了解会计凭证设计的原则。
3. 掌握会计凭证设计的要求。
4. 了解原始凭证的分类。
5. 了解原始凭证的基本内容。
6. 了解记账凭证设计。
7. 掌握会计凭证传递程序与保管制度的设计。

【能力目标】

1. 认识会计凭证设计的作用和原则。
2. 掌握原始凭证和记账凭证的设计方法。

【素质目标】

1. 培养学生对会计凭证知识的存储能力,树立正确的责任意识。
2. 具有严谨、细致的工作作风。
3. 具有一定的自主学习能力。

思维导图

会计凭证设计思维导图如图 3-0-1 所示。

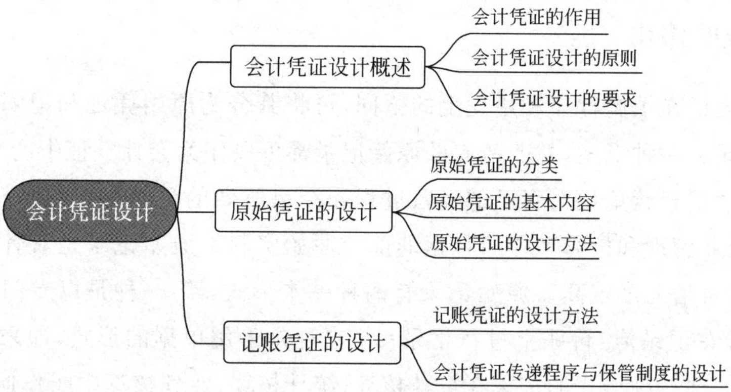

图 3-0-1　会计凭证设计思维导图

项目描述

华茂公司是一家大型企业，前期已对会计科目设计有了一定程度的了解，目前总分类账、明细分类账和科目编号均已设计好。公司在经营中发生一系列业务，为了规范凭证填制与核算工作，需要先对原始凭证和记账凭证进行设计。

项目分析

会计凭证是根据经济业务内容，按照特定格式编制的书面单据。填制和审核会计凭证是会计核算的重要组成部分。会计凭证在会计核算处理过程中地位十分重要。进行会计凭证的设计，是提高会计工作效率的可靠保障。

任务 3.1　会计凭证设计概述

任务目标

1. 了解会计凭证设计的作用。
2. 了解会计凭证设计的原则。
3. 掌握会计凭证设计的要求。

想一想

1. 会计凭证设计的作用和原则分别是什么？
2. 你认为设计会计凭证有哪些要求？

知识准备

会计凭证是记录经济业务、明确经济责任，并作为记账依据的书面证明，在法律上具有证明效力。

一、会计凭证的作用

根据会计凭证在填制程序和用途上的不同,可将其分为原始凭证和记账凭证。原始凭证属于原始记录的一种形式,并非所有的原始记录都可以作为会计凭证中的原始凭证使用。原始记录是指基层经营单位对自己的经营过程和结果所做的记录,是反映经济活动的第一手资料,也是企业管理和核算工作所依据的部分原始资料。原始记录是对各项经济活动的即时直接记录,可信程度较高。原始记录有两种基本形式：第一种是以专门的表格形式进行记录,或直接在记录簿、台账上进行记录；第二种是采用单据的形式,即采用自制原始凭证进行的记录。前一种形式的记录在会计核算、统计核算、业务核算中叫作原始记录；后一种形式的记录中涉及会计核算的部分,可直接作为原始凭证。因此,原始凭证的设计是会计凭证设计的基础和重点。

会计凭证的主要作用有两个：其一,可以如实记录经济业务的实际情况。任何一项经济业务发生时,都要由有关人员根据经济业务的实际内容填制会计凭证,并经过审核后才能作为记账依据。其二,作为监督检查的依据。每张会计凭证都有载明经济业务的具体内容,并有经手人、制证人、审核人的签章,能够反映凭证的传递程序和所经部门或个人的处理情况,为监督、检查工作提供依据,也便于对各个控制环节进行考核。

二、会计凭证设计的原则

原始凭证的功能在于如实地记录经济业务的发生过程,而记账凭证则是对原始凭证进行整理加工,以利于记账。虽然二者用途不同,但都必须根据企业经济业务的特点来进行设计。会计凭证设计应遵守的原则如下。

(1) 要有利于提供完整、详细的第一手资料。如将经济业务发生的时间、地点、内容、条件、责任情况记录下来,为准确、及时反映各项经济业务情况及进行账务处理奠定基础。

(2) 要有利于进行各种核算、分析、检查,有利于加强企业的经济核算。如规定编制各种不同的凭证,建立合理的传递程序等,使企业内部各个部门之间的联系不断加强。

(3) 要适应内部会计控制的需要,充分发挥会计凭证作为控制手段的作用,如多设核对点(凭证存根、连续编号、多联复写等),使凭证设计遵守统一性,做到规范化。尽量采用全国或地方统一的会计凭证,单位内部使用的会计凭证其种类、格式、用途尽量做到统一和标准化。

(4) 要遵守相对稳定的原则,一经选用的原始凭证和记账凭证不要轻易改动。

三、会计凭证设计的要求

会计凭证的设计需从本单位的实际需求出发,在财务会计制度中明确本单位应设置的会计凭证的种类、格式、内容、用途、份数、传递路线和时间要求,确保本单位发生的经济信息能够及时、正确、全面地通过会计凭证集中到会计部门，便于进行会计核算和监督。会计凭证的设计是财务会计制度设计工作的一项重要内容。在设计时，除了要遵循一定原则外，还必须满足下列四项要求。

（1）要能全面详细地反映经济业务的发生过程。这一要求是指对经济活动能起到事前监督、事中协调、事后分析检查的作用。会计凭证是会计工作的重要依据，对会计核算的质量有直接的影响，它必须能提供完整、详细的第一手资料。因此，会计凭证必须把经济业务发生的时间、地点、内容、责任等基本情况都记录下来，为会计监督和分析提供充足的原始资料，为会计管理的后续步骤创造良好的条件和基础。

（2）要能符合账务处理程序的要求。不同的账务处理程序需要不同种类的记账凭证。在确定了账务处理程序后，应分别设计收款、付款、转账三种凭证或通用凭证，以满足账务处理程序的需求。

（3）要体现内部控制制度的要求。会计凭证是实施内部控制的重要工具。在设计会计凭证格式和传递程序时，应体现不相容职务分工负责的原则，研究何种经济业务需要设置什么凭证才能堵塞漏洞，如何传递才能严格手续，使内部控制制度得以充分体现并发挥作用。

（4）要符合简明实用的要求。会计凭证应当在满足业务需求的前提下，力求简化，文字表述通俗易懂，体现实用性和可行性。凭证的编制和制作环节应尽可能简化，格式应满足填写需求，并保持相对稳定。

实战演练

1. 想一想

什么是会计凭证？

2. 写一写

根据教师授课情况，写出会计凭证的作用。

知识拓展

会计凭证的分类

会计凭证按其编制程序和用途的不同，分为原始凭证和记账凭证。前者又称单据，是在经济业务最初发生之时即行填制的原始书面证明，如销货发票、款项收据等；后者又称记账凭单，是以审核无误的原始凭证为依据，按照经济业务事项的内容加以归类，并据以确定会计分录后所填制的会计凭证。记账凭证是登入账簿的直接依据，常用的记账凭证有收款凭证、付款凭证和转账凭证等。

任务训练

简答题

1. 简述会计凭证的作用。
2. 简述会计凭证设计的原则。
3. 简述会计凭证的设计要求。

任务 3.2 原始凭证的设计

任务目标

1. 了解原始凭证的分类。
2. 了解原始凭证的基本内容。
3. 掌握原始凭证的设计。

想一想

1. 原始凭证设计的基本内容有哪些？
2. 你认为原始凭证的设计应该包括哪几个方面的内容？

知识准备

一、原始凭证的分类

原始凭证是在经济业务发生时直接取得或填制的凭证，用来证明会计事项的发生过程，并作为编制记账凭证的依据。原始凭证主要分为外来凭证和自制凭证两类，但也有其他分类方式。

(1) 按凭证取得的来源分类，主要有外来原始凭证和自制原始凭证。其中，自制原始凭证又可以细分为自制对外凭证和自制对内凭证。自制对外凭证如销售发票、收款收据等；自制对内凭证如领料单、各种成本分摊凭证等。

(2) 按用途分类，主要包括如下几类。通知凭证，如各种调拨单、出库通知单等；执行凭证，如各种入库单、领料单、销售发票、收款收据等；转账手续凭证，如费用分配表、成本计算单、赤字更正单等；联合凭证，即同时具有上述两种以上功能的凭证，如领料单既具有通知凭证的用途，又具有执行凭证的用途。同时，有的凭证多联使用，每联各有不同的用途，该种凭证也可以称为联合凭证。

(3) 按凭证记录的次数和时限分类，主要包括以下两类。一次凭证，即只能使用一次的凭证，如领料单；累计凭证，即在同一凭证上可连续记录同一业务的凭证，如限额领料单等。

(4) 按凭证格式的适用性分类，主要包括以下两类。通用凭证，适用于不同行业、不同企业的普通格式的凭证，如销售发票、收款收据等；专用凭证，只适用于本企业特殊格式的凭证。

除上述四种分类法外，还可按照凭证的发生次序分为最初凭证、汇总凭证或分割凭证等。

二、原始凭证的基本内容

不同类型的原始凭证，包含的具体内容虽然不尽相同，但都必须具备基本内容。一般说来，任何一张原始凭证均应该具备反映经济业务内容和执行责任两方面的要素。反映经济业务内容方面的要素有原始凭证的名称、接收凭证单位的名称或个人姓名、填制凭证的日期（一般与业务执行日期一致）、经济业务的内容（业务名称性质等）、经济业务的各种计量（数量、单价和金额）等。表示业务执行责任的要素有填制单位的公章（对内凭证例外）、编制审核凭证的有关经手人和部门负责人签章、凭证编号、凭证应有的附件（需附上证明业务发生的相关附件，包括需经审批的批准手续等）。

三、原始凭证的设计方法

原始凭证的设计方法主要包括确定原始凭证种类、明确原始凭证的用途和要素、规定原始凭证的格式、设计具体内容、拟订流转程序和制定管理办法等内容。

(一) 原始凭证种类的确定

根据经济业务的内容范围、管理方式和核算方法,结合原始凭证的分类情况来设计其应设置的凭证种类,力求构建完整的原始凭证系统,确保每一项经济业务发生时都能取得准确、合适的原始凭证。例如,企业供应过程的主要经济业务包括材料采购、材料验收入库、材料发出、材料退库及材料的盘点等,为此需要购货发票、代垫运杂费清单、收料单、领料单、材料退库单、材料盘存单、材料盘盈盘亏报告单等一系列原始凭证,其中购货发票、代垫运杂费清单等是外来的原始凭证,其余都应列入需要设计的原始凭证种类。

(二) 明确原始凭证的用途和要素

每一原始凭证因反映的经济业务的内容不同,在凭证的具体构成要素上必然存在差异,这是我们在原始凭证设计时应深入研究的内容,但同时还要看到各种原始凭证之间存在着共同的基本要素,缺少任何一个基本要素,都可能使原始凭证变得不完整。所以在进行凭证设计前就必须明确这些基本要素。与此同时,还要确认每一原始凭证的具体用途,原始凭证的用途也是由其所反映的经济业务内容决定的。有的用途比较单一,有的则同时兼有多种用途。例如,发货票不仅要完整地记载发售货物的名称、数量、价格、金额、日期等内容,同时还有据以办理结算、提货、出厂门、存根备查等用途。明确各种原始凭证在核算及管理中的具体用途,有助于正确设计各种原始凭证的格式、联数和流转路线。

(三) 规定原始凭证的格式

企业主要是设计内部凭证的专用凭证,如能采用通用凭证,应优先选用。专用凭证应根据本企业的实际需求设计,例如,根据实际需求设置凭证项目;项目顺序排列要便于填写、计算和对照检查;应填的留空要适当,不能过小或过大;凭证大小规格应根据项目、留空多少来设置;按照凭证使用的需求设计适量的份数。

(四) 原始凭证内容的设计

原始凭证所反映的具体内容,主要根据其所要记录的经济业务种类进行针对性设计。

1. 反映货币资金收付业务的凭证内容设计

反映货币资金收付业务的原始凭证很多,既有外来凭证,也有自制凭证。外来凭证大多是通用凭证或银行部门设计的专用凭证,但还有一部分专用凭证,需要企业另行设计,如收款收据和内部报销单等。这些凭证的设计应有经济业务说明栏,简要说明收付款的经过和理由;要设计大写金额栏、小写金额栏,增设核对点,防止涂改和笔误;责任人签章栏要设计齐全,如经手人、审核人、出纳员和收款单位及付款批准等相关人员;对外收款凭证应加盖本企业公章,同样外来的付款凭证要有对方单位的公章。反映货币资金收付业务的凭证主要有内部缴款单、差旅费报销单等。

内部缴款单用于商品零售企业各营业柜组，在将每天直接收取的销货款送交财务部门时填制。内部缴款单应反映缴款单位、缴款金额、缴款类别等内容，一般可设计为一式三联：一联由交款单位存留，一联交财务部门作为记账的依据（连同其他原始凭证一起），一联作存根备查。其参考格式如图 3-2-1 所示。

内部缴款单

缴款单位: 年 月 日 编号

款项类别	张 数	金 额
1. 现金 2. 转账支票 3. 银行送款回单 4.		
合 计		
合计（大写）		

会计: 出纳: 缴款员:

图 3-2-1 内部缴款单

差旅费报销单用于单位内部职工出差报销时填制，应反映出差人姓名、出差地点、事由、预借款项、实报数、应退应补数等内容。其参考格式如图 3-2-2 所示。

差旅费报销单

年 月 日 字第 号

<table>
<tr><td colspan="9">姓 名</td><td colspan="4">预借金额</td><td colspan="5" rowspan="3">差旅费清单所附单据 张</td></tr>
<tr><td colspan="9">出差事由</td><td colspan="4">实报金额</td></tr>
<tr><td colspan="9">出差地点</td><td colspan="4">退补金额</td></tr>
<tr><td colspan="3">起 程</td><td colspan="4">到 达</td><td colspan="2">车船费</td><td rowspan="2">出差地市 内交通费</td><td rowspan="2">住宿费</td><td rowspan="2">在途伙食补助</td><td rowspan="2">通宵与卧坐车补助</td><td colspan="3">住勤伙食补助</td><td colspan="2">其他费用</td></tr>
<tr><td>月</td><td>日</td><td>时</td><td>月</td><td>日</td><td>时</td><td>地点</td><td>名称</td><td>金额</td><td>天数</td><td>每天补助</td><td>金额</td><td>项 目</td><td>金额</td></tr>
<tr><td></td><td></td><td></td><td></td><td></td><td></td><td></td><td></td><td></td><td></td><td></td><td></td><td></td><td></td><td></td><td></td><td>行李费</td><td></td></tr>
<tr><td></td><td></td><td></td><td></td><td></td><td></td><td></td><td></td><td></td><td></td><td></td><td></td><td></td><td></td><td></td><td></td><td>邮 费</td><td></td></tr>
<tr><td></td><td></td><td></td><td></td><td></td><td></td><td></td><td></td><td></td><td></td><td></td><td></td><td></td><td></td><td></td><td></td><td>电话费</td><td></td></tr>
<tr><td></td><td></td><td></td><td></td><td></td><td></td><td></td><td></td><td></td><td></td><td></td><td></td><td></td><td></td><td></td><td></td><td>其 他</td><td></td></tr>
<tr><td></td><td></td><td></td><td></td><td></td><td></td><td></td><td></td><td></td><td></td><td></td><td></td><td></td><td></td><td></td><td></td><td></td><td></td></tr>
<tr><td colspan="18">人民币合计（大写） 万 仟 佰 拾 元 角 分</td></tr>
</table>

部门主管: 会计审核: 领款人: 出纳:

图 3-2-2 差旅费报销单

2. 反映物资增减变化的凭证内容设计

反映材料、产成品增减变化的凭证一般有入库单、出库单。按照物资收发业务的经营特点和管理要求来划分，这类凭证可以设计为一次凭证、累计凭证和汇总凭证三种类型，应设计品名、规格、类别、编号、计量单位、数量、单价（或计划价格）、金额等栏目，便于准确计量和计价的核算。材料出库单可设计为领料单、限额领料单、发料凭证汇总表、产品入库单等形式。各种入库单应有仓库负责人签章，出库单应有生产部门或销售部门和仓库的签章。当产品出库单被当作提货单使用时，则应加盖公章。在设计出库单时，还应注意其颜色上应有差别，防止混淆，避免造成业务混乱。

领料单是材料的主要出库凭证，属于一次性凭证。为便于控制材料消耗，应设有领料单位、日期、用途、名称、规格、请领数量、实发数量、单价、金额、领发料人等内容。领料单一般均采用三联式设计：一联由仓库留存，用于登记仓库材料；一联由领料单位带回备查；一联交财会部门据以记账。其一般格式如图 3-2-3 所示。

领料单

领料单位：　　　　年　　月　　日　　　　编号：

发料仓库：　　　　工作令号（生产单号）：　　　　产品名称及项目：

材料名称	材料编号	材料规格	计量单位	数　量		单 价	金 额
				请 领	实 发		
用途					合 计		
备注							

发料：　　　　领料：　　　　领料单位负责人：

图 3-2-3　领料单

限额领料单属于累计凭证，适用于在一定时期内多次领用相同材料且有定额控制的发出业务，一般应一单一料，其填制手续需经多次领料、多次填制才能完成。采用限额领料单既可以简化领料凭证的编制工作，减少凭证数量，还便于同定额、计划消耗进行对比，以控制材料耗费。限额领料单应设计材料的领用限额数量、本次领用数量、限额结余数量、实际领用数量等栏次。限额领单一般设计为一式三联：一联仓库记账，一联由领料单位留存，一联交财会部门据以记账。其一般格式如图 3-2-4 所示。

限额领料单

领料单位：　　　　编号：

用途（订单号）：　　　　发料仓库：

材料类别	材料编号	材料名称及规格	计量单位	领用限额	实发总数	单价	金额
供应部门负责人签章：				生产计划部门负责人签章：			

日期	请　领		发　出			扣除		退库		限额结余
	数量	领料单位负责人签章	数量	发料人签章	收料人签章	数量	领料单编号	数量	退料单编号	
合计										

图 3-2-4　限额领料单（一单一料）

发出材料汇总表属于汇总凭证，是根据各种领料单和限额领料单汇总编制的原始凭证。发出材料汇总表用于集中反映某一时期材料发出业务的全面情况，因此应按发出材料的类别和发出材料所涉及的借方科目设置项目、栏次。其一般格式如图 3-2-5 所示。

发出材料汇总表

年　月　日

耗用产品或部门	领料单张数	数量	单价		金额	
			实际价	计划价	实际价	计划价
基本生产成本——A产品						
——B产品						
辅助生产成本						
制造费用						
管理费用						
产品销售费用						
合　计						

图 3-2-5　发出材料汇总表

收料单也是一次性凭证，用于证明所购货物已验收入库，并作为登记材料账的依据。为保证货物的数量、质量及日后查对，应增设有供应单位、发票号、货单号、检验凭证号、技术证明、付款方式等栏目。收料单一般至少应设计为一式三联：一联仓库登记材料账，一联送采购部门登记供应合同备查簿，一联交财会部门据以记账。其一般格式如图 3-2-6 所示。

收料单

年　月　日　　　　编号：

<table>
<tr><td colspan="2">起运站</td><td></td><td colspan="2">车（船）号</td><td></td><td colspan="2">运货单号</td><td colspan="2"></td></tr>
<tr><td colspan="2">供应单位</td><td></td><td colspan="2">发票号数</td><td></td><td colspan="2">提货单号</td><td colspan="2"></td></tr>
<tr><td colspan="2">仓库号数</td><td></td><td colspan="2">检验凭证号</td><td></td><td colspan="2">技术证明号</td><td colspan="2"></td></tr>
<tr><td colspan="10">付款方式：</td></tr>
<tr><td rowspan="2">材料类别</td><td rowspan="2">材料编号</td><td rowspan="2">材料名称及规格</td><td rowspan="2">单位</td><td colspan="2">数量</td><td colspan="2">计划成本</td><td colspan="2">实际成本</td></tr>
<tr><td>应收</td><td>实收</td><td>单价</td><td>金额</td><td>单价</td><td>金额</td></tr>
<tr><td></td><td></td><td></td><td></td><td></td><td></td><td></td><td></td><td></td><td></td></tr>
<tr><td colspan="10">备注</td></tr>
</table>

仓库主管：　　质量检验员：　　收货员：　　材料核算员：

图 3-2-6　收料单

产品入库单是反映企业生产产品所发生的各项经济业务的产出凭证，一般由企业自行设计，需反映交送人、检验人、保管人、存放地点、产品质量和数量等情况。其一般格式如图 3-2-7 所示。

在商品流通企业中，由于采购商品过程中发生的费用（如运杂费等）按规定不计入商品价款，所以收料（货）单中的金额栏只需设"金额"大栏即可。但是，从事商品零售的商业企业因其商品一般采用售价核算，所以收料（货）单中的金额不仅要标明发票金额，还需标明售价金额和进销差价。

产品入库单

交库部门: 年 月 日 检验证号: 编号:

工作单号	产品编号	产品名称	规格	单位	入库数量	实收数量	备注

检验: 仓库验收人: 车间负责人: 制单:

图 3-2-7 产品入库单

3. 反映生产经营业务的凭证内容设计

反映生产经营业务的凭证,大部分是自制凭证,主要用于转账业务,大多是根据一些内部原始记录进行整理加工编制的原始凭证汇总表,也有部分是根据账簿记录计算取得的原始凭证。这类凭证类型多样、结构复杂,各企业可根据自身经营特点、成本管理要求、成本核算方法进行设计。设计时,应根据生产成本项目设置专栏,确保各应设栏目设置齐全,分项与汇总项要相互衔接,便于对照检查和相互核对。各项费用应设置"分配率"栏,方便复查分配的费用金额和编制凭证时的计算。这类凭证只需设制单人和主管会计人员签章栏,一般不加盖公章。反映生产经营业务的凭证主要有材料费用分配表、外购动力费用分配表、工资费用分配表、固定资产折旧分配表、辅助生产费用分配表、制造费用分配表、产品成本计算单等。

4. 反映购销业务的凭证内容设计

反映购销业务的凭证主要是提货单和发货票,一般采用统一的通用凭证。如果企业自行设计销售发票、提货单,应注意以下内容:凭证中应设置品名、规格、计量单位、数量、价格、金额等栏目,以便对方单位检查核对和验收;同时,还要设计销售单位的名称、地址等信息,便于核对证实和退货处理。由于销售业务涉及的部门和经手人较多,应采用数联复写方式,以方便各部门的记录和核对,一般应设客户联、仓库联、财务联、会计联、统计联及存根联;经手人、负责人及单位需进行签章。发票应连续编号,便于在丢失后查询以及在伪造情况下进行核对;应设置购货单位经手签章的栏目,便于在发生差错时查明责任人。

在销售时自行设计的凭证主要有代垫运费清单。代垫运费清单的主要项目包括购货单位、发票号、发货时间、发货货物名称、数量、重量、代垫运费金额等内容。其一般格式如图 3-2-8 所示。

5. 反映固定资产增减变化的凭证内容设计

反映固定资产增减变化的凭证主要有固定资产调拨单、新建固定资产的移交清册、更新固定资产的购置单、固定资产报废单和盘盈盘亏报告单等。固定资产业务一般不常发生,除调拨单有规定的统一格式外,其他凭证均没有统一的特定格式,主要由各企业自行设计。设计时需注意以下内容:建设单位交付使用的资产清册的栏目要设计齐全、详细,便于记账,包括提取折旧和日常修理栏。如属房屋建筑物方面的,要设置性质、用途、所在位置、结构、建设成本和使用年限等栏;机器设备的调拨单或购置报告单,应设置调拨价格(或购买价格)、运费、安装费、成本及附加设备等。固定资产报废的原始凭证,应设置使用年限、已提折旧、原价、净值、报废理由等栏目,并要附报废的技术鉴定材料。盘盈盘亏的原始凭证,应设置品名、规格、原价(重置价值)、已提折旧(估计折旧)、净值、盘盈盘亏原因、批准手续等项内

代垫运费清单

购货单位：　　　　　　　　　　　　　　　　　　　　　第　　号

发票号：	提货单号：		发货日期：	
货物名称	规　格	单　位	数　量	重　量
市内运费				
托 运 费				
装 卸 费				
其他费用				
合　　计				

销售部门负责人：　　　　　　　复核：　　　　　　　制单：

图 3-2-8　代垫运费清单

容。反映固定资产增减变化的凭证主要有交付使用资产明细表、购入固定资产交接验收单、固定资产报废申请单等。

交付使用资产清册是由各种不同格式的交付使用资产明细表构成的，用于反映建设单位建成交付给使用单位的各项交付使用资产的价值。交付使用资产明细表的一般格式如图 3-2-9 所示。

交付使用资产明细表

单项工程：　　　　　　　　　　　　　　　　　　　　　第　　页

交付使用资产名称	结构	工程量			概算	实际			备注
		单位	设计	实际		建筑工程投资	待摊投资	合计	
合计									

移交单位：　　　　　　　　　　　　　接收单位：

年　月　日　　　　　　　　　　　　　年　月　日

图 3-2-9　交付使用资产明细表(房屋及建筑物)

购入固定资产(包括不需要安装设备)交接验收单用于固定资产购建完毕交付使用时填制。该凭证应设计购建固定资产名称、原始价值、预计使用年限、预计残值、折旧、附属设备及固定资产管理部门(如生产设备由生产技术处、科管理，机电设备由机电处、科管理，运输设备由运输机构管理，其他设备和房屋建筑物由总务部门管理等)、财会部门、使用单位三方共同验收情况等项目、栏次。该凭证一般一式四联：一联留存备查，一联由固定资产管理部门保存，一联交财会部门，一联交使用单位据以建账、建卡。其一般格式如图 3-2-10 所示。

当固定资产不能继续使用需要报废时，必须由固定资产使用保管部门提出申请，填制固定资产报废申请单，经鉴定小组进行认真鉴定，并签注意见，再经单位领导签章后，报送主管部门审批。固定资产报废申请单应包括申请报废固定资产名称、使用情况、原值、已提折旧、报废原因、鉴定意见及审批情况等项、栏次。其一般格式如图 3-2-11 所示。

购入固定资产交接验收单

企业名称:　　　　　　　　　　年　　月　　日　　　　　　　　　　编号:

固定资产编号	固定资产名称	规格及技术特征	计量单位	数量	原始价值			规定使用年限	净残值率	折旧计算资料			
					买价	运杂费	合计			折旧方法	年折旧率	月折旧率	工作小时折旧率
附属设备													
购置日期				使用日期				发票单及技术资料					
备注													

财会部门		管理财产部门		使用保管部门		购置（承办）部门	
名称		名称		名称		名称	
负责人		负责人		负责人		负责人	
经办人		经办人		经办人		经办人	

图 3-2-10　购入固定资产交接验收单

固定资产报废申请单

申请单位:　　　　　　　　　　年　　月　　日　　　　　　　　　　编号:

编号	固定资产名称	规格、结构	计量单位	数量	规定使用年限	实际已用年限	原值	已提折旧	净值
固定资产所在地址									
报废原因									
鉴定小组意见									年　月　日
单位领导意见									年　月　日
主管部门审批意见								（公章）	

图 3-2-11　固定资产报废申请单

6. 反映往来结算业务的凭证内容设计

反映往来结算业务的凭证一般与反映购销业务的发票类似，有时会另附欠款、收款单据。欠款、收款单据内容应包括欠款、收款时间，金额，内容，经手人等。

7. 反映结转业务的凭证内容设计

反映结转业务的凭证主要用于反映会计期末时结转收入和支出等账户，计算并结转成本、利润的账务处理工作。此类业务不涉及外单位，一般无固定格式的凭证，其内容根据结转的内容灵活设计，一般以书面说明的形式作为原始凭证，但要注意说明中应包括结转的依据（××账户）、结转的起止日期、结转的项目、金额和经手人、主管会计等内容。

（五）原始凭证流转程序的设计

为充分发挥原始凭证在会计核算和内部控制中的作用，应设计科学的流转程序。原始凭证流转程序是指从凭证填制或取得开始到装订保管为止，其所经历的签发、审核、使用、整理、记账、归档等一系列处理和运行的全过程。其设计内容包括：规定各类原始凭证流转的路线及所经历的环节，并注明起、讫点；规定在各环节应办理的事项、应停留的时间、应转送的期限、各环节的办理人应负的责任。设计时要避免凭证迂回流转，防止耽搁延误和造假舞弊等不良现象。对于主要原始凭证的流转程序设计，应尽量绘制出简明易懂的流程图。

（六）对原始凭证管理的设计

原始凭证的管理内容，主要包括空白凭证的管理、制错凭证的管理和使用过凭证的管理等。其具体设计内容如下：一是空白凭证的管理，即对外有效的凭证管理，如销售发票、银行支票、收款收据等，应事先编号，指定由专人管理，领用、交回要进行登记，防止丢失和假冒。二是误填作废的凭证，各联应加盖“作废”戳记，全联和存根一并保管，不得随意销毁。三是已使用完毕、登记入账的原始凭证，一般作为记账凭证的附件装订成册保存；对单独保管的原始凭证应装订成册，注明其所附的记账凭证的日期和号数，严防消失；对于自制原始凭证的存根应要求每本使用完毕即整理入档，不得随意丢失，特别是销售发票、收据及支票存根，更要妥善保管，防止出现非法销毁等情况。

实战演练

1. 想一想

利用周末休息时间找一家公司调研，了解该公司原始凭证涉及的内容和原始凭证设计的要求。

2. 写一写

根据调研情况，写出原始凭证的设计要求和设计内容。

知识拓展

原始凭证和记账凭证的关系

原始凭证与记账凭证之间存在着密切的联系。原始凭证是记账凭证的基础，记账凭证是根据原始凭证编制的。在实际工作中，原始凭证附在记账凭证后面，作为记账凭证的附件；记账凭证是对原始凭证内容的概括和说明；原始凭证有时是登记明细账户的依据。

虽然记账凭证和原始凭证同属于会计凭证，但二者存在着以下差别。

(1) 原始凭证是由经办人员填制的；记账凭证一律由会计人员填制。

(2) 原始凭证根据实际发生或完成的经济业务填制；记账凭证根据审核后的原始凭证填制。

(3) 原始凭证仅用于记录、证明经济业务已经发生或完成；记账凭证要依据会计科目对已经发生或完成的经济业务进行归类、整理。

(4) 原始凭证是填制记账凭证的依据；记账凭证是登记账簿的依据。

任务训练

一、单项选择题

1. 下列原始凭证中，不属于自制原始凭证的有（　　）。
   A. 发料单　　B. 出库单
   C. 实存账存对比表　　D. 飞机票
2. 下列各项中，不属于原始凭证要素的是（　　）。
   A. 经济业务发生日期　　B. 经济业务内容
   C. 会计人员记账标记　　D. 原始凭证附件
3. 下列各项，不属于原始凭证审核内容的是（　　）。
   A. 凭证反映的内容是否真实
   B. 凭证各项基本要素是否齐全
   C. 会计科目的使用是否正确
   D. 凭证是否有填制单位的公章和填制人员的签章
4. 下列各项中，不属于原始凭证基本内容的是（　　）。
   A. 填制的日期　　B. 经济业务的内容
   C. 接收单位的名称　　D. 经济业务的记账方向

二、多项选择题

1. 原始凭证的设计主要包括（　　）。
   A. 确定凭证种类　　B. 规定凭证格式
   C. 设计具体内容　　D. 拟订流转程序和制定管理办法
2. 原始凭证的基本内容包括（　　）。
   A. 原始凭证的名称　　B. 填制凭证的日期
   C. 经济业务的内容　　D. 填制单位的公章

三、简答题

1. 原始凭证分类的目的是什么？
2. 原始凭证的基本内容有哪些？
3. 制造业、商品流通企业常用的原始凭证有哪些？

任务 3.3　记账凭证的设计

任务目标

1. 了解记账凭证设计。
2. 掌握会计凭证传递程序与保管制度的设计。

想一想

1. 记账凭证具备哪些基本内容？
2. 记账凭证的设计要求包括哪些内容？

知识准备

一、记账凭证的设计方法

记账凭证是由会计人员根据审核无误的原始凭证或原始凭证汇总表进行归类整理后填制而成的,是进行账簿登记的直接依据。记账凭证的作用在于,根据经济业务的性质确定应借应贷的会计科目,并将经济业务分门别类地在不同的账户中进行记录,避免出现登账差错。由于所有经济业务的账簿登记主要根据记账凭证进行,因此记账凭证的编制不仅有利于对业务进行审核和制约,还能保护原始凭证的安全,同时也为日后的审计提供了方便。记账凭证主要有以下几种类型:①通用记账凭证;②专用记账凭证(收、付款凭证和转账凭证);③单式记账凭证(借项凭证和贷项凭证);④汇总记账凭证(汇总收款凭证、汇总付款凭证和汇总转账凭证);⑤科目汇总表。在选用记账凭证时,企业应根据各种记账凭证的适用场景及自身实际情况加以选择。

(一) 记账凭证的基本要素

记账凭证的内容可分为基本内容和其他内容两部分。记账凭证的基本内容是指记账凭证发挥其作用所必需的基本要素和基本项目。无论记账凭证格式如何设计,都应具备以下基本内容。

(1) 记账凭证填制单位的名称。
(2) 记账凭证的名称。
(3) 凭证的编号和填制日期。
(4) 经济业务的摘要。
(5) 应借应贷的科目和金额。
(6) 记账的标记。
(7) 所附原始凭证的张数。
(8) 会计主管、审核、记账和编制人员的签章。

(二) 记账凭证格式设计要求

记账凭证格式设计是记账凭证设计的重要内容,在设计时应符合以下要求。
(1) 基本内容要完整,重点内容要突出。
(2) 会计科目、金额的栏数和各主要栏次的排列要合理,书写分录的行次要适当。
(3) 各种不同的记账凭证要用不同的颜色印刷。

(三) 主要记账凭证的设计

1. 通用记账凭证

通用记账凭证可用于反映收、付款业务及转账业务。采用通用记账凭证时,所有的业务均编制统一格式的记账凭证,一般情况下,一笔业务编制一张记账凭证,对于同类业务,可适当地合并起来加以编制,其样式如图 3-3-1 所示。

通用记账凭证

年 月 日 第 号

摘要	借方科目		贷方科目		金额	记账符号
	一级科目	明细科目	一级科目	明细科目		
合计						

会计主管 记账 复核 制单

图 3-3-1 通用记账凭证

通用记账凭证编制比较简单，业务内容反映比较明确，对应关系比较清楚，但是在记账时，每一张记账凭证需逐笔过账，这使得登记总账的工作量比较大。对于业务比较简单，且采用记账凭证核算组织程序的企业而言，可以采用通用记账凭证。业务繁多且会计核算已实现电算化的企业，也适合使用通用记账凭证。

2. 专用记账凭证

专用记账凭证包括收款记账凭证（简称“收款凭证”）、付款记账凭证（简称“付款凭证”）和转账记账凭证（简称“转账凭证”）。专用记账凭证的特点是限定了凭证的适用范围，即与货币资金有关的业务，分别编制收款凭证和付款凭证；与货币资金收付无关的业务，则编制转账凭证。收款凭证可分设银行存款收款凭证和库存现金收款凭证，付款凭证可分设库存现金付款凭证和银行存款付款凭证。三种专用记账凭证的具体格式如下。

（1）收款记账凭证的设计（见图 3-3-2）。如果收款凭证分别采用库存现金收款凭证和银行存款收款凭证，可直接以“库存现金收款凭证”和“银行存款收款凭证”作为收款凭证的名称，并在收款凭证上省略借方科目的内容。

收款记账凭证

借方科目 年 月 日 第 号

摘要	贷方科目		金额	记账符号
	一级科目	明细科目		
合计				

会计主管 记账 复核 制单

图 3-3-2 收款记账凭证

（2）付款记账凭证的设计（见图 3-3-3）。付款凭证的格式与收款凭证格式基本相同，只是调换借方科目和贷方科目的位置。如果付款凭证分别采用库存现金付款凭证和银行存款付款凭证，可直接以“库存现金付款凭证”和“银行存款付款凭证”作为付款凭证的名称，并在付款凭证上省略贷方科目的内容。

（3）转账记账凭证的设计（见图 3-3-4）。转账记账凭证是反映不涉及库存现金、银行存款收付的其他业务，其格式与通用记账凭证的格式基本相同。

付款记账凭证

贷方科目　　　　　　　　年　月　日　　　　　　　　第　号

摘要	借方科目		金额	记账符号
	一级科目	明细科目		
合计				

会计主管　　　　记账　　　　复核　　　　制单

图 3-3-3　付款记账凭证

转账记账凭证

摘要	会计科目	借方金额		贷方金额		记账符号
		一级科目	明细科目	一级科目	明细科目	
合计						

会计主管　　　　记账　　　　复核　　　　制单

图 3-3-4　转账记账凭证

在发生收付款业务时，收款凭证和付款凭证只需填制一栏金额，编制手续简单，业务对应关系清楚，同时也便于登记库存现金日记账和银行存款日记账，在进行科目汇总时比较方便。对于收付款业务比较多的企业，可以采用分别设置收款凭证、付款凭证和转账凭证这些专用凭证的方法。这种方法不仅适用于业务比较简单、采用记账凭证核算组织程序的企业，对于业务比较复杂，采用汇总记账凭证核算组织程序、科目汇总表核算组织程序和多栏式日记账核算组织程序的企业同样适用。

3. 单式记账凭证

单式记账凭证中，每一笔经济业务的应借、应贷科目分别在不同的几张凭证上进行记录，每一张单式凭证仅反映一个科目的情况。因此，单式记账凭证分为借项凭证和贷项凭证。当一笔业务涉及多个科目时，就需要分别编制几张凭证。例如，生产领用材料，会计分录为借记“生产成本”科目、贷记“原材料”科目，此时就应分别编制一张借方凭证和一张贷方凭证。如果发生一借多贷和一贷多借的业务，则应分别编制多张单式凭证。设置了收、付款凭证的企业，可以对转账部分的业务采用单式记账凭证。单式记账凭证的格式如图 3-3-5 和图 3-3-6 所示。

采用单式记账凭证，便于按科目汇总。例如，在编制科目汇总表时，只要把同一科目的借、贷凭证归集在一起，该科目的借、贷方发生数就会计算出来。但是，由于一项业务被分别反映在几张凭证上，日后对业务的查对较不方便。为弥补这一缺点，在凭证过账后，应把同一笔业务的凭证放在一起装订，同时在同一业务的凭证上采用合适的编号方法，以便日后查对。编号方法可以采用如“20⅓、20⅔”的方法，其中“20”表示第 20 号业务，编号相同表示是同一笔业务；“⅓”表示该业务共有 3 张凭证，这是其中的第 1 张，以此类推。单式记账凭证

转 账 借 方 凭 证

年　　月　　日

借方科目:　　　　　　　　对方科目:　　　　　　　　第　　号

摘要	明细科目	金额
合计		

会计主管　　　记账　　　复核　　　制单

图 3-3-5　单式记账凭证(借方凭证)

转 账 贷 方 凭 证

年　　月　　日

贷方科目:　　　　　　　　对方科目:　　　　　　　　第　　号

摘要	明细科目	金额
合计		

会计主管　　　记账　　　复核　　　制单

图 3-3-6　单式记账凭证(贷方凭证)

适用于业务繁多,且需要编制科目汇总表的企业。

4. 汇总记账凭证

汇总记账凭证是分别根据收款凭证、付款凭证和转账凭证进行汇总后编制而成的记账凭证。根据汇总依据的不同,分别有汇总收款凭证、汇总付款凭证和汇总转账凭证三种。汇总收款凭证按库存现金、银行存款分别设置,涉及库存现金、银行存款的业务分别以这些科目为主进行汇总。汇总收款凭证的格式如图 3-3-7 所示。

汇总收款凭证

借方科目　　　　年　月　日—　月　日　　　　第　号

贷方科目	金额	总账页数	
		借方	贷方

附注: 收款凭证自　　　号至　　　号共　　　张

会计主管　　　记账　　　复核　　　制单

图 3-3-7　汇总收款凭证

汇总付款凭证和汇总转账凭证的格式与汇总收款凭证类似。汇总付款凭证以"库存现金""银行存款"科目为主进行汇总,涉及库存现金与银行存款相互结转的业务,以贷方为主汇总;汇总转账凭证以贷方科目为主进行汇总。在汇总凭证上应注明收款凭证、付款凭证和转账凭证的起讫编号及张数,并把它们作为附件附在汇总记账凭证后。汇总记账凭证的汇总期限可根据业务量大小来决定,3 天、5 天、10 天或 1 个月汇总一次都可以。采用汇总记账凭证,账户的对应关系仍较清晰,便于进行业务分析,简化登记总账的工作。不过,汇总记账凭证的编制工作量较大,适合业务比较繁多、采用汇总记账凭证核算组织程序的企业。汇总付款凭证和汇总转账凭证的格式如图 3-3-8 和图 3-3-9 所示。

汇总付款凭证

贷方科目　　　　　　年　月　日—　月　日　　　　　第　号

借方科目	金额	总账页数	
		借方	贷方

附注：付款凭证自　　　　号至　　　　号共　　　　张

会计主管　　　　记账　　　　复核　　　　制单

图 3-3-8　汇总付款凭证

汇总转账凭证

贷方科目　　　　　　年　月　日—　月　日　　　　　第　号

借方科目	金额	总账页数	
		借方	贷方

附注：转账凭证自　　　　号至　　　　号共　　　　张

会计主管　　　　记账　　　　复核　　　　制单

图 3-3-9　汇总转账凭证

5. 科目汇总表

科目汇总表可以根据通用记账凭证,收、付款记账凭证和转账凭证或单式记账凭证编制而成。在采用科目汇总表核算组织程序时,科目汇总表要列示全部会计科目;在多栏式日记账核算组织程序时,科目汇总表只需列示转账部分的科目。科目汇总表的编制期限根据业务量大小来决定。在业务量较为繁多的企业,编制的间隔期可以短一些;反之,编制的间隔期可以长一些。科目汇总表的基本格式如图 3-3-10 所示。

采用科目汇总表对业务汇总后再登账,能够大幅减少登记总账的工作量,并且汇总记账凭证还可起到试算平衡的作用。但科目汇总表只反映借、贷的总数,无法反映账户的对应关

科目汇总表

年　月　日—　月　日　　　　第　号

会计科目	总账页数	本期发生额	
		借方	贷方
合计			
付款凭证	第	号至第	号共　张
收款凭证	第	号至第	号共　张
转账凭证	第	号至第	号共　张

会计主管　　记账　　复核　　制单

图 3-3-10　科目汇总表

系，这就降低了总账原本的分析利用价值，仅仅能够满足编制报表的要求。科目汇总表适用于规模较大、业务较多、采用科目汇总表核算组织程序及多栏式日记账核算组织程序的企业。

二、会计凭证传递程序与保管制度的设计

为保证会计工作有条不紊地进行，并及时提供会计资料，同时防止会计凭证散失和账户记录遗失，对会计凭证的传递程序和保管制度也应在会计制度中加以规定。

(一) 会计凭证传递程序的设计

会计凭证传递程序是指会计凭证从填制或取得起到归档止，在本单位内部各有关部门和人员之间的传递过程和停留时间。制定合理的凭证传递程序有利于企业各部门明确分工，并相互协调和配合；有利于督促经办业务的部门和人员及时、准确地完成经济业务，并及时办理凭证编制手续；有利于考核有关人员是否按规定的程序处理业务，从而强化岗位责任制。

1. 会计凭证传递程序设计的要点

会计凭证传递程序设计的要点概括如下。

(1) 会计凭证传递程序应根据各项经济业务的特点，结合本单位各部门和人员的分工状况进行制定，以满足内部控制的要求。

(2) 会计凭证传递程序应结合业务处理的程序绘制成流程图，使有关人员能够按照流程图准确地传递凭证，也便于分析、追踪和监督业务处理过程。

(3) 会计凭证在传递过程中既要有利于各有关部门充分利用会计凭证所提供的信息，满足经济管理的需要，又应避免出现不必要的传递环节，防止造成传递时间上的浪费。

(4) 会计凭证在各个环节的停留时间，应根据各部门和人员办理各项业务手续需要的时间来确定。既要防止停留时间过短，影响必要的业务手续的完成，又要防止停留时间过

长，影响凭证的及时传递。

（5）会计凭证传递程序要根据业务情况的变动及时加以修订。

2. 会计凭证的一般传递程序

会计凭证的一般传递程序如图 3-3-11 所示。

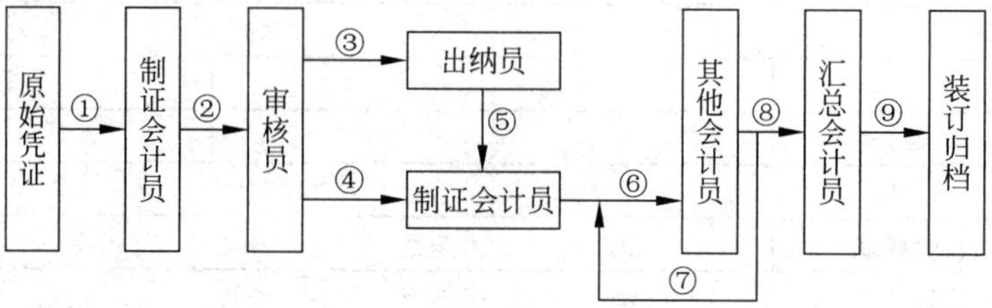

图 3-3-11 会计凭证的一般传递程序

① 财务部门收到原始凭证后，依据其内容和会计人员的分工，交由有关会计人员编制记账凭证。

② 制证后，立即交给负责凭证审核的会计人员进行审核。

③ 审核无误的收、付款凭证立即转出纳收、付款，并编号和登记库存现金、银行存款日记账。

④ 审核无误的转账凭证立即退还制证会计员进行编号，并登记其经管的账簿。

⑤ 出纳过账后的收、付款凭证转原制证会计员登记明细账。

⑥ 记账凭证由制证会计员传给其他有关会计员过明细账。

⑦ 复核记账凭证的准确性（科目、金额、摘要）、与原始凭证的一致性，发现错误需退回修改，并重新审核。

⑧ 采用汇总记账凭证核算组织程序和科目汇总表核算组织程序的企业，月末将全部凭证集中到负责凭证汇总的会计人员，以编制汇总记账凭证或科目汇总表，并据以登记总账。

⑨ 次月初，全部凭证交给负责装订凭证的会计人员装订成册，暂存财务档案室保管。

（二）会计凭证保管制度的设计

会计凭证保管制度的设计主要围绕凭证的保管措施和办法展开，目的是便于本单位随时查阅和利用，也便于上级领导机关和审计机关检查与评价。

会计凭证保管制度的设计主要包括以下内容。

（1）会计凭证在登记入账以后，应将各种记账凭证连同所附原始凭证按照凭证编号顺序定期装订成册，以防散失。装订时间间隔的长短视业务量多少而定。

（2）装订成册的凭证应加贴封面和封底，注明单位名称、凭证名称、凭证张数、凭证起讫号数、凭证所属年度、月份或起讫时间等内容。

（3）装订成册的凭证应加贴封条，并由会计主管人员签章，防止有人抽换凭证。

（4）若原始凭证较多，可将原始凭证单独装订成册，但必须在记账凭证封面上注明原始凭证另存。

（5）如果原始凭证属于十分重要的业务单据，则应单独予以保管，但必须在有关记账凭证上加注说明，以便日后查考。

（6）确定会计凭证的保管期限，只有在凭证保管期满后才能销毁。

（7）确定会计凭证的保管人员，非保管人员不得私自接触归档的凭证等。

实战演练

1. 想一想

父母所在单位的记账凭证是如何设计的？

2. 写一写

写出父母单位记账凭证设计的特点。

知识拓展

业务员根据实际经济业务（如采购、销售、费用报销等）取得或填制原始凭证（如发票、收据、合同、银行回单等），确保原始凭证内容完整（包括日期、金额、单位名称、签章等要素）且合法合规。业务负责人对业务员提交的原始凭证进行初步审核，确认业务的真实性、合理性，以及是否符合预算或得到授权，并签署审核意见（如“同意报销”“业务属实”等）。会计负责人对原始凭证进行形式与实质两方面的审核；形式上，凭证是否齐全、填写规范、签章完整；实质上，业务是否合法、金额计算是否正确、是否符合会计准则。制证会计根据审核后的原始凭证，用复式记账法编制记账凭证，明确会计分录（包括借/贷科目、金额）、附上原始凭证张数、制单人签名。出纳根据审核无误的收、付款凭证进行编号，并登记库存现金日记账、银行存款日记账。稽核会计对记账凭证的准确性进行复核。明细账会计根据记账凭证登记明细账（如应收账款明细账）和日记账（如现金日记账）。总账会计在期末进行汇总登记总账。档案会计按时间顺序将记账凭证与原始凭证整理装订成册，在封面上注明所属期间、凭证号范围。

任务训练

一、单项选择题

（　　）是由会计人员根据审核无误的原始凭证或原始凭证汇总表加以归类而填制的，是进行账簿登记的直接依据。

A. 记账凭证　　B. 原始凭证　　C. 收款凭证　　D. 付款凭证

二、多项选择题

无论记账凭证格式如何设计，都应具备的基本内容包括（　　）。

A. 记账凭证的名称

B. 会计主管、审核、记账和编制人员的签章

C. 经办人员的签章

D. 所附原始凭证的张数

E. 应借应贷的科目和金额

三、简答题

1. 记账凭证的基本内容有哪些？

2. 记账凭证设计有哪些要求？

3. 专用记账凭证有哪些?

4. 什么是单式记账凭证?其优缺点如何?

5. 什么是汇总记账凭证?其适用于何种类型的企业?

项目实施

填制记账凭证是会计核算工作的重要环节,是对原始凭证的整理和分类,并按照复式记账的要求,运用会计科目,确定会计分录,作为登记账簿的依据。填制记账凭证能使记账工作更为条理化,保证记账工作的质量,也能简化记账流程,提高核算效率,具有十分重要的作用。填制记账凭证的具体要求如下。

1. 内容完整正确

填制记账凭证时,必须依据审核无误的原始凭证或汇总原始凭证准确填写,不得将不同内容和类别的原始凭证汇总在一张记账凭证上,要求各项内容填写完整。

2. 日期据实填写

由于收付款业务需要登入当天的日记账中,因此记账凭证的日期应是货币资金收付的实际日期,这与原始凭证所记日期可能不一致。对于转账凭证,则以收到原始凭证的日期为记账凭证的日期,但在摘要栏要注明经济业务发生的实际日期。

3. 编号规范连续

记账凭证的编号,要根据不同的情况采用不同的编号方法。如果企业各种经济业务的记账凭证采用统一格式(通用格式),凭证编号可采用顺序编号法,即按月编顺序号,业务极少的单位可按年编顺序号。如果是按照经济业务内容分类,采用三种格式的记账凭证,记账凭证编号应采用字号编号法,即把不同类型的记账凭证用字加以区别,再把同类记账凭证顺序号加以连续。三种格式的记账凭证采用字号编号法时,既可以编为“收字第××号”“付字第××号”“转字第××号”三类,也可以具体地编为“现收字第××号”“现付字第××号”“银收字第××号”“银付字第××号”“转字第××号”五类。例如,5 月 12 日收到一笔现金,是该月第 30 笔收款业务,记录该笔经济业务的记账凭证编号为“收字第 30 号”或“现收字第 30 号”,这种编号也是出纳登记现金和银行存款日记账的依据。当一笔经济业务需要填制一张以上的记账凭证时,记账凭证的编号可采用分数编号法。例如,某企业采用三种格式的记账凭证,有一笔经济业务需要编制四张转账凭证,该转账凭证的顺序号为第 8 号,则这笔业务可编制“转字第 $8\frac{1}{4}$ 号”“转字第 $8\frac{2}{4}$ 号”“转字第 $8\frac{3}{4}$ 号”“转字第 $8\frac{4}{4}$ 号”四张凭证。凭证编了号,便于装订保管和登记账簿,也便于日后检查,每月的最后一张记账凭证的编号旁边可加注“全”字,以防凭证散失。

4. 摘要简明扼要

摘要应当清晰地揭示经济业务的内容,意思完整,字数简短,字迹清楚,同时要做到简明扼要。如现金、银行存款的收付事项,应写明收、付款人和款项的内容;采购商品要写清品名、进货来源和批次,并能区分不同供货单位。

5. 所附凭证规范

记账凭证后必须附有原始凭证,并注明所附的原始凭证张数,以便查核。所附原始凭证张数的计算，一般以原始凭证的自然张数为准，与记账凭证中的经济业务事项记录有关的每一张凭证都应当作为原始凭证的附件。如果记账凭证中附有原始凭证汇总表，则应当将所附原始凭证和原始凭证汇总表的张数一起计入附件的张数之内；如果根据同一原始凭证填制数张记账凭证，则应在未附原始凭证的记账凭证上注明“附件××张，见第××号记账凭证”；如果原始凭证需要另行保管，则应在附件栏目内加以注明。更正错账和结账的记账凭证可以不附原始凭证。

6. 科目分录正确

必须按照会计制度统一规定的会计科目的全称填写，不得简化，不得用科目编号或外文字母代替。根据经济业务的性质编制会计分录，正确填写会计科目的借贷方与金额，确保核算的口径一致，便于综合汇总。应用借贷记账法编制分录时，可编制简单分录或复合分录，以便从账户对应关系中反映经济业务的情况。

7. 检查试算平衡

记账凭证填写完毕后，如有空行，应当在金额栏最后一笔金额数字下面空行处至合计数上的空行处划斜线注销，并应进行复核与检查，同时按所使用的记账方法进行试算平衡。有关人员均要签名盖章。出纳人员根据收款凭证收款，或根据付款凭证付款时，均要在凭证上加盖“收讫”“付讫”的戳记，以免重收或重付，防止差错。

项目总结

会计凭证是记录经济业务、明确经济责任，并作为记账依据的书面证明，在法律上具有证明效力。

会计凭证的设计需从本单位的实际需求出发，在财务会计制度中明确本单位应设置的会计凭证的种类、格式、内容、用途、份数、传递路线和时间要求，确保本单位发生的经济信息及时、正确、全面地通过会计凭证集中到会计部门，以便于进行会计核算和监督。会计凭证的设计是财务会计制度设计工作的一项重要内容。在设计时，除了要遵循一定原则外，还必须满足下列四项要求：①要能全面详细地反映经济业务的发生过程；②要能符合账务处理程序的要求；③要体现内部控制制度的要求；④要符合简明实用的要求。

会计凭证设计主要包括原始凭证的设计和记账凭证的设计，以及凭证传递程序和保管制度的设计。在原始凭证设计时，应具体反映以下内容：①反映货币资金收付业务的凭证内容设计；②反映物资增减变化的凭证内容设计；③反映生产经营业务的凭证内容设计；④反映购销业务的凭证内容设计；⑤反映固定资产增减变化的凭证内容设计；⑥反映往来结算业务的凭证内容设计；⑦反映结转业务的凭证内容设计。

记账凭证的设计包括：①通用记账凭证；②专用记账凭证；③单式记账凭证；④汇总记账凭证；⑤科目汇总表。

项目4

会计账簿设计

学习目标

【知识目标】

1. 了解会计账簿的概念。
2. 了解会计账簿的分类。
3. 掌握会计凭证账簿设计的基本要求。
4. 了解序时账的种类。
5. 了解日记账簿的设计方法。
6. 掌握日记账簿的格式。
7. 了解设计总分类账涉及的因素。
8. 了解总分类账的设计要求。
9. 掌握总分类账的设计格式。
10. 了解明细分类账的设计要点。
11. 掌握明细分类账设计格式。
12. 了解常用的备查账簿有哪些。
13. 掌握备查账簿的设计特点。

【能力目标】

1. 能设计会计账簿。
2. 能掌握各类会计账簿设计特点。

【素质目标】

1. 培养学生会计专业能力,树立会计责任意识。
2. 具有严谨、细致的工作作风。
3. 具有一定的自主学习能力。

思维导图

会计账簿设计思维导图如图 4-0-1 所示。

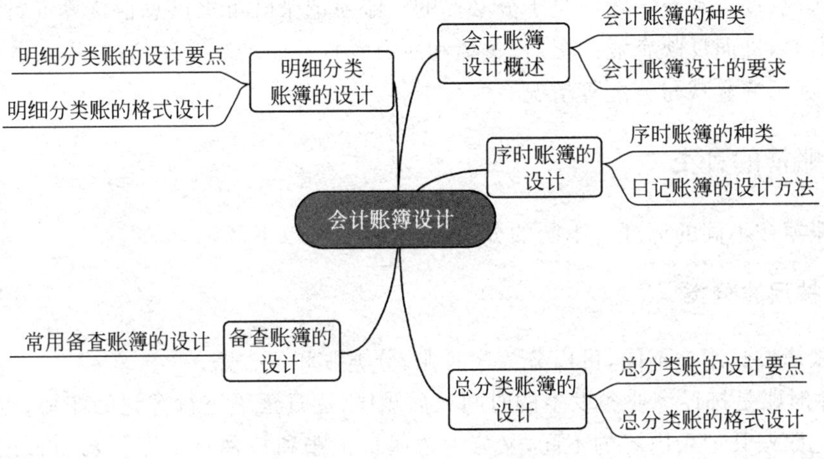

图 4-0-1　会计账簿设计思维导图

项目描述

华茂公司是一家大型企业，前期对会计凭证设计有了一定程度的了解，目前收款凭证、付款凭证和转账凭证均已设计好。在公司的经营过程中，产生了一系列业务，而要进行账簿的登记工作，首先需要对会计账簿进行设计。

项目分析

华茂公司是一家大型企业，为了能够连续、系统地记录企业的经济活动状况，设置和登记账簿十分必要。账簿记录是编制会计报表的主要依据，会计报表的数字是否真实，编制报表是否及时，都同账簿登记有密切关系。因此，根据企业实际需求设置各类账簿，是企业会计制度设计的重要内容之一。

任务 4.1　会计账簿设计概述

任务目标

1. 了解会计账簿的概念。
2. 了解会计账簿的分类。
3. 掌握会计凭证账簿设计的基本要求。

想一想

1. 会计账簿的分类有哪些？
2. 你认为设计会计账簿有哪些要求？

知识准备

会计账簿是用以序时、分类地记录各项经济业务的簿籍。为了连贯系统地记录企业的经济活动状况，设置和登记账簿是十分必要的。账簿记录既可提供总括核算资料，又可提供明细核算资料，进而反映企业的资产、负债和所有者权益的增减变动情况，以及各类收入、费用的发生，利润的实现与分配等情况。

一、会计账簿的种类

会计账簿按不同的标准有不同的分类方法，主要有以下两种。

(一) 按用途分类

会计账簿按其用途不同，可以分为序时账、分类账和备查账。

(1) 序时账是按经济业务发生的时间先后顺序，逐日逐笔进行登记的账簿，也被称为日记账。日记账按其记录内容的不同，又分为普通日记账和特种日记账。普通日记账是用于序时登记全部经济业务的发生情况，如日记总账。特种日记账是用于序时登记某一类经济业务的发生情况，如库存现金日记账、银行存款日记账。

(2) 分类账是指对全部经济业务按照总分类账户和明细分类账户进行分类登记的账簿。分类账包括总分类账和明细分类账两种。按照总分类账户进行登记的分类账，称为总分类账，简称总账；按照明细分类账户登记的分类账，称为明细分类账，简称明细账。

(3) 备查账是对某些在日记账和分类账中未能予以登记的经济事项，进行补充登记的账簿，如租入固定资产登记簿、受托加工材料登记簿等。

(二) 按形式分类

会计账簿按形式的不同，分为订本式账簿、活页式账簿和卡片式账簿。

(1) 订本式账簿是指把许多账页装订成册的账簿。这种账簿的账页固定，不能增减或抽换，可防止账页散失和抽换账页的现象，但由于账页固定，使用起来缺乏灵活性，所以必须预先估计每个账户所需要的账页。否则，账页过多会造成浪费，而过少则会导致不够用，影响账户登记的连续性。此外，一本账簿在同一时间内只能由一人登记，不利于记账分工。

(2) 活页式账簿是指账簿页数不固定，采用活页形式的账簿。

(3) 卡片式账簿是指由印有专门格式的卡片所组成，用于登记各种经济业务的账簿。

活页式账簿和卡片式账簿并非预先装订成册，页数可以根据需求来确定，并能根据记账需要随时将空白账页和账卡插入其中，同时也便于记账分工。但由于账簿页数不固定，可能出现散失或被抽换的现象。

二、会计账簿设计的要求

会计账簿设计的好坏，对及时、清晰地提供管理所需信息，简化核算工作，加速编制会计报表等密切相关。它的设计主要涉及两个方面的问题：一是账簿本身的设计，包括需设置哪些种类和数量的账簿、各类账簿之间的关联、账簿的设置地点、采用的形式等；二是账页格式的设计，包括一张账页要提供哪些信息、信息的时效性、采用的登记方法、信息的版式布局等。因此，会计账簿的设计应遵循以下基本要求。

(1) 适应企业的规模和特点。账簿的种类和数量要与企业的经济业务数量和管理要求相适应。通常业务量大、管理要求精细的企业，可以设置单独的账簿进行登记。业务量多、核算工作量大时，就要考虑会计分工，进而要进行账簿分工。因此，经济业务数量是决定账簿设计的关键因素之一。

(2) 适应会计报表编制的要求。账簿是编制会计报表的依据，会计报表的主要数据来源于账簿。因此，在设计账簿种类和明细时，除考虑企业规模外，应尽可能使账簿与会计报表项目口径一致，以便加快报表编制速度，提高会计报表数据的质量。

(3) 简明实用，便于审核、查阅和保管，满足业务需要。在满足业务需求的前提下，设计账簿时，账页格式应当简单明了，账本册数不宜过多，账页尺寸不宜过大，栏次不宜过多，同时还应考虑账簿的查阅和保管。在设计账簿内容时，一方面，应与报表相对应；另一方面，应与会计凭证相对应，以便于账簿的审核。

(4) 账簿与账簿之间的关系，应结合账务处理程序做通盘考虑。例如，日记账与分类账、总账与明细账之间的信息关系如何安排，是逐笔登记还是汇总登记，如何保证账簿记录的准确性等。这些问题都会对账簿的设计产生影响。

实战演练

1. 想一想

华美医药公司经营医疗方面的业务。在初始经营阶段，该公司业务量较少，公司的会计师可以采用什么方式登记所发生的业务？对比不同种类会计账簿的优缺点，选择最合适的一种。

2. 做一做

针对华美医药公司业务量增加的情况，你认为该公司应如何解决？

知识拓展

《会计法》第三条规定："各单位必须依法设置会计账簿，并保证其真实、完整。"

《公司法》第二百一十七条规定："公司除法定的会计账簿外，不得另立会计账簿。"

《中华人民共和国税收征收管理法》第十九条规定："纳税人、扣缴义务人按照有关法律、行政法规和国务院财政、税务主管部门的规定设置帐簿，根据合法、有效凭证记帐，进行核算。"

《中华人民共和国税收征收管理法实施细则》第二十二条规定："从事生产、经营的纳税人应当自领取营业执照或者发生纳税义务之日起15日内，按照国家有关规定设置账簿。"第二十三条规定："生产、经营规模小又确无建账能力的纳税人，可以聘请经批准从事会计代理记账业务的专业机构或者财会人员代为建账和办理账务。"

任务训练

一、单项选择题

1. 登记账簿的依据是(　　)。

A. 记账凭证　　B. 会计分录　　C. 经济合同　　D. 有关文件

2. (　　)账簿是把许多账页装订成册的账簿。

A. 订本式　　B. 活页式　　C. 卡片式　　D. 捆绑式

二、多项选择题

1. 账簿按其用途不同,可分为(　　)。

A. 总分类账　　B. 日记账　　C. 备查账　　D. 分类账

2. 账簿按其账页格式不同,可分为(　　)。

A. 多栏式　　B. 活页账　　C. 三栏式　　D. 横线登记式

三、简答题

1. 会计账簿的分类有哪些?
2. 会计账簿的设计要求有哪些?

任务 4.2　序时账簿的设计

任务目标

1. 了解序时账的种类。
2. 了解日记账簿设计的方法。
3. 掌握日记账簿的格式。

想一想

1. 序时账簿的分类有哪些?
2. 你认为设计日记账簿有哪些方法和格式?

知识准备

一、序时账簿的种类

序时账又称日记账,主要作用是按时间顺序记录发生的经济业务,以保证会计资料的秩序性和完整性。日记账的主要种类如下:转账日记账,一般用于序时记录现金和银行存款以外的其他全部业务的账簿,并据此逐笔登记总账;货币资金日记账,用于序时记录全部货币资金收付业务的账簿,并据此汇总记入总账,该日记账应由出纳人员负责处理。其中,现金日记账,是序时记录全部现金收付业务的账簿,借以详细了解现金收付情况,并通过余额与库存现金进行核对(也可分设现金收入日记账和现金付出日记账)。银行存款日记账,是序时记录全部银行存款收付业务的账簿,借此详细了解银行存款收付情况,并通过余额与银行对账单进行核对(也可以设银行存款收入日记账和银行存款付出日记账)。购货日记账是转账日记账的一种,它是序时记录全部购买的材料、商品等物资的账簿。若购货业务较少,记入转账日记簿或出纳日记簿即可;销货日记账也是转账日记账的一种,它是序时记录全部销售业务的账簿。若销售业务不多,记入转账日记账或出纳日记账即可。至于单位应设置哪些日记账,主要根据单位所采用的会计核算程序而定。

二、日记账簿的设计方法

(一)日记账簿种类的选择

每个单位应设计哪几种日记账簿及其数量多少,可参考以下选择条件:如果是新建单位,应首先考虑其全部经济业务的内容,分析需要通过几种日记账簿来进行序时反映;如果是老单位,需考虑已经有的或可能有的会计事项种类的多少,同时还要根据单位所采用的会计核算程序进行选择。若采用根据记账凭证过总账的核算程序,其日记账只起到备查簿或明细账的作用,这样就不必考虑序时记录的完整性,只需根据对某种经济业务管理的要求来设计。也就是说,既可以设计完整的日记账簿,也可以只设计部分日记账簿。目前,很多企业只设现金和银行存款日记账簿。如果采用根据日记账簿过总账的核算程序,即根据原始凭证记录日记账,然后根据日记账记入分类账,其日记账簿起过账媒介的作用,就必须要求设计完整、严密的日记账体系,序时地记录所有的经济业务,以取得完整的序时资料以便于过账。此时,需要设转账日记账(普通日记账),或者再另设购货日记账、销货日记账,设货币资金日记账,或者分别设置现金日记账和银行存款日记账。在选择日记账簿种类时,应注意是否因账簿设计不全而造成漏记,或无法实现序时、详细信息的反映。同时,还需注意日记账是否设计过多过繁,以及是否存在与明细账簿重复记录的情况。

(二)日记账簿格式的设计

日记账簿格式的设计主要根据所要反映的业务内容来合理设计日记账簿格式的栏次。日记账簿常见的格式有一栏式、两栏式、多栏式、特种格式、专用格式等。

1. 一栏式日记账

一栏式日记账是指在每张账页上只印有一个用于反映金额栏的日记账,如现金收入、支出分设日记账和反映单位赊购业务的购货日记账。现金收入(或付出)日记账适用于采用单式记账凭证的单位,其现金收入和付出由一个出纳分别记录,每天将结出的总额报给出纳管理人员,以结出现金的余额,编制出纳报告单。购货日记账用于序时登记采购业务的发生情况,在赊购业务频繁的单位可以设置,这种格式只适于作为参考备查簿用,不具备过账功能。

2. 两栏式日记账

两栏式日记账是指在每张账页上设计两个金额栏的日记账,多用于分录日记账(普通日记账),适用于对具有过账作用的日记账的设计,如对一般记录转账业务的日记账设计。这种日记账只记除现金、银行存款、销货、购货以外的业务,如账户式日记账和转账日记账等。其一般格式如图 4-2-1 所示。

日记账

第　页

年		凭证		摘　要	会计科目	借方金额	贷方金额	过　账
月	日	字	号					

图 4-2-1　两栏式普通日记账

3. 多栏式日记账

多栏式日记账是指在每张账页上设计三栏、四栏或更多金额栏的日记账，用于登记借方、贷方和余额，这样能够大幅减少逐笔过账的工作量。其一般格式如图 4-2-2 所示。

日记账

第　页

年		凭证		摘　要	银行存款		原材料		应收账款		制造费用		其他科目			
月	日	字	号		借	贷	借	贷	借	贷	借	贷	账户名称	借方	贷方	过账

图 4-2-2　多栏式普通日记账

在多栏式普通日记账中，专栏设置的数量视业务量多少确定。对于在多栏式日记账中设有专栏的账户，可定期汇总该专栏合计数后，直接过入有关分类账；对于在多栏式日记账中未设专栏的账户，则在“其他”栏中逐笔登记账户名称、应借应贷的金额(其具体登记方法可参照两栏式日记账)逐笔过入有关分类账并注明“√”符号，以防重记或漏记。多栏式普通日记账虽能简化部分过账工作，但只能供一个人记账，如果专栏设置过多，会导致账页过长，不利于记账和查账。

4. 特种格式日记账

特种格式日记账是专门用于登记某一类经济业务的日记账簿，其主要作用是减少对同一类经济业务的汇总登记工作，便于将汇总金额记入分类账，从而减少过账工作量，同时有利于会计人员分工记账，可以由一个记账人员专门负责登记某一类经济业务，有效提高工作效率，并节省人力和物力。常见的特种日记账有现金日记账、银行存款日记账、购货日记账、销货日记账等。

现金日记账是专门用于登记现金收入和支出业务的日记账簿。其账页格式一般采用增设了对应科目的栏式(见图 4-2-3)，优点是所有现金收付业务集中在一张账页上，便于集中查阅，能清晰反映科目对应关系，有利于分析现金流量；缺点是若对应科目过多，易导致账页过长，反而不便于记账和查账。因此，可将多栏式现金日记账簿分设为多栏式现金收入日记账和多栏式现金支出日记账(见图 4-2-4 和图 4-2-5)。这种日记账簿分别按现金收入和现金支出的对应科目在多栏式账页中设置专栏进行登记,登记方法与多栏式日记账簿登记方法基本相同,所不同的是,每日终了应将现金支出日记账中的当日“支出合计”数转入现金收入日记账中当日“支出合计”栏内,以便结算出当日的现金账面结余数,填入余额栏。

现金日记账

第　页

年		凭证		摘　要	收　入(借方)						支　出(贷方)						结余
月	日	字	号		对应贷方科目				合计	过账	对应借方科目				合计	过账	

图 4-2-3　多栏式现金日记账

现金收入日记账

第　页

年		凭证		摘　要	贷　方　科　目				收入合计	过账	支出合计	结余
月	日	字	号		银行存款	应收账款	营业收入	其他应收　款				

图 4-2-4　多栏式现金收入日记账

现金支出日记账

第　页

年		凭　证		摘　要	借　方　科　目				支出合计	过账	转出数
月	日	字	号		管理费用	物资采购	银行存款	制造费用			

图 4-2-5　多栏式现金支出日记账

在现金日记账中,目前使用较多的是借、贷、余三栏式,其格式如图 4-2-6 所示。

在使用计算机记账时,其三栏式账页应在余额栏后增加“修改标志”栏。填制会计凭证并录入计算机进行汇总后,当发现录入错误需更正时,应在被修改的内容后的“修改标志”栏打印出“修改”字样,以便对修改内容进行监督检查。

银行存款日记账是专门用于逐日逐笔登记银行存款的增加、减少和结存情况的账簿。其格式一般也为借、贷、余三栏式,并按各开户银行和其他金融机构分别设置。其格式如图 4-2-7 所示。

现金日记账

第　页

年		凭证号数		摘　要	对应科目	过　账	借　方	贷　方	余　额
月	日	现收	现付						

图 4-2-6　三栏式现金日记账

银行存款日记账

第　页

年		凭　证		摘　要	结算凭证		对应科目	过账	收入	支出	结余
月	日	字	号		种类	编号					

图 4-2-7　银行存款日记账

购货日记账是专门用于登记购货业务的。购货业务较多的单位为反映购货业务的发生和完成情况，应设置“购货日记账”。购货业务有现款直接支付和赊购两种情况，因此购货日记账的设计也有两种：一是只登记赊购业务，将现款购进业务登记在现金、银行存款日记账中；二是登记全部购进业务，即不论赊购还是现款购进，均在购货日记账中登记。登记全部购进业务的购货日记账参考格式如图 4-2-8 所示。

购货日记账

第　页

年		凭证		摘要	供货单位	现金贷方	银行存款贷方	应收账款贷方	物资采购借方			应交税金借方	过账
月	日	字	号						买价	运费	合计		

图 4-2-8　购货日记账

在过入总分类账时，“材料采购”“应交税费”和“应付账款”账户可根据购货日记账中相应项目的定期合计数一次过入，无须逐笔过账；“库存现金”和“银行存款”项目，因现款购进在现金日记账和银行存款日记账中也会登记，故不需过账，以免重复。同样，在现金日记账和银行存款日记账中，其购货对应科目“材料采购”“应交税费”也不需过账。对于应付账款项目，还应逐笔过入“应付账款”的明细账，以反映与各供应单位的款项结算关系。对于购货日记账只登记赊购业务的情况，其日记账格式只要在上述格式中不设现金和银行存款两栏即可。

销货日记账是专门记录销货业务的账簿。销货与购货一样也有两种情况：一是赊销，二是直接收取现款。因此，销货日记账的设置和登记也有两种方法：一种是只登记销货业务，现款销售业务则登记在现金或银行存款日记账中；另一种是不论赊销还是现销业务，都登记在销货日记账中，对现销业务同时还要登记现金或银行存款日记账。销货日记账参考格式如图 4-2-9 所示。

销货日记账

第　页

年		凭证		摘　要	购货单位	现金借方	银行存款借方	应收账款借方	营业收入借方	应交税金贷方	过账
月	日	字	号								

图 4-2-9　销货日记账

在过入“应收账款”“应交税费”和“营业收入”总分类账时，可根据日记账中相应栏目的定期合计数一次过入，无须逐笔过账；现销业务因在现金和银行存款日记账中已同时登记，故不必再根据销货日记账过账。同样，现金和银行存款日记账中有关销售的对应科目也无须过账。对于应收账款的明细数，还应逐笔将其过入有关明细账，以反映与各购货单位的结算情况。销货过程中若有向购货方收取的代垫费用，一般可通过现金或银行存款日记账登记。销货日记账只登记赊销业务的情况，则现金和银行存款两栏可以不设。

5. 专用格式日记账

专用格式日记账是专门用于记录某种业务的日记账。设计这种账簿的主要目的是在一种账簿上既能取得序时的资料，又能获得分类的指标，实质上是把某种日记账与分类账结合设计的一种账簿，设计时应注意专栏和多栏相结合的问题。

需要说明的是，日记账可以作为过账媒介，也可以不作为过账媒介。如果作为过账媒介，则应构建一个严密、完整的日记账簿体系；如果不作为过账媒介，则不必考虑其体系的完整性，只设置一些需要专门反映重要事项的特种日记账。同时，在设计日记账格式时也存在区别：作为过账媒介的日记账由于要逐项或汇总过账，建立起日记账和分类账之间的联系，方便对账，因此必须在日记账上设计“过账”栏和“对应科目”栏，表示科目之间的对应关系和过入分类账的账页。而不作为过账媒介的日记账则不必设置上述两栏，有的不作为过账媒介的日记账保留了“对应科目”栏，仅是为了对账方便。目前，我国会计实务中，一般是以编制记账凭证取代原来的日记账过账，并贯彻平行登记的原则，账账之间通过记账凭证相互制约和核对，可见日记账的过账作用已经基本消失。同时，无论在何种规模的单位中，也无论单位采用何种账务处理程序，都应专门设置现金、银行存款两种特种日记账来序时核算现金、银行存款的收支业务，其主要目的在于及时了解货币资金的收支变化和结余情况，监督货币资金的使用，而非为了过账。其他日记账则根据单位的具体情况和管理需要进行设置。

实战演练

1. 想一想

华美医药公司经营医疗方面的业务。在初始经营阶段，该公司业务量较少，公司的会计师采用普通日记账登记所发生的业务。从2020年开始，公司业务量激增，导致会计师花费在登记普通日记账和编制报表的时间越来越多。华美医药公司应如何对其会计账簿进行改良。

2. 做一做

假如你是华美医药公司的会计师，由你来完成以下工作。

(1) 根据该公司的实际情况分析在什么环境下需要以特种日记账代替普通日记账。

(2) 为该公司设计特种日记账的格式，以提高核算效率。

知识拓展

为了保证会计账簿记录的合法性和资料的完整性，同时明确记账责任，会计账簿应当由专人负责登记。《会计基础工作规范》第五十九条规定："启用会计帐簿时，应当在帐簿封面上写明单位名称和帐簿名称。在帐簿扉页上应当附启用表，内容包括：启用日期、帐簿页数、记帐人员和会计机构负责人、会计主管人员姓名，并加盖名章和单位公章。"对于活页式账簿，可在装订成册后，填写账簿的起止页数。

账簿设计应实现总分结合、序时与分类相结合，做到层次清晰、便于分工。具体而言，在设计时应遵循以下原则。

(1) 与企业规模和会计分工相适应的原则。若企业规模较大，经济业务必然较多，会计人员的数量也会相应较多，分工更细，会计账簿也更复杂，册数也更多。在设计时，应充分考虑这些特点，以适应其需要。反之，若企业规模小，经济业务量少，一个会计足够处理全部经济业务，在设计账簿时没有必要设多本账，所有的明细分类账可以整合成一至二本即可。

(2) 既满足管理需要又避免重复设账的原则。账簿设计的目的是取得管理所需要的资料，因此账簿设置也以满足需要为前提，避免重复设账、记账，从而浪费人力和物力。

(3) 账簿设计与账务处理程序紧密配合原则。账务处理程序的设计实际上已大致规定了账簿的种类。在进行账簿的具体设计时，应充分留意已选定的账务处理程序。

(4) 账簿设计与会计报表指标相衔接的原则。会计报表是根据账簿记录编制而成的，报表中的有关指标应能直接从有关总分类账户或明细分类账户中取得和填列。

任务训练

一、单项选择题

1. 现金日记账属于(　　)。

A. 序时账簿　　B. 分类账簿　　C. 联合账簿　　D. 备查账簿

2. 普通日记账按用途分属于(　　)。

A. 序时账簿　　B. 分类账簿　　C. 备查账簿　　D. 订本式账簿

3. 对于从银行提取现金的业务，登记现金日记账的依据是(　　)。

A. 现金收款凭证　　B. 银行存款收款凭证

C. 现金付款凭证　　D. 银行存款付款凭证

4. 现金日记账和银行存款日记账，应由(　　)进行登记。

A. 会计人员　　B. 会计主管人员

C. 出纳人员　　D. 临时指定人员

二、多项选择题

1. 下列属于序时账的是(　　)。

A. 现金日记账　　B. 银行存款日记账

C. 应收账款明细账　　D. 主营业务收入明细账

2. 日记账簿常见的格式有(　　)。

A. 一栏式　　B. 两栏式　　C. 多栏式　　D. 特种格式

三、简答题

1. 序时账的种类有哪些？

2. 常见的特种日记账有哪几种？

任务 4.3　总分类账簿的设计

任务目标

1. 了解设计总分类账涉及的因素。
2. 了解总分类账的设计要求。
3. 掌握总分类账的设计格式。

想一想

1. 总分类账设计时需要考虑的因素有哪些？
2. 你认为总分类账设计的格式是什么？

知识准备

分类账是对经济业务按照一定类别分别设立账户进行登记的账簿。其作用在于能够分门别类地提供各种经济信息，从而满足管理需求。分类账分为总分类账(简称“总账”)、明细分类账(简称“明细账”)和备查账三种。设计分类账数量的多少，取决于以下几个因素。

(1) 企业的规模和业务特点。在企业中，经济业务越多且越复杂，涉及的账户数量则越多；反之则越少。因此，账户数量的多少直接涉及所需要设计的分类账数量。

(2) 管理的需要。设计分类账的目的之一是为管理提供信息。因此，在设计分类账时，要考虑管理的要求。一般说来，管理越细，要求设计的账户就越多；反之则越少。

一、总分类账的设计要点

(一) 登记方法的设计

在业务繁多的情况下,如何减少总分类账的登账工作,是总账设计中的关键问题。许多汇总表的设计、日记账中的专栏设计,都和这个问题相关。总账的登记方法和会计核算组织程序有关,主要有逐笔登记、汇总登记、汇总登记与逐笔登记相结合、以表代账等方式。

逐笔登记是根据记账凭证或普通日记账所编制的会计分录,逐笔将业务记录记入总分类账。显然,这种登账方式工作量较大,比较适用于业务简单的企业。

汇总登记是先根据记账凭证编制科目汇总表或汇总记账凭证,然后根据每个账户的汇总数登记总账。这种方法能够大幅减少总账的登记工作量,适用于业务繁多的单位。

汇总登记与逐笔登记相结合是对经常重复发生的业务,采用汇总登记；对发生较少的业务,则采用逐笔登记。例如,前面所讲的专栏账、特种日记账和多栏式特种日记账,凡是设有专栏的账户按汇总数登记,不设专栏的账户则采取逐笔登记。这种方法可大量简化总账的登记工作,同样适用于业务繁多的单位。

以表代账用科目汇总表代替总分类账,这种方式主要适用于科目汇总表核算组织程序。采用这一方法时,应在科目汇总表中设置期初、期末余额栏,以此反映每个账户的变动情况和结果。

(二) 保持账户对应关系

在总分类账中,账户是否保持对应关系,是设计总账时需要考虑的另一个问题。在总账中保持账户对应关系,有助于分析经济业务内容,了解发生额的变动原因,但会增加登记总账的工作量,需依据分类汇总记账凭证来进行登记；反之,若在总分类账中不保持对应关系,则可以减少总账的登记工作,此时总账格式设计选择余地就较大。

二、总分类账的格式设计

(一) 三栏式总账

三栏式总账即"借""贷""余"三栏式,它是总账的基本格式,其特点是在账页上设置借方、贷方和余额三个金额栏,如图 4-3-1 所示。

三 栏 式 总 账

账户名称（或会计科目）：　　　　　　　　　　　　第　页

年		凭证号数	摘要	借方	贷方	借或贷	余额
月	日						

图 4-3-1　三栏式总账

(二) 多栏式总账

多栏式总账是将许多账户集中于一张账页中进行登记，适用于科目汇总表核算组织程序，其格式如图 4-3-2 所示。如果总账采用逐日汇总登记，那么表中每 10 天汇总登记一次可改为第 10 天登记一张或数天登记一张。

多栏式总账

年　月　　　　第　页

账号	会计科目	上月余额	1-10日	汇总表号		11-20日	汇总表号		21-30日	汇总表号	
			借方	贷方	余额	借方	贷方	余额	借方	贷方	余额
	库存现金										
	银行存款										

图 4-3-2　多栏式总账

(三) 对应账户式总账

对应账户式总账是在总账中保持账户对应关系，通过这种关系能够反映借、贷方发生额的来龙去脉。其格式如图 4-3-3 所示。

对应账户式总账

账户名称（或会计科目）：

年		凭证号数	摘要	对应账户	借方	贷方	借或贷	余额
月	日							

图 4-3-3　对应账户式总账

(四) 日记总账式

日记总账式是将日记账和总账结合为一体，其格式如图 4-3-4 所示，也可按借方和贷方分设两个对应账户栏。该格式主要适用于汇总记账凭证核算组织程序。在登记时，先登记期初余额，然后按照经济业务的发生顺序登记借、贷方发生额，最后结出期末余额。它的优点是可以简化账簿设置，缺点是科目不能太多，否则会导致账页过长，给记账带来不便，故目前已很少被采用。

日 记 总 账

年		凭证号数	摘要	××科目		××科目		××科目		××科目	
月	日			借方	贷方	借方	贷方	借方	贷方	借方	贷方

图 4-3-4 日记总账式

(五) 以表代账格式

以表代账格式即以改进的科目汇总表代替总账，目的是简化总账的登记工作，其格式如图 4-3-5 所示。如采用逐日汇总，则只需将月份改为日期即可。增设"本年累计发生额"一栏，能方便编制季报、半年报或年报。

科目汇总表（代总账）

凭证号数	摘要	月初余额		本期发生额		本年累计发生额		余额	
		借方	贷方	借方	贷方	借方	贷方	借方	贷方

图 4-3-5 科目汇总表(代总账)

实战演练

1. 想一想

为解决总分类账的登记效率问题，华美医药公司考虑改良总分类账设计，请帮助该公司解决以下问题。

(1) 三栏式总账能否简化登记工作？

(2) 如何设计总分类账的格式可以提高报表编制效率？

2. 做一做

请以华美医药公司会计师的身份，结合公司的实际情况，为其设计一份三栏式总账格式。

知识拓展

三栏式总分类账和多栏式总分类账

三栏式总分类账是指其格式设置有"借方""贷方"和"余额"三个金额栏。三栏式总分类账的格式设计通常有以下两种类型。

(1) 对某一账户只设有借、贷、余三栏，而不体现对方科目。

(2) 在总分类账的借方和贷方两栏内，分别增设"对方科目"栏，以便使设账科目的对方科目能够反映出来，账户对应关系更加直观。

多栏式总分类账是将所有的总账科目合并设在一张账页上。典型的多栏式总分类账是一种序时账与分类账相结合的联合账簿，又称日记账。

总分类账登记的依据和方法取决于所采用的会计核算组织程序。在不同的会计核算组织程序下，总分类账可以直接根据各种记账凭证逐笔进行登记，也可以先将各种记账凭证先汇总编制成科目汇总表或汇总记账凭证，再据以登记，还可以根据多栏式日记账登记。无论采用哪一种方式，会计人员每月都应将全月已发生的经济业务全部登记入账，并于月末结出总分类账各个账户的本期发生额和期末余额，作为编制财务报表的主要依据。

任务训练

一、单项选择题

1. (　　)能够全面地反映企业的经济活动，对所属的明细分类账簿起着控制作用。
   A. 总分类账　B. 日记账　C. 明细账　D. 备查账簿
2. 总分类账一般采用的账页格式为(　　)。
   A. 两栏式　B. 三栏式　C. 多栏式　D. 数量金额式
3. 下列各项中，属于总分类账簿采用的格式是(　　)。
   A. 订本式　B. 活页式　C. 卡片式　D. 以上都不对
4. 总分类账簿根据记账凭证直接登记还是根据记账凭证汇总后登记，这取决于所采用的(　　)。
   A. 记账的方法　B. 业务的类型
   C. 账户的用途和结构　D. 账务处理程序

二、判断题

1. 总分类账簿主要为编制会计报表提供直接数据资料。(　　)
2. 除总分类账外，其他账簿一般应采用活页式账簿。(　　)

三、简答题

总分类账格式一般有哪几种？

任务 4.4　明细分类账簿的设计

任务目标

1. 了解明细分类账设计要点。
2. 掌握明细分类账设计格式。

想一想

1. 明细分类账设计的格式有哪些？
2. 你能帮助家长单位设置明细分类账吗？

知识准备

一、明细分类账的设计要点

明细分类账的设计必须适应不同业务特点和管理的需求，在设计过程中主要考虑以下四个方面：一是设置地点，即明细账应放在何处作用最大；二是账簿形式，即采用订本式、活页式还是卡片式，这主要根据登记手段（手工、计算机等）和业务性质（一般财物、贵重财物等）而定；三是登记方式，即采用分户登记还是分栏登记，这取决于明细账数量的多少，多则分户登记，少则分栏集中登记；四是简化实用，有些明细账可能重复，如会计部门的材料明细账与仓库的保管账等，在满足业务的前提下应考虑简化实用。

二、明细分类账的格式设计

明细分类账的常用格式主要有以下四种。

（一）三栏式明细账

三栏式明细账一般适用于登记金额类的明细账，如应收账款、应付账款、其他应收款、其他应付款等债权债务性质的账户。

（二）数量金额式明细账

数量金额式明细账是在三栏式明细账的基础上增设数量和单价栏而形成的。企业的原材料、产成品、库存商品等实物资产的明细账都适用这种格式。因为实物性资产通常数量庞大，进出业务频繁，而且价格或成本经常变动，在经营管理上既需要金额核算，又需要进行数量核算，以强化对实物资产的控制，所以这类经济业务的明细账要求既有价值指标，又要有实物指标。其具体格式如图 4-4-1 所示。

原材料明细账 　　第　页

编号______名称______规格______计量单位______

储存定额______最高储存量______最低储存量______

年		凭证		摘要	收入			发出			结存		
月	日	种类	编号		数量	单价	金额	数量	单价	金额	数量	单价	金额

图 4-4-1　原材料明细账

（三）多栏式明细账

多栏式明细账又称分析式明细账。它主要是在借、贷两栏或单栏增设专栏，以提供分析资料或编制明细账表的资料。多栏式明细账包括借贷式和合计式两种。借贷式主要用于资产、负债和所有者权益账户，其格式是在借贷项下再设专栏，起到分析和控制的作用，如“应交税费——应交增值税明细账”(见图4-4-2)。合计式主要用于成本类和损益类明细账，是对经济事项进一步分类，简化记账手续，如管理费用明细账(见图4-4-3)。

应交税费——应交增值税明细账

年		凭证号数	摘要	借方			贷方				余额
月	日			进项税额	已交税金	……	销项税额	出口退税	进项税额转出	……	

图4-4-2　应交税费——应交增值税明细账

管理费用明细账

年		凭证号数	摘要	材料费	职工薪酬	办公费	差旅费	水电费	电话费	……	合计
月	日										

图4-4-3　管理费用明细账

(四) 特殊明细账

在有些账户中，由于其业务特性以及管理上的需要，在设计明细分类账时，需要增加一些栏目，反映完整的业务过程或提供完整的会计信息。例如，应收账款明细账(见图4-4-4)需要提供每笔应收账款的回收情况，应收票据账户需要提供票据到期、票款收回或贴现情况，固定资产账户需要增设使用年限和折旧率，外币式明细账需要提供汇率情况(见图4-4-5)等。

应收账款明细账

年		凭证号数	摘要	户名	金额	年		凭证号数	摘要	金额	转销“√”
月	日					月	日				
4	6	11	销货应收	××公司	60 000	4	26	90	收回货款	20 000	√
						5	6	46	收回货款	40 000	
4	6	11	销货应收	××公司	60 000	4	26	90	收回货款	20 000	√
						5	6	46	收回货款	40 000	

图4-4-4　应收账款明细账

外币式明细账

年		凭证号数	摘要	外币别	汇率	借方		贷方		余额	
月	日					外币	人民币	外币	人民币	外币	人民币

图 4-4-5 外币式明细账

实战演练

1. 想一想

针对医疗业务中的药品采购、外币结算等明细核算，华美医药公司需要优化明细分类账。思考什么时候需要用特种明细账替代普通日记账？如何设计数量金额式明细账格式才能满足医疗行业的登记与核算需求？

2. 做一做

请以华美医药公司会计师的身份完成以下工作。

（1）根据该公司的实际情况分析，使用哪种格式的明细分类账更合适。

（2）为该公司设计特种明细账的格式。

知识拓展

明细分类账需逐笔进行记载，记载的科目除一级科目外，还包括二级、三级及三级以下的科目。日记账一般指银行存款日记账和现金日记账，一般由出纳记载，所以明细分类账可能涉及所有的会计科目。

明细账（又称明细分类账）通常根据总账科目所属的明细科目来设置，用于分类登记某一类经济业务，进而提供相关的明细核算资料。明细账是生成有用的会计信息的基本程序和基础环节，借助于明细账，既可以对经济业务信息或数据做进一步加工整理，然后通过总账形成适合于会计报表呈现的会计信息，又能为了解会计信息的形成提供具体情况和有关线索。

登记总分类账、明细分类账（含多栏式）的依据，根据记账凭证登记明细分类账，根据记账凭证汇总表登记总分类账。具体流程是，先根据原始凭证编制记账凭证，再在记账凭证的基础上（定期或不定期）编制汇总表。一般都需要登记明细账，现金、银行存款可登记日记账，也可直接登记三栏式明细账；费用成本类账目登记多栏式明细账；应交增值税登记专门的多栏式明细账；材料物资类账目登记数量金额式明细账；其他的一般都登记三栏式明细账。

总分类账户是所属的明细分类账户的综合体现，对所属明细分类账户起统驭作用。明细分类账户是有关总分类账户的补充，对有关总分类账户进行详细说明。总分类账户和明细分类账户登记所依据的原始凭证依据相同，核算内容也相同，两者结合起来既总括又详细地反映同一经济业务事项。因此，总分类账户和明细分类账户必须平行登记。所谓平行登记，就是对每一项经济业务，在有关的总分类账户中进行总括登记的同时，还要在其所属的有关明细账户中进行明细登记。平行登记的要点如下。

（1）同期登记，即对发生的每一笔经济业务，根据会计凭证一方面在有关的总分类账户中进行总括登记；另一方面要在同一会计期间记入该总分类账户所属的明细分类账户(没有明细分类账户的除外)。

(2) 同向登记，即将经济业务记入某一总分类账户及其所属的明细分类账户时，必须记在相同方向，即总分类账户记借方，其所属明细账户也记借方；相反，总分类账户记贷方，其所属明细账户也记贷方。

(3) 等额登记，即记入总分类账户的金额与记入其所属明细分类账户的金额之和必须相等。

任务训练

一、单项选择题

1. 应收账款明细账一般采用的格式是(　　)。

A. 借、贷、余额三栏式　B. 数量金额式
C. 多栏式　D. 贷方多栏式

2. “生产成本”明细账应该采用(　　)。

A. 三栏式　B. 多栏式　C. 数量金额式　D. 任意格式

3. “营业外收入”明细账的格式应该是(　　)。

A. 三栏式　B. 多栏式　C. 数量金额式　D. 任意格式

4. 明细分类账从账簿的外表上看一般采用(　　)。

A. 订本式　B. 活页式　C. 卡片式　D. 多栏式

5. 登记总分类账和明细分类账的方法是(　　)。

A. 平行登记法　B. 汇总登记法　C. 分类登记法　D. 逐笔登记法

二、判断题

1. 总分类账与明细分类账的登记必须同时进行。(　　)
2. 明细分类账一般是根据记账凭证直接登记，但个别明细分类账可以根据原始凭证登记。(　　)
3. 凡设有明细分类账的总分类账户，均是统驭账户。(　　)
4. 明细分类账只能以货币计量单位进行登账。(　　)
5. 明细分类账的登记依据只能是记账凭证。(　　)

三、简答题

1. 明细账常用的格式主要有哪些？
2. 平行登记的要点是什么？

任务 4.5　备查账簿的设计

任务目标

1. 了解常用的备查账簿。
2. 掌握备查账簿的设计特点。

想一想

1. 备查账簿的设计特点有哪些？
2. 单位为什么要设置备查账簿？

知识准备

常用备查账簿的设计

有些会计事项，在日记账和分类账中不予或无法记录，但管理上需要加以控制或掌握相关情况，通常会使用备查账来进行记录，以弥补日记账和分类账的不足。

备查账的数量和格式，通常是根据企业实际需要来设计的，比较灵活。在企业中，常见的备查账主要有以下三种。

(1) 代管财产物资登记簿，即对保管的不属于本单位的资产设置的账簿，如租入固定资产登记簿、受托加工材料登记簿等。

(2) 分类账或统计资料整理登记的备查账，如按销售地域设置的产品销售分类登记簿。

(3) 其他登记簿，即不能用货币表现，但必须进行业务登记的账簿，如合同执行情况登记簿、固定资产使用情况、重要空白凭证领用簿等。

备查账设计的主要特点是强调业务和管理的需要。租入固定资产备查簿和空白凭证领用备查簿，其格式如图 4-5-1 和图 4-5-2 所示。

租入固定资产备查簿

资产名称	规格	合同号	租出单位	租入单位	租期	租金	使用地点	备注

图 4-5-1　租入固定资产备查簿

空白凭证领用备查簿

购入日期	凭证类型	起止号码	领用日期	领用人	领用号	交回记录

图 4-5-2　空白凭证领用备查簿

实战演练

1. 想一想

通过对备查账簿的学习，你认为在实际工作中常见的备查账有哪几种情况？

2. 做一做

请你根据思维导图画出常用备查账的流程图。

知识拓展

会计账务处理程序

一、账务处理程序的概念

账务处理程序，又称会计核算组织程序，是指对会计数据的记录、归类、汇总、呈报的步骤和方法。具体涵盖从原始凭证的整理、汇总，记账凭证的填制、汇总，日记账、明细分类账的登记，到会计报表的编制的步骤和方法。账务处理程序的基本模式可概括为"原始凭证—记账凭证—会计账簿—会计报表"。

账务处理程序主要有记账凭证账务处理程序、科目汇总表账务处理程序和汇总记账凭证账务处理程序等。

二、账务处理程序的原则

1. 一致性

账务处理程序要与本单位的业务性质、规模大小、业务繁简程度、经营管理的要求和特点等相适配，以利于加强会计核算工作的分工协作，达成会计控制和监督目标。

2. 及时性

账务处理程序要能够正确、及时、完整地提供会计信息，以满足使用者对会计核算资料的需求。

3. 高效性

账务处理程序要在保障会计核算工作质量的基础上，力求简化核算手续，节省人力和物力，降低会计信息成本，提高会计核算的工作效率。

三、账务处理流程

1. 制作会计凭证

在日常经济业务发生时，业务人员需将原始凭证提交给财会部门。凭证录入人员在企业基础会计信息的支持下，直接根据原始单据编制记账凭证，并将其保存在凭证文件中。随后，对凭证文件中的记账凭证进行审核。如果审核通过，则对记账凭证做审核标记；审核未通过的凭证，不得提交给录入人员。

2. 登记账簿

出纳人员根据收款凭证和付款凭证，登记现金日记账和银行存款日记账。一般单位会根据业务量的大小设置不同的会计岗位，即分别由多个财会人员登记多本明细账，如安排一位会计专门登记应收账款明细账，另一位会计专门登记材料明细账等。总账会计根据记账凭证定期汇总编制科目汇总表，根据科目汇总表登记总分类账。

3. 核对账簿

月末处理，由于总账、日记账、明细账分别由多个财会人员登记，难免出现各种错误。因此，每月月末，财会人员要进行对账，将日记账与总账核对，明细账与总账核对，做到账账相符。此外，财会人员在月末还要进行结账操作，即计算会计账户的本期发生额和余额，并结束该月的账簿记录。

4. 编制报表

根据企业银行账和银行对账单中的银行业务，进行自动对账，并生成银行存款余额调节表。根据日记账、明细账和总账编制管理者所需的会计报表和内部分析表。

任务训练

一、单项选择题

1. 下列项目中，不属于备查账簿的是(　　)。

A. 住房基金登记簿　　B. 租入固定资产登记簿

C. 受托加工材料登记簿　　D. 固定资产卡片

2. 应设置备查账簿进行登记的项目有(　　)。

A. 经营性租出的固定资产　　B. 经营性租入固定资产

C. 无形资产　　D. 资本公积

3. 以下各项中，一般不设置备查账簿进行登记的是(　　)。

A. 委托加工物资　　B. 经营性租出的固定资产

C. 经营性租入的固定资产　　D. 商业承兑汇票贴现

二、判断题

1. 备查账的数量和格式通常根据企业实际需要来设计，适合使用专用记账凭证。(　　)

2. 备查账簿属于正式账簿，需要根据会计凭证来登记。(　　)

3. 备查账簿没有固定的格式要求。(　　)

三、简答题

常用的备查账有哪些？

项目实施

1. 公司简介

南方化工有限公司现有员工50余人，其下属厂有600余名员工。南方化工有限公司前身是南方化工厂，凭借2万元自筹资金起步。目前，公司拥有流动资金8亿多元，并在市内设立了500多处特约经销点。经过十多年的发展，在没有任何外界资金投入的情况下，南方化工有限公司完全依靠自己的艰苦奋斗，在市场经济的风浪中搏击，发展为"国家无投资，银行无贷款，原料无分配(渠道)"，且"产品无积压，企业无利息债"的"五无企业"。现在的南方化工有限公司是一家拥有近10亿元自有资金的大型现代化涂料生产公司。

2. 会计部门岗位

(1) 总会计师1人：负责监督整个财务科的工作。

(2) 公司财务科共9人，分工如下。

财务科长(1人)：负责管理日常的会计工作，对记账凭证进行复核，登记银行日记账，编制对外财务报表。

销售收款(2人)：市内应收账款(1人)，负责登记应收账款明细账兼记分类账；市外应收账款(1人)，负责登记应收账款明细账兼记总账。

材料采购(1人)：登记原材料明细账。

应付账款(1人)：登记应付账款明细账。

现金出纳(1人)：负责现金报销，记现金日记账。

管理会计(1人)：负责内部管理报表的编制。

电算化(2人)：操作员(1人),负责文档资料的输入、打印、复印工作；程序员(1人),负责系统维护。

(3) 下属厂财务科共8人,分工如下。

财务科长(1人)：负责成本核算及报告。

外地销售收款(1人)：收款并汇总至公司。

包装材料(1人)：记包装材料明细分类账。

原材料(1人)：记原材料收、付、存明细分类账。

成本核算(1人)：每月产成品成本的核算。

生产统计(1人)：记录生产中有关数据,以便成本核算。

电算化(2人)：操作员(1人),负责文档资料的输入、打印、复印工作；程序员(1人),负责系统维护。

要求：

(1) 请为该公司设计一套完整的账簿体系(包括账簿的种类、用途、格式等)。

(2) 该公司应当采用哪一种账务处理程序？请绘制相应流程图。

项目总结

会计账簿是用于序时、分类地记录各项经济业务的簿籍。为了连贯系统地记录企业的经济活动状况,设置和登记账簿是十分必要的。

会计账簿按其用途不同,可以分为序时账、分类账和备查账。

会计账簿按形式不同,分为订本式账簿、活页式账簿和卡片式账簿。

会计账簿设计应满足以下要求：①适应企业的规模和特点；②适应会计报表编制的要求；③简明实用,便于审核、查阅和保管,满足业务需要；④账簿与账簿之间的关系,应结合账务处理程序做通盘考虑。

序时账又称日记账,主要作用是按时间顺序记录发生的经济业务,以保证会计资料的秩序性和完整性。

日记账簿格式的设计主要根据所要反映的业务内容来设计合适的日记账簿格式的栏次。日记账簿常见的格式有一栏式、两栏式、多栏式、特种格式、专用格式等。

分类账是对经济业务按一定的类别分别设立账户进行登记的账簿。其作用在于能够分门别类地提供各种经济信息,进而满足管理需求。

明细分类账的常用格式主要有以下四种：①三栏式明细账；②数量金额式明细账；③多栏式明细账；④特殊明细账。

备查账的数量和格式,通常根据企业实际需要来设计的,比较灵活。在企业中,常用的备查账有以下三种：①代管财产物资登记簿；②分类账或统计资料整理登记的备查账；③其他登记簿。

项目5

财务会计报告设计

学习目标

【知识目标】

1. 了解财务报告设计的原则。
2. 了解资产负债表、利润表、现金流量表等编制要求。
3. 了解常见的内部财务报表设计。
4. 掌握财务报告的种类及设计作用。
5. 掌握财务报告设计的基本内容。
6. 掌握资产负债表、利润表、现金流量表等设计的基本格式和内容。

【能力目标】

1. 能够针对中小企业的实际情况为其设计对内和对外财务报告。
2. 能设计财务报告的格式和内容。

【素质目标】

1. 具有实事求是的工作态度。
2. 具有一定的自主学习能力。
3. 培养数据分析与应用能力。

思维导图

财务会计报告设计思维导图如图 5-0-1 所示。

项目描述

华源集团公司在一次高层会议上，对成本管理费用的管理状况形成以下共识：①成本费用管理不当，成本分析不够清晰；②寻求进一步降低成本的途径，以提高企业的经济效益；③各分(子)公司和职能部门(处、室)应对发生的成本费用每月分析一次，集团公司应每

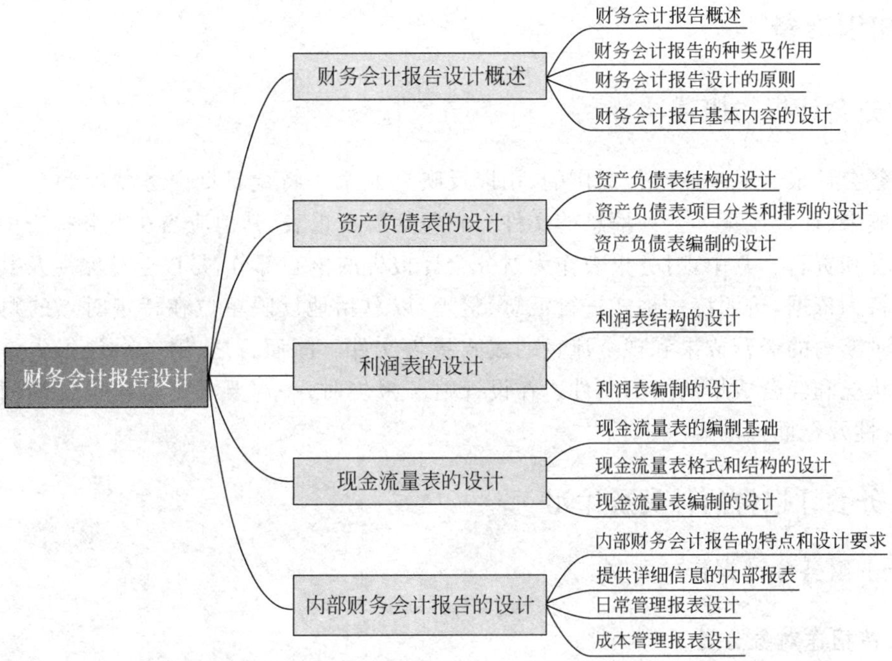

图 5-0-1　财务会计报告设计思维导图

季度分析一次。

针对成本费用的管理，该公司应设计哪几张内部财务报表？

项目分析

企业管理人员提供制造产品成本所发生的成本资料，便于其分析、考核成本计划的完成情况。制造业成本管理报表一般包括产品成本报表和责任成本报表两个部分，产品成本报表又分为商品产品成本表、主要产品单位成本表和制造费用明细表等。

任务 5.1　财务会计报告设计概述

任务目标

1. 了解财务报告设计的原则。
2. 掌握财务报告的种类及设计作用。
3. 掌握财务报告的设计的基本内容。

想一想

1. 你了解财务报告的种类吗？
2. 你认为财务报告设计应该从哪几方面进行？

知识准备

一、财务会计报告概述

财务会计报告是企业对外提供的,用以反映企业某一特定日期财务状况和某一会计期间经营成果、现金流量等会计信息的文件。它包括财务报表、其他应当在财务报告中披露的相关信息和资料。其中,财务报表作为财务会计报告的核心部分,是以会计账簿及其他会计核算资料为依据,按照统一格式进行汇总、整理,以总括地反映单位在特定时点的财务状况和特定时期内的经营成果和现金流量的表式报告文件。简而言之,财务会计报告是反映单位财务状况和经营成果的书面文件。在设计财务报告时,一定要满足财务报告编制的一致性、客观性及全面性的要求。

二、财务会计报告的种类及作用

(一) 财务会计报告的种类

1. 按报送对象分类

财务会计报告按其报送对象的不同,可分为对外报告与对内报告。对外报告是指必须定期编制,并定期向单位外部有关方面报送或者向社会公布的财务会计报告;对内报告则是为单位内部服务,定期向单位管理人员提供的财务会计报告。在此需要说明的是,单位作为投资人和管理者,对外报告也同样能为单位内部经营管理提供支持;反之,对内报告也可为编制对外报告提供佐证和基础资料。

2. 按编制和报送时间分类

财务会计报告按编制和报送时间的不同,分为定期报告和不定期报告。定期报告的编制和报送时间固定,一般可分为年度报告、季度报告和月度报告三种。年度报告(简称年报)全面反映单位全年的经营成果、年末的财务状况以及年内财务状况变动情况,是年度经营活动的总结性文件,每年年底编制一次,包含规定应报送的所有会计报表、附注及财务情况说明书。季度或月度报告(简称季报、月报)反映各个季度或月份的经营成果与季末或月末财务状况,每季末或月末编制一次,它只包含几种最主要的会计报表,如利润表、资产负债表。此外,股份有限公司按规定还需要编制中期财务会计报告。不定期报告的编制和报送时间不固定,一般根据信息使用者的需求确定。通常对外报告多为定期报告,而内部报告既有定期报告也有不定期报告。

3. 按所反映的经济内容分类

会计报表按所反映的经济内容不同,分为反映经营成果和反映财务状况及其变动情况的报表。反映经营成果的报表用于反映单位在一定时期经营过程中的收入、费用和财务成果,如利润表。反映财务状况及其变动情况的报表又可分为两类:一是反映单位在一定时点财务状况的报表,如资产负债表;二是反映单位在一定时期财务状况变动及其原因的会计报表,如现金流量表。会计报表附注是对会计报表的补充,主要针对会计报表无法涵盖的内容或者不能详细披露的内容做进一步的解释说明,它弥补了会计报表只能在固定的格式下根据严格的定义和规范提供定量的财务信息的局限性,有利于更加真实、完整地提供会计信息。财务情况说明书则是在会计报表及其附注所提供信息的基础上,进一步用文字对单位的财务状况等所做的补充说明,它是财务会计报告的组成部分,必须随同会计报表一同编制、提供和阅读。

4. 按照管理者的需要分类

财务会计报告按照管理者的需求,分为综合性报表、控制性报表、预测性报表、分析性报表、明细性报表和临时需要报表等。综合性报表用于表达单位整个营业情况及财务状况,如资产负债表、利润表、现金流量表、所有者权益变动表等。控制性报表用于报告业务的实际活动情形,以便管理者及时采取控制行动的报表,如销售、生产、存货、现金、预算执行情况等报表。预测性报表用于预测未来可能发生的情况,如损益预测表、销售预测表、成本预测表、财务变动预测表等。分析性报表用于分析经营绩效,如销售、成本、经营绩效等分析表,主要应列明实际数与预算数或标准数之间的差异,以便采取措施、制订未来计划及衡量绩效。明细性报表用于详列各事项明细内容,如资产负债各科目明细表、营业收支明细表、成本及费用明细表等。临时需要报表是管理者因临时事务而需要的报表。

(二) 财务会计报告的作用

财务会计报表具有表示、测验、分析比较、提供信息等多方面的作用,它不仅能为单位内部管理提供准确完整的信息,还能为单位外部的投资者、债权人及财政、税务、金融等部门提供有用的信息。财务会计报告作用的发挥有赖于设计财务会计报告的科学性和合理性。其作用主要表现在如下两个方面。

1. 有利于全面、系统和综合地反映单位经济活动情况

单位的日常核算资料一般都零散地反映在会计凭证、会计账簿中,而会计凭证、会计账簿数量多、体积大,不便于向有关信息使用者报送,同时会计凭证、会计账簿又是单位的重要经济档案,若送走就无法查考。因此就有必要设计出一套综合性强、便于提供各方所需要信息的表格式载体,并对这些表格化信息载体的相关情况用文字加以说明,从而形成向各方报送的财务报告。

2. 财务会计报告是会计制度设计的核心内容之一

会计的目标是通过财务会计指标全面揭示单位的财务状况、经营成果及现金流量,为会计信息使用者提供准确、充分和有用的信息,而财务会计报告是传递这些信息的重要手段和途径。财务会计报告的设计制约着会计账簿与会计科目的设计,进而影响着会计凭证和记账程序等设计。因此,科学地设计财务会计报告,完整地提供重要信息,是会计制度设计的重要内容之一。

三、财务会计报告设计的原则

财务会计报告是会计工作中的最终成果,其能否满足单位内外需求并有助于经营管理,是会计工作成功的主要评定标准;如何编制适合管理者需要的财务会计报告,是设计会计制度最重要的主题。要想把有关的会计信息规划得简单、扼要、清晰,以适配财务报告的反映，设计时应遵循以下原则。

（一）采用国际通行的财务会计报表体系

会计已发展成为国际通用的商业语言，单位为适应对外开放、进入国际市场的需求，应当尽可能采用国际通行的财务会计报表体系。这样才能互相了解对方的财务状况和经营成果，促进交流与合作，能在更大范围内发挥财务会计报告的作用。同时，财务会计报告的设计应以简明扼要为基本原则，统一和简化对外报送的报表，对于复杂的内容要进行归纳，提列总数或摘要。

（二）尽量以例外原则代替逐项明细罗列

财务会计报表提供的会计信息，既要全面、概括，同时又应突出重点。对于重要的经济业务应当单独反映，对于不重要的经济业务可以简化、合并核算和反映，以提高财务会计报表的效用。对于那些分析财务状况和经营成果有重大影响的非数量资料，以及会计报表不能揭示的数量资料，如关联方交易或有负债、资产计价和会计处理方法等，应通过会计报表附注和财务情况说明书等形式予以充分披露。

（三）可控制项目和不可控制项目应予划分

单位在经营过程中产生的各种费用，有些是可以控制的，如管理费用等，有些是不可控制的，如产品生产中的固定成本。财务会计报表的设计应能清晰显示出各阶层责任，并协助其进行管理控制，使用表者及时掌握各项成本费用开支情况，从而加强控制，明确各级管理者的责任。

（四）清晰明了，便于理解和利用

财务会计报表项目的设置、分类及列示方法都应遵循清晰明了、便于理解和利用的原则。为便于报表的使用者对某一单位不同时期的财务状况和经营成果进行分析对比，了解该单位的发展变化情况，报表可采用前后对比的方式编列，也可采用报告期与本期累计的方式编列。在采用前后期对比方式编列时，若上期的项目分类和内容与本期不一致，应当将上期数按本期项目和内容对有关数字进行调整。

四、财务会计报告基本内容的设计

财务会计报告设计主要包括经济指标体系的设计、财务会计报告基本内容的设计、财务会计报告编报程序的设计。

（一）经济指标体系的设计

财务会计报告是经济指标体系的一种呈现形式。从系统论和信息论的视角来看，经济指标体系是指从各个不同方面，全面或局部地反映一个单位经济活动全貌或部分会计信息的体系，体系中的各个指标相互联系又相互补充。在设计会计报告时，首先要确定单位的会计报告应该包含哪些经济指标。这些经济指标应该能够从不同角度全面、概括地反映该单位的财务状况、经营成果和财务状况变动情况等方面的会计信息，并构成一个相互联系、相互补充的经济指标体系。将一些同类的相关经济指标组合在一起，便形成一张财务报告。由于财务报告的具体用途和编制时期的不同，对财务报告中经济指标的确定也有不同要求：对外报送的经济指标要求全面、概括、稳定，内部使用报告中的经济指标则要求及时、灵活和具体。编制时期较短的财务报告（如月报）应突出重点，填报主要经济指标，并便于及时编报；编制时期较长的会计报告（如年报）则应全面、较详细地填报反映单位财务状况、经营成果和财务状况变动情况的经济指标体系。

（二）财务会计报告基本内容的设计

财务会计报告内容主要包含以下方面。

（1）报表名称和编号，即所编报表的名称和编号。

（2）编制单位，即编制报表单位的名称。

（3）报表日期，即编制报表的日期和报表所包括的会计期间。

（4）单位，即货币单位，如元、千元、万元等。

（5）补充资料，即报表附注，是为帮助会计报表阅读者理解报表内容所作的解释。其主要内容包括所采用的主要会计处理方法；会计处理方法的变更情况、变更原因以及对财务状况和经营成果的影响；非经常性项目的说明；财务报表中有关重要项目的明细资料；其他有助于理解和分析报表需要说明的事项。

对于财务报表基本内容的排列，即会计报表格式的设计。财务报表格式的设计既要便于报表阅读者理解和利用，又要便于会计人员编制。

（三）财务会计报告编报程序的设计

为及时编报会计报告，首先要制定一个报账、结账时间流程表，做好结账前的各项准备工作。同时，在财会部门内部，还需明确在编报程序中每个人员的具体工作内容。

实战演练

1. 想一想

请你联系一家企业，以财务会计报告设计为目的，了解该企业的基本情况，并阐述该企业对内和对外报告的类型。

2. 写一写

西方电子公司要根据《企业会计制度》设计财务会计报告的基本内容，请你为其编写。

知识拓展

财务部制定的现行企业财务会计制度规定的报表体系

任务训练

一、单项选择题

1. 财务报告是反映会计主体财务状况、经营成果和财务状况变动情况的书面文件，由(　　)组成。

A. 资产负债表、利润表、财务状况变动表及有关附表

B. 资产负债表、利润表、现金流量表

C. 会计报表、报表附注及有关附表

D. 对外报送的会计报表、会计报表附注和财务情况说明书

2. 关于财务会计报告，以下论述中错误的是(　　)。

A. 财务报告能总括、综合、清晰、明了地反映会计主体的经营状况

B. 财务报告的使用者包括上级主管机关、投资者、债权人和内部经营管理者

C. 为加快财务报告的编制和报送进度，可以先编制会计报表，再进行账证、账账、账实核对

D. 会计报表可以按不同标准进行分类

二、多项选择题

1. 财务报告的使用者有(　　)。

A. 投资者　　B. 债权人

C. 上级主管部门和国家经济管理机关　　D. 企业内部管理人员

2. 会计报表的编制必须做到(　　)。

A. 数字真实　　B. 计算准确　　C. 内容完整　　D. 编报及时

3. 财务会计报告按其报送对象不同，分为(　　)。

A. 对内报告　　B. 对外报告　　C. 综合性报告　　D. 预测性报告

三、简答题

财务会计报告设计包括哪些内容？

任务 5.2　资产负债表的设计

任务目标

1. 掌握资产负债表设计的基本格式和内容。
2. 了解资产负债表编制要求。

想一想

你认为资产负债表各项目应该如何排列？

知识准备

资产负债表是用以反映单位在某一特定日期财务状况的报表。资产负债表的项目，应

当按照资产、负债和所有者权益的类别进行分项列示。资产负债表的主要作用在于，清晰展示单位所拥有的各类资源及其分布与结构，体现单位偿还债务的能力，反映单位所承担的债务数量、债务结构及偿还期限的长短，反映单位的投资者对本单位资产所持有的权益情况，客观表现单位财务状况的发展趋势。

一、资产负债表结构的设计

资产负债表是根据“资产＝负债＋所有者权益”这一会计等式设计的，其格式一般分为两种：报告式和账户式。报告式（或垂直式）资产负债表是将资产项目、负债项目和所有者权益项目采用垂直分列的形式，列于表格的上下两段，且上下两段总计金额相等。这种格式比较直观，但如果表内项目过多，表格将拉得很长，则不便于阅读和保存。报告式资产负债表常见于股份有限公司登报公告的财务会计报告中。它之所以被称为报告式，是因为从形式上看，它类似我们常见的工作报告，各项内容上下罗列，依次为一、二、三，各要素之间的关系依然为“资产＝负债＋所有者权益”，其反映罗列的各项指标、实质内容完全与账户式相同。其基本格式如表5-2-1所示。

表5-2-1 资产负债表（报告式）

编制单位： 年 月 日 单位：元

项 目	行 次	年 初 数	期 末 数
资产			
流动资产			
长期股权投资			
固定资产			
……			
资产总计			
减：负债			
流动负债			
……			
长期负债			
……			
负债合计			
所有者权益			
实收资本			
资本公积			
盈余公积			
未分配利润			
所有者权益合计			

账户式资产负债表是将资产项目排列在表左方，负债和所有者权益项目排列在表的右方，使资产负债表左右两方总计金额相等。这种格式便于读者对比分析资产、负债和所有者权益项目的相互关系，符合我国会计人员的习惯。所以，我国大部分单位现行采用的都是账户式资产负债表，其基本格式如表5-2-2所示。

表 5-2-2 资产负债表(账户式)

编制单位： 年 月 日 金额单位：元

资 产	负 债
……	……
……	……
	所有者权益
	……
	……
	负债与所有者权益合计

资产负债表不论是报告式还是账户式,其基本结构总体上是分为两大部分：一部分列示资产各项目,另一部分列示权益各项目,反映单位的负债所有者权益情况,两部分的金额总计始终保持平衡,反映了资产与权益的本质。

二、资产负债表项目分类和排列的设计

资产负债表内各项目的分类与排列有两种方法：一是按各类项目在总体中所占比重和在生产经营过程中的重要程度分类和排列,重要类别和项目列前,次重要类别和项目居中,非重要类别和项目列后；二是根据其经济性质及其流动性而设计的。资产一般按照流动性及变现快慢排列分为流动资产和非流动资产两大类,并依据流动性强列前的原则,将两类资产分别细分为各项目顺序排列。权益一般按照偿还期限长短排列,负债一般规定有偿还期限,而所有者权益一般不规定偿还期限,当企业破产清算时,债权人的索偿权优先于所有者对企业净资产的要求权,因此负债应排列在所有者权益之前。在负债中又分为流动负债和非流动负债两大类,并依据偿还期限的长短将两类负债指标按照归还期短的靠前原则排列。所有者权益则是按永久性递减的程度排列,最不容易递减的列前,最容易递减的列后,即按股本、资本公积、盈余公积和未分配利润的顺序进行排列。现行企业会计准则中的资产负债表就是按照这个原则分项和排列的,其格式如表 5-2-3 所示。

表 5-2-3 资产负债表

编制单位： 年 月 日 单位：元

资产	期末余额	年初余额	负债和所有者权益	期末余额	年初余额
流动资产：			流动负债：		
货币资金			短期借款		
以公允价值计量且其变动计入当期损益的金融资产			以公允价值计量且其变动计入当期损益的金融负债		
应收票据及应收账款			应付票据及应付账款		
预付款项			预收款项		
其他应收款			应付职工薪酬		
存货			应缴税费		
持有待售资产			其他应付款		
一年内到期的非流动资产			持有待售负债		

续表

资产	期末余额	年初余额	负债和所有者权益	期末余额	年初余额
其他流动资产			一年内到期的非流动负债		
			其他流动负债		
流动资产合计			**流动负债合计**		
非流动资产：			非流动负债：		
可供出售金融资产			长期借款		
持有至到期投资			应付债券		
长期应收款			长期应付款		
长期股权投资			预计负债		
投资性房地产			递延所得税负债		
固定资产			其他非流动负债		
在建工程			非流动负债合计		
生产性生物资产			所有者权益(股东权益)		
油气资产			实收资本		
无形资产			资本公积		
开发支出			减：库存股		
商誉			其他综合收益		
递延所得税资产			未分配利润		
其他非流动资产			**所有者权益(股东权益)合计**		
非流动资产合计					
资产合计			**负债和所有者权益合计**		

从以上表格可以看出,资产负债表有以下四个特征。

(1) 资产负债表设有编表日期,用于填列每个会计期末(月末、季末、年末)的编表日期,以此表明这一特定时日单位的财务状况。

(2) 资产负债表设有“年初数”和“期末数”两个金额栏,通过对比这两栏数据,能够清晰地展现资产、负债和所有者权益的变化情况。

(3) 资产负债表中项目分类的显著特点如下：资产与负债按照价值周转方式分为流动性与非流动性两大类；资产负债表上的项目可分为货币性项目和非货币性项目两大类。其中,货币性项目是指单位所拥有的货币资金及所拥有的以定量货币为限的权利和以固定金额为限的义务,可分为货币性资产和货币性负债；非货币性项目是指单位所拥有的以实物形态体现的资产及以实物来清偿的债务。

(4) 资产负债表左边列资产、右边列负债及所有者权益。其顺序排列是流动性强列前,即按流动性由大到小(或期限由短到长)的顺序排列。在此基础上,再从货币性项目到非货币性项目排列。这样不仅有利于认清货币性项目与非货币性项目的计价原则,还能进一步确定单位的偿债能力。

三、资产负债表编制的设计

一张完整的资产负债表包括表首和正表两部分。表首的填列方式比较简单,正表的填列方法如下。

(1) 直接根据有关总账和明细账的期末余额进行填列。这些项目与会计账户中的总账、明细账基本呈现一一对应关系,因此只需将相关账户中的期末余额直接填入报表对应项目即可。

(2) 根据有关账户期末余额之和填列。例如,"货币资金""应收账款""应付账款"均根据其所属各明细科目余额之和填列;预收账款根据"预收账款"有关明细科目期末贷方余额和"应收账款"所属各明细科目的贷方余额之和填列;预付账款根据"预付账款"有关明细科目期末借方余额和"应付账款"所属各明细科目的借方余额之和填列。

(3) 根据有关账户的期末余额之差填列。例如,存货,根据"材料采购""原材料""包装物""低值易耗品""材料成本差异""库存商品""委托加工物资""生产成本"等科目的期末借贷方余额相抵后的差额填列;未分配利润,根据"本年利润""利润分配"科目的余额之差填列。

(4) 根据进入报表的有关账簿信息,直接计算填列。

实战演练

1. 想一想

东方公司 2020 年 12 月 31 日有关账户的余额如下,思考应如何填列资产负债表。

应收账款——甲 15 000 元(借)

应付账款——A 30 000 元(贷)

预收账款——丙 20 000 元(贷)

预付账款——C 10 000 元(借)

预收账款——丁 13 000 元(借)

预付账款——D 18 000 元(贷)

2. 做一做

计算资产负债表下列项目的金额。

(1)"应收账款"项目。

(2)"应付账款"项目。

(3)"预收账款"项目。

(4)"预付账款"项目。

任务训练

一、单项选择题

1. 资产负债表的项目,按(　　)的类别,采用左右相平衡对照的结构。

A. 资产、负债和所有者权益

B. 收入、费用和利润

C. 资产、负债、所有者权益、收入、费用、利润

D. 资金来源、资金运用

2. 资产负债表的下列项目中,需要根据几个总账科目的期末余额进行汇总填列的是(　　)。

A. 应付职工薪酬　　　　B. 短期借款

C. 货币资金　　D. 资本公积

3. 在资产负债表中,资产按照其流动性排列时,下列排列方法正确的是(　　)。

A. 存货、无形资产、货币资金、交易性金融资产

B. 交易性金融资产、存货、无形资产、货币资金

C. 无形资产、货币资金、交易性金融资产、存货

D. 货币资金、交易性金融资产、存货、无形资产

二、多项选择题

1. 编制资产负债表时,需根据有关总账科目期末余额分析、计算填列的项目有(　　)。

A. 货币资金　B. 预付款项　C. 存货　D. 短期借款

2. 下列各项中,属于资产负债表中流动资产项目的有(　　)。

A. 货币资金　B. 预收账款　C. 应收账款　D. 存货

三、判断题

1. 资产负债表是反映企业在某一特定期间财务状况的报表。　(　　)

2. 资产负债表的格式有单步式和多步式。　(　　)

3. 资产负债表是动态报表。　(　　)

四、简答题

资产负债表设计包括哪些基本内容?

任务5.3　利润表的设计

任务目标

1. 掌握利润表设计的基本格式和内容。

2. 了解利润表编制的要求。

想一想

你认为利润表应该如何排列设计?

知识准备

利润表是反映单位在一定时期(如月度、季度、年度)的经营成果的会计报表。在利润表中,要反映单位在一定时期内的所有收入(包括营业收入与营业外项目的收入)及所有费用(包括营业成本、期间费用、营业外支出与损失)。在收入与费用恰当匹配抵消的基础上,求出报告期的利润或亏损。由此可见,利润是收入与费用配比的结果。根据利润表所提供的信息,可以评价一个单位的经营管理效率和成果,分析单位未来的经营状况、获利能力及发展潜力,了解单位未来一定时期内的盈利趋势。

一、利润表结构的设计

利润表是根据“收入－费用＝利润”这一会计平衡公式设计而成的,并采用上下加减的报告式结构。利润表的报表格式主要有单步式和多步式两种。

单步式利润表是将当期所有的收入加总在一起，然后将所有的费用加总在一起，仅通过一次计算求出当期损益。在单步式利润表中，分为营业收入和收益、营业费用和损失、净收益三部分。单步式利润表的优点是表式简明易懂，由于对一切收入和费用统一归类，不分先后，避免了项目分类上的困难；其缺点是一些有意义的信息无法从利润表中直接获取，即不能反映收益的具体构成情况，无法判断企业营业性和非营业性、主营和非主营业务收益对实现利润的影响程度，不利于前后各期相应项目的比较。鉴于单步式利润表不利于掌握利润构成情况和分析利润升降原因，目前应用很少。其基本格式如表 5-3-1 所示。

表 5-3-1　单步式利润表

编制单位：　　　　　　　　　　　　年　　月　　　　　　　　　　　　单位：元

项　　目	本　月　数	本月累计数
一、收入		
主营业务收入		
其他业务收入		
投资收益		
公允价值变动损益		
营业外收入		
二、成本、费用与损失		
营业成本		
税金及附加		
销售费用		
管理费用		
财务费用		
资产减值损失		
其他业务成本		
营业外支出		
所得税费用		
三、净利润（亏损以"－"号表示）		

多步式利润表是将企业日常经营活动过程中产生的收益和费用与该过程外产生的收益与费用分开，通过多步式计算得出利润总额。多步式利润表同样采用上下加减的报告式格式。它将利润总额的计算分解为多个步骤，基本弥补了单步式利润表的缺陷，清晰地展现出各类收入项目和费用支出项目之间的内在联系，为报表使用者提供了丰富的信息，有助于不同企业和同一企业不同时期相应项目的比较分析。多步式利润表主要包括以下五个方面的内容。

（1）营业收入：由主营业务收入和其他业务收入组成。

（2）营业利润：营业收入减去营业成本（包括主营业务成本、其他业务成本）、税金及附加、销售费用、管理费用、财务费用、资产减值损失，再加上公允价值变动收益、投资收益，即可得出营业利润。

（3）利润总额：营业利润加上营业外收入，减去营业外支出，得到利润总额。

（4）净利润：利润总额减去所得税费用，即净利润。

（5）每股收益：每股收益包括基本每股收益和稀释每股收益两项指标。

多步式利润表将主营业务利润放在首要地位，突出了主营业务收入的重要性；注重收入与费用配比的层次性，便于会计报表使用者对企业获利情况进行分析、预测企业获利能力趋势，同时也有利于不同企业利润表指标进行比较。因此，我国一般企业普遍采用这种格式。现行企业会计准则的利润表格式如表 5-3-2 所示。

表 5-3-2　多步式利润表

编制单位：　　　　　　　　　　年　　月　　　　　　　　　　单位：元

项　目	本期金额	上期金额
一、营业收入		
减：营业成本		
税金及附加		
销售费用		
管理费用		
财务费用		
资产减值损失		
加：其他收益（损失以“－”号填列）		
投资收益（损失以“－”号填列）		
其中：对联营企业和合营企业的投资收益		
公允价值变动收益（损失以“－”号填列）		
资产处置收益（损失以“－”号填列）		
二、营业利润（亏损以“－”号填列）		
加：营业外收入		
减：营业外支出		
三、利润总额（亏损以“－”号填列）		
减：所得税费用		
四、净利润（亏损以“－”号填列）		
（一）持续经营净利润（净亏损以“－”号填列）		
（二）终止经营净利润（净亏损以“－”号填列）		
五、其他综合收益的税后净额		
六、综合收益总额		
七、每股收益		
（一）基本每股收益		
（二）稀释每股收益		

二、利润表编制的设计

利润表总括地反映了企业本期资金的收回情况、已获补偿的资金耗费和财务成果，是一种动态报表，其数据来源于有关损益类科目的本期发生额累计数。表中设置的“本期金额”栏用于反映各项目的本月实际发生数，在编报中期财务会计报告时，需填列上年同期累计发生数；在编报年度财务会计报告时，填列上年全年累计实际发生数。如果上年度利润表与本年度利润表项目名称和内容存在不一致的情况，应当对上年度利润表项目的名

利润表
项目设计

称和数字按照本年度的规定进行调整,并填入本表“上期金额”栏。

实战演练

1. 想一想

请你联系一家企业,以设计利润表为目标,了解该企业的基本运营情况,并阐述该利润表的主要构成要素。

2. 写一写

请写出利润表中包含的主要计算公式。

任务训练

一、单项选择题

1. 多步式利润表中的利润总额是以(　　)为基础来计算的。

A. 营业收入　　B. 营业成本　　C. 投资收益　　D. 营业利润

2. 依照我国的会计准则,利润表采用的格式为(　　)。

A. 单步式　　B. 多步式　　C. 账户式　　D. 混合式

3. 在利润表上,利润总额减去(　　)后,得出净利润。

A. 管理费用　　B. 增值税　　C. 营业外支出　　D. 所得税费用

4. 编制利润表主要是根据(　　)。

A. 资产、负债及所有者权益各账户的本期发生额

B. 资产、负债及所有者权益各账户的期末余额

C. 损益类各账户的本期发生额

D. 损益类各账户的期末余额

5. 下列各项中,不会影响营业利润金额增减的是(　　)。

A. 资产减值损失　　B. 财务费用　　C. 投资收益　　D. 营业外收入

二、多项选择题

1. 利润表的特点有(　　)。

A. 根据相关账户的本期发生额编制　　B. 根据相关账户的期末余额编制

C. 属于静态报表　　D. 属于动态报表

2. 以下项目中,会影响营业利润计算的有(　　)。

A. 营业外收入　　B. 税金及附加　　C. 营业成本　　D. 销售费用

三、简答题

利润表设计包括哪些基本内容?

任务 5.4　现金流量表的设计

任务目标

1. 掌握现金流量表设计的基本格式和内容。
2. 了解现金流量表的编制要求。

想一想

你认为现金流量表应该如何排列设计?

知识准备

现金流量表是综合反映企业在一定会计期间内,经营活动、投资活动和筹资活动所产生的现金流入与流出情况的报表。现金流量表能够帮助会计信息使用者准确评价企业的经营成果,评估企业外部融资的程度,正确分析企业的偿债能力、支付股利或利润的能力,明晰企业净收益与经营活动现金净流量的差额及其产生原因,了解企业期初现金与期末现金的差异变动原因,以及掌握企业与现金收付无关但对企业有重要影响的投资及筹资活动的情况。

一、现金流量表的编制基础

现金流量表是反映企业财务状况变动的报表,而反映企业财务状况的报表存在多种编制基础,如营运资金、全部资金、货币性流动资产、净货币性流动资产、现金等。现金流量表以现金作为编制基础,这里的现金包括现金与现金等价物。我国的《企业会计准则——现金流量表》明确规定:“现金,是指企业库存现金以及可以随时用于支付的存款。现金等价物,是指企业持有的期限短、流动性强、易于转换为已知金额现金、价值变动风险很小的投资。”采用这种编制基础概念明确,反映企业资产的流动性比较确切,有利于与国际会计准则保持协调。

二、现金流量表格式和结构的设计

现金流量表的格式依据编制方法的不同,可分为直接法格式和间接法格式。

直接法格式一般分为五个部分:经营活动产生的现金流量、投资活动产生的现金流量、筹资活动产生的现金流量、汇率变动对现金的影响、现金及现金等价物净增加额。每个部分的结构是按照“现金流入－现金流出＝现金流量净额”的公式来设计的。

间接法格式一般是以本期净利润或净亏损作为起点,对不涉及现金的收入与费用、营业外收支,以及与经营活动有关的流动资产和流动负债的增减变动进行调整,以获得经营活动产生的现金流量净额。至于投资活动、筹资活动产生的现金流量与直接法格式和结构及计算方法是一致的,最终的结果(即现金的期末余额)也是相等的。正因为如此,可以把直接法和间接法格式合在一起,以一种方法为主,另一种方法为补充,列示在一张表中。当另一种方法作为补充时,可去掉相同的投资、筹资活动产生的现金流量部分,加上需要披露的不涉及现金收支的投资和筹资活动情况,使现金流量表既能简化又能满足信息使用者的需要。

我国的《企业会计准则——现金流量表》和企业会计制度所附的格式,采用的是以直接法为主、间接法为补充的设计方法。现行企业会计准则列示的现金流量表的格式如表 5-4-1 和表 5-4-2 所示。

表 5-4-1 现金流量表(直接法)

编制单位: 年 月 单位:元

项 目	本期金额	上期金额
一、经营活动产生的现金流量		
销售商品、提供劳务收到的现金		
收到的税费返还		
收到其他与经营活动有关的现金		
经营活动现金流入小计		
购买商品、接受劳务支付的现金		
支付给职工以及为职工支付的现金		
支付的各种税费		
支付其他与经营活动有关的现金		
经营活动现金流出小计		
经营活动产生的现金流量净额		
二、投资活动产生的现金流量		
收回投资收到的现金		
取得投资收益收到的现金		
处置固定资产、无形资产和其他长期资产收回的现金净额		
处置子公司和其他营业单位收到的现金净额		
收到其他与投资活动有关的现金		
投资活动现金流入小计		
购建固定资产、无形资产和其他长期资产支付的现金		
投资支付的现金		
取得子公司和其他营业单位支付的现金净额		
支付其他与投资活动有关的现金		
投资活动现金流出小计		
投资活动产生的现金流量净额		
三、筹资活动产生的现金流量		
吸收投资收到的现金		
取得借款收到的现金		
收到其他与筹资活动有关的现金		
筹资活动现金流入小计		
偿还债务支付的现金		
分配股利、利润或偿付利息支付的现金		
支付其他与筹资活动有关的现金		
筹资活动现金流出小计		
筹资活动产生的现金流量净额		
四、汇率变动对现金及现金等价物的影响		

表 5-4-2 现金流量表(间接法)

编制单位: 年 月 单位:元

补充资料	本期金额	上期金额
一、将净利润调节为经营活动现金流量		
净利润		
加:资产减值准备		
固定资产折旧、油气资产折耗、生产性生物资产折旧		
无形资产摊销		
长期待摊费用摊销		
处置固定资产、无形资产和其他长期资产的损失(收益以"－"填列)		
固定资产报废损失(收益以"－"填列)		
公允价值变动损失(收益以"－"填列)		
财务费用(收益以"－"填列)		
投资损失(收益以"－"填列)		
递延所得税资产减少(增加以"－"填列)		
递延所得税负债增加(减少以"－"填列)		
存货的减少(增加以"－"填列)		
经营性应收项目的减少(增加以"－"填列)		
经营性应付项目的增加(减少以"－"填列)		
其他		
经营活动产生的现金流量净额		
二、不涉及现金收支的重大投资和筹资活动		
债务转为资本		
一年内到期的可转换公司债券		
融资租入固定资产		
三、现金及现金等价物净变动情况		
现金的期末余额		
减:现金的期初余额		
加:现金等价物的期末余额		
减:现金等价物的期初余额		
现金及现金等价物净增加额		

三、现金流量表编制的设计

现金流量表反映企业在一定会计期间内有关现金和现金等价物的流入和流出信息。企业应当采用直接法报告企业经营活动的现金流量。在采用直接法报告经营活动的现金流量时,企业有关现金流量的信息既可以从会计记录中直接获取,也能够在利润表营业收入、营业成本等数据的基础上,通过调整存货和经营性应收应付项目的变动,以及固定资产折旧、无形资产摊销等项目后得出。

实战演练

1. 想一想

请你联系一家企业，以设计现金流量表为目标，了解该企业的基本情况，并阐述该现金流量表的主要构成要素。

2. 写一写

请设计出间接法下现金流量表的基本结构。

任务训练

一、单项选择题

1. 下列关于现金流量表的描述正确的是(　　)。

   A. 现金流量表是反映企业在一定会计期间库存现金流入和流出的报表

   B. 现金流量表是反映企业在一定会计期间现金和现金等价物流入和流出的报表

   C. 现金等价物指的是企业的银行存款以及其他货币资金

   D. 购买的股票投资也属于企业现金等价物

2. 依照我国的会计准则，利润表采用的格式为(　　)。

   A. 单步式　　B. 多步式　　C. 账户式　　D. 混合式

3. 企业应采用(　　)报告企业经营活动的现金流量。

   A. 直接法　　B. 间接法　　C. 混合法　　D. 多步法

二、多项选择题

1. 下列各项中，属于现金流量表中投资活动产生的现金流量的有(　　)。

   A. 分配股利、利润或偿付利息支付的现金

   B. 购建固定资产、无形资产和其他长期资产支付的现金

   C. 处置子公司及其他营业单位收到的现金净额

   D. 购买商品、接受劳务收到的现金

2. 现金流量表的格式按编制方法不同，可分为(　　)等格式。

   A. 直接式　　B. 间接式　　C. 混合式　　D. 多步式

3. 现金流量表是综合反映企业一定会计期间内(　　)产生的现金流入与流出情况的报表。

   A. 经营活动　　B. 投资活动　　C. 筹资活动　　D. 管理活动

三、简答题

现金流量表设计包括哪些基本内容？

任务 5.5　内部财务会计报告的设计

任务目标

1. 掌握对内财务会计报告的特点和设计要求。
2. 了解常见的内部财务报表设计。

想一想

常见的内部财务会计报告有哪些？

知识准备

一、内部财务会计报告的特点和设计要求

根据企业会计制度规定，企业内部管理需要的会计报表由企业自行确定。企业内部管理报表是为满足内部生产经营或预算管理需求，供企业内部管理人员使用的报表。其作用不仅是为编制对外会计报表提供基础资料，更重要的是为企业管理者提供决策依据。部分内部报表属于商业秘密，不能对外公开。其特点如下。

(1) 报表名称不确定。根据企业内部管理需求，由企业自行决定报表名称。

(2) 报表编制时间不确定。根据内部管理需要，不一定在期末编制，可以根据生产需要、完工日期和管理需求，随时编制相关指标。

(3) 计量单位不确定。不一定以人民币为计量单位，也可以用实物作为计量单位，如台、件、辆等。

(4) 指标体系不确定。根据管理需要，只反映有用指标，指标体系不一定有固定模式。

(5) 报送人和部门不确定。根据领导和有关部门要求编制的相关报表，不一定向所有内部管理人员披露。

从上述特点可以看出，设计内部管理报表时，第一，应注意报表的专题性，不追求系统、全面，按需设计；第二，要讲究及时性，编报迅速、反馈及时；第三，要讲究实用性，以适应内部管理需求为标准，简洁明了，一看就懂；第四，要讲究可验证性，报表中的数据力求准确无误，避免决策失误。

根据各行业内部管理特点，可将内部管理报表分为提供详细信息的内部报表、日常管理报表和成本管理报表三大类。

二、提供详细信息的内部报表

在编制对外会计报表时，部分指标比较综合。为使信息使用者了解其构成情况，可设计一些反映详细信息的对内报表，以满足管理者的需求。需要设计的报表主要有以下内容。

(一) 存货表的设计

为了给会计报表使用者提供有关存货的详细情况、具体指标，以便他们全面考核、分析企业存货资金占用情况与周转速度，据以作出判断与决策，企业可以设计一张存货表。存货表用于反映企业在某一特定日期存货的构成及其资金占用情况，是对资产负债表中的“存货”项目的补充说明。其参考格式如表 5-5-1 所示。

表 5-5-1 存货表

编制单位： 年度 单位：元

项 目	行次	本年余额		
		本年计划	本年实际	上年计划
1. 库存材料				
(1) 原材料				
原材料及主要材料				
辅助材料				
外购半成品				
修理用备件				
燃料				
(2) 包装物				
(3) 低值易耗品				
2. 在途材料				
3. 委托加工材料				
4. 在产品				
5. 自制半成品				
6. 产成品				
合 计				
附注：				
1. 各项存货全年平均余额				
每百元销售收入占用的存货资金				
存货周转次数(天)				
2. 存货中包括		账面实际成本	可变现净值	可能发生的损失
(1) 已经批准进行处理的陈旧存货				
(2) 市价低于成本的存货				
(3) 待处理存货短缺及毁损				

(二) 固定资产及累计折旧表与在建工程表

固定资产及累计折旧表与在建工程表用于反映企业各类固定资产原价、累计折旧和本年折旧及各项在建工程情况，是对资产负债表中的“固定资产原价”“累计折旧”“固定资产净值”和“在建工程”项目的补充说明。在一些企业，尤其是制造业企业中，固定资产在企业总资产中占比较大，且各项固定资产与在建工程对企业未来的现金流量及获利潜力影响很大。为给会计报表使用者提供更多信息，企业可以分别设计固定资产及累计折旧表与在建工程表。其参考格式如表 5-5-2 和表 5-5-3 所示。

表 5-5-2 固定资产及累计折旧表

编制单位： 年度 单位：元

固定资产类别	行次	固定资产原价		累计折旧		本年折旧	
		年初数	年末数	年初数	年末数	年折旧率	折旧额
房屋及建筑物							
机器设备							
电子设备							
运输工具							
……							
其他设备							
合计							

表 5-5-3 在建工程表

编制单位： 年度 单位：元

项 目	本年实际	本年计划	上年实际
一、期初余额			
二、本年发生的在建工程支出			
其中：购入工程用料			
购入需要安装的设备			
购入不需要安装的设备			
建筑工程支出			
安装工程支出			
预付工程款			
工程管理费			
三、本年转出数			
其中：完工转出数			
其他转出数			
四、期末余额			

（三）期间费用明细表设计

期间费用是指按会计结算期进行归集，直接计入当期损益的费用，主要包括销售费用、管理费用和财务费用。当实际发生时，每种费用又包括许多具体项目，但在利润表中仅以三个项目分别汇总列示。为便于企业管理者分析期间费用的构成和增减变动情况及其对利润的影响，考核预算的执行情况，以便进一步采取措施、节约费用、提高效益，有必要设计反映各项费用支出的明细表。其参考格式如表 5-5-4 所示。

表 5-5-4 销售费用明细表

编制单位： 年度 单位：元

项 目	行 次	本年计划	上年实际	本年实际
1. 运输费				
2. 装卸费				
3. 包装费				
……				
10. 业务费				
其他				
合计				

三、日常管理报表设计

在规模大、业务量较多的企业中，为及时反映现金收支情况和购销情况，可以设计一些日常管理报表，以便于企业管理人员加强监管，及时发现问题并采取改进措施。其参考格式如表 5-5-5～表 5-5-7 所示。

表 5-5-5 现金收支日报表

编制单位： 年 月 日 单位：元

摘 要	收 入	支 出	结 存
上一日的结存金额			
本日发生的现金收支业务			
……			
合计			
核定现金库存限额			

表 5-5-6 材料采购日报表

编制单位： 年 月 日 单位：元

进货编号	供应商名称	型号	单位	数量	单价	金额	进项税额	应付款总额
合计								

表 5-5-7 销售日报表

编制单位： 年 月 日 单位：元

出货编号	客户名称	型号	单位	数量	单价	金额	销项税额	应收款总额
合计								

四、成本管理报表设计

成本管理报表通常是制造业企业应编制的报表类型，主要为企业管理人员提供产品制造过程中产生的成本资料，便于其分析、考核成本计划的完成情况，寻求进一步降低成本的途径，从而提高企业的经济效益。制造业成本管理报表一般包括产品成本报表和责任成本报表两个部分，产品成本报表又分为商品产品成本表、主要产品单位成本表和制造费用明细表等。

（一）产品成本报表设计

1．商品产品成本表

商品产品成本表用于反映企业在报告期内生产的全部商品产品的总成本及各种主要商品产品的单位成本和总成本。利用该表，能够对企业全部商品产品和主要商品产品成本计划的执行情况展开考核和分析，对企业的产品成本情况作出一般评价。其参考格式如表 5-5-8 所示。

表 5-5-8　商品产品成本表

编制单位：　　　　　　　　　　年　　月　　日　　　　　　　　　　单位：元

产品名称	实际产量		单位成本				本月产品总成本		本年累计总成本			
计量单位	本月产量	本年累计	上年实际平均	本年计划	本月实际	本年累计实际平均	按一年实际平均单位成本计算	按本年计划单位成本计算	本月实际	按上年实际平均单位成本计算	按本年计划单位成本计算	本年累计
	1	2	3	4	5	6	7	8	9	10	11	12
可比产品合计												
其中：……												
不可比产品合计												
其中：……												
全部商品产品成本												
补充资料：可比产品成本降低额＝												
不可比产品成本降低率＝												

2．主要产品单位成本表

主要产品单位成本表主要反映各种主要产品单位成本的构成要素及各项主要经济技术指标的执行情况，是对商品产品成本表中所列各种主要产品成本的进一步补充说明。编制该表是为了考核各种主要产品单位成本计划的执行成果，分析各项消耗定额的变化态势和产品单位成本的升降原因，并便于在生产同种产品的企业间进行成本对比。其参考格式如表 5-5-9 所示。

表 5-5-9 主要产品单位成本表

编制单位： 年 月 日 产品名称：

成本项目	行业平均水平	上年实际水平	本年计划	本月实际	本年实际平均
直接材料					
直接人工					
其他直接支出					
制造费用					
合计					
主要技术经济指标					

3. 制造费用明细表

制造费用明细表用于反映企业年度内发生的制造费用总额和各费用项目明细情况。该表既可以分车间按年度进行编制，以反映年度制造费用的实际发生额；也可以按月进行编制。编制该表是为了分析制造费用的构成及增减变动趋势，考核制造费用预算的执行结果，从而强化管理，降低开支。其格式如表 5-5-10 所示。

表 5-5-10 制造费用明细表

编制单位： 年 月 日 产品名称：

费用项目	本年计划数	上年同期实际数	本月实际数	本年累计实际数
工资及福利费				
办公费				
差旅费				
水电费				
折旧费				
修理费				
租赁费				
其他				
合计				

会计主管： 审核： 制表：

此外，企业还可以根据其生产经营和管理的实际需求，自行设计其他相关报表，如成本核算与产量表、材料耗用量月报分析表、材料价值差异分析表、工人工作效率月报表、在产品成本明细表等。

（二）责任成本报表设计

为强化企业的内部管理和内部控制机制，各企业还应根据管理的要求，将责任划分为若干个责任中心，开展责任会计核算工作。责任会计是以责任单位为中心，收集实际与计划的会计信息，以此评价工作业绩并予以报告的会计活动。为了反映每个成本（费用）责任中心在一定时期内是否按照所承担的成本（费用）责任进行工作，企业应定期编制责任成本报表。责任成本报表可以按生产小组、车间、全厂等层级进行编制，编制时间可以按月、旬进行，全厂性的责任成本报表一般按月编制。其报表的一般格式如表 5-5-11～表 5-5-13 所示。

表 5-5-11　生产小组责任成本表

编制单位：车间小组　　　　　　　　　　年　　月　　　　　　　　　　金额单位：元

直接成本	实际数		超过(低于)标准	
	本月	本年累计	本月	本年累计
直接材料费				
直接人工费				
合计				
可控制的间接费用	实际数		超过(低于)标准	
	本月	本年累计	本月	本年累计
费用 1				
费用 2				
……				
合计				

表 5-5-12　车间责任成本报表

编制单位：车间　　　　　　　　　　年　　月　　　　　　　　　　金额单位：元

项　目	实际数		超过(低于)标准	
	本月	本年累计	本月	本年累计
可控制间接费用				
车间间接费用				
第一生产小组				
第二生产小组				
第三生产小组				
……				
合计				
直接生产成本				
第一生产小组				
第二生产小组				
第三生产小组				
……				
合计				

表 5-5-13　全厂责任成本报表

编制单位：公司　　　　　　　　　　年　　月　　　　　　　　　　金额单位：元

项　目	实际数		超过(低于)标准	
	本月	本年累计	本月	本年累计
可控制直接费用				
管理费用				
甲车间				
乙车间				
……				
合计				

续表

项　目	实际数		超过(低于)标准	
	本月	本年累计	本月	本年累计
直接成本				
甲车间				
乙车间				
……				
合计				

实战演练

1. 想一想

请你联系一家企业，以设计内部财务会计报告为目标，了解该企业使用的内部财务报告的种类和特点。

2. 画一画

请画出不同类型的内部财务报告设计思维导图。

任务训练

一、单项选择题

1. (　　)的作用不仅是为编制对外会计报表提供基础资料，更重要的是为企业管理者提供决策依据。

A. 资产负债表　B. 利润表　C. 现金流量表　D. 内部财务报告

2. 内部报表的报表名称和报表编制时间(　　)。

A. 确定　B. 不确定　C. 统一　D. 固定

3. 下列不属于期间费用的是(　　)。

A. 制造费用　B. 管理费用　C. 销售费用　D. 财务费用

二、多项选择题

1. 下列关于内部报表的特点，表述正确的有(　　)。

A. 报表名称不确定　B. 报表编制时间不确定

C. 计量单位不确定　D. 指标体系不确定

2. 根据各行业内部管理的特点，可将内部管理报表分为(　　)。

A. 提供详细信息的内部报表　B. 日常管理报表

C. 成本管理报表　D. 损益管理报表

3. 制造业成本管理报表一般包括(　　)两个部分。

A. 产品成本报表　B. 责任成本报表

C. 成本管理报表　D. 损益管理报表

三、简答题

内部管理财务会计报告的基本特征有哪些？

项目实施

某集团公司在一次高层会议上，就管理费用的管理状况达成以下共识。

(1) 管理费用数额过大，涨势太猛，原因之一是管理不善，提出应对各分(子)公司和集团各职能部门(处、室)的管理费用加强管控。

(2) 管理费用最好与预算管理和绩效考核相结合。

(3) 各分(子)公司和职能部门(处、室)应对发生的管理费用每月进行一次分析，集团公司应每季度分析一次。

要求：

(1) 请结合上述资料，考虑该公司应设计哪几张内部财务报表？(指出名称即可)

(2) 请指出每张报表应突出哪些内容？

项目总结

在众多会计报告类别中，按照会计报表的报送对象分类是影响报表设计的主要因素。根据国家会计规范的规定，对外报表的种类、名称、格式和项目金额的填列方法由国家统一规定，企业既无设计权，也无选择权。

本项目主要介绍财务会计报告设计的作用、对外财务报告的设计和对内财务报告的设计等内容。对外财务报告主要包括资产负债表、利润表、现金流量表等报表的设计。

项目6

账务处理程序设计

学习目标

【知识目标】

1. 掌握账务处理程序概念、意义、种类与设计要求。
2. 掌握记账凭证账务处理程序的设计内容和步骤。
3. 掌握科目汇总表账务处理程序的设计内容和步骤。
4. 掌握汇总记账凭证账务处理程序的设计内容和步骤。
5. 了解设计账务处理程序的原则。
6. 了解各账务处理程序的特点、优缺点和适用范围。

【能力目标】

1. 能够针对不同规模的企业科学、合理地设计账务处理程序。
2. 掌握基本的账务处理技能。

【素质目标】

1. 具有大局意识和观念。
2. 具有团队合作精神。

思维导图

账务处理程序设计思维导图如图 6-0-1 所示。

项目描述

东方公司原本是一家小规模的生产企业，但经过数年的发展，已经成长为规模较大、业务繁多的大型企业。随着业务量的增加，公司会计抱怨工作量越来越大，即便加班加点也无法按时完成必要的会计工作。公司虽然增加了会计人员，但仍然无法很好地解决这个问题。于是，公司咨询天平会计师事务所注册会计师王某，王某在实地考察了东方公司的会计工作

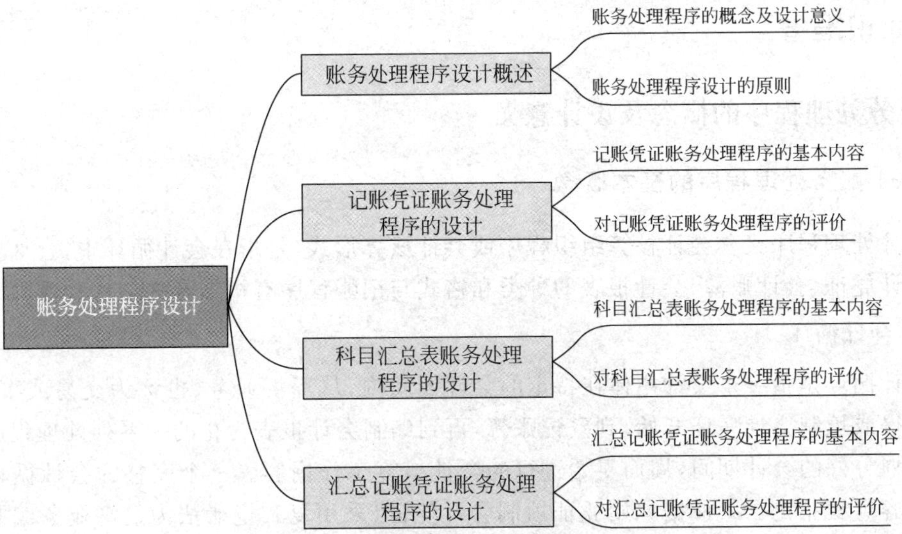

图 6-0-1　账务处理程序设计思维导图

流程后发现，东方公司会计核算一直以来都是根据原始凭证填制记账凭证，根据记账凭证登记日记账、明细分类账，并逐笔登记总分类账，月末按要求进行对账、编制会计报表。王会计师指出，这样的账务处理程序在公司规模不大时是完全适用的，但由于公司规模扩大，业务量增多，继续采用这种账务处理程序，特别是逐笔登记总分类账，必然会导致记账工作繁杂，无法提高工作效率，所以应该适当改变账务处理程序，建议每月定期编制科目汇总表，根据科目汇总表来填制总分类账。东方公司采纳了王会计师的建议，实施后果然大幅减轻了会计工作负担，提高了工作效率。

项目分析

东方公司最初采用的记账凭证账务处理程序，一般适用于规模较小、业务量较少、需要编制记账凭证数量不多的会计主体。随着公司规模的扩大，业务量增多，王会计师建议改用科目汇总表账务处理程序。

任务 6.1　账务处理程序设计概述

任务目标

1. 掌握账务处理程序的概念及设计意义。
2. 了解设计账务处理程序的原则。

想一想

1. 什么是账务处理程序？
2. 账务处理程序的意义是什么？

知识准备

一、账务处理程序的概念及设计意义

（一）账务处理程序的基本概念

账务处理程序又称会计核算组织程序或会计核算形式，是指在会计循环中，会计主体采用的会计凭证、会计账簿、会计报表的种类和格式与记账程序有机结合的方法和步骤。

1. 会计循环

会计循环是指一个会计主体在特定的会计期间内，从经济业务（也称为交易或事项）发生并取得或填制会计凭证开始，到登记账簿，再到编制会计报表为止的一系列处理程序。它是按照划分好的会计期间，周而复始进行的会计核算工作内容。一个完整的会计循环过程中的内容可概括为：①根据原始凭证填制会计凭证，采用复式记账法为经济业务编制会计分录；②根据编制好的会计凭证登记有关账户，包括日记账、明细分类账和总分类账；③根据分类账户的记录，编制结账（调整）前试算表；④按照权责发生制的要求，编制调整分录并予以过账；⑤编制结账分录并登记入账，结清损益类账户（月末或年末）和利润账户（年末）；⑥根据全部账户数据资料，编制结账后试算表；⑦根据账户的数据资料，编制会计报表，包括资产负债表、利润表和利润分配表等。

以上七个环节全面展现了一个会计主体在一定会计期间内会计核算工作的所有内容，共同构成了一个完整的会计循环。其中，前四个环节属于会计主体在平时的会计核算工作内容；后三个环节属于会计主体在会计期末的会计核算工作内容。会计循环过程如图 6-1-1 所示。

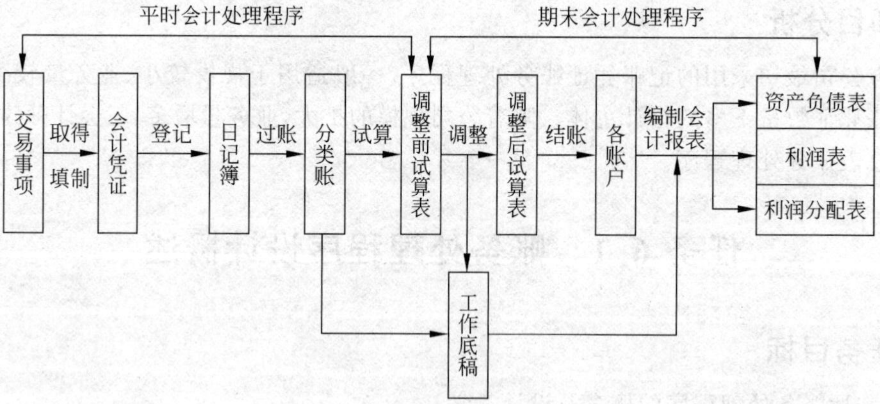

图 6-1-1 会计循环过程

在会计循环的过程中，我们清楚地看到，任何会计主体要核算和监督所发生的经济业务，都应采用适宜的会计核算方法。而会计凭证的取得和填制、会计账簿的登记和会计报表的编制，正是会计主体在会计核算中常用的三种方法。在持续经营的企业里，会计循环正是通过各种记账凭证的填制、各种账簿的登记和各种会计报表的编制，在每一个会计期间周而复始地不断进行，进而形成了有序的会计循环。

2. 记账程序

记账程序是指企业在会计循环中，运用不同种类和格式的会计凭证、会计账簿和会计报表，对发生的经济业务进行记录和反映的具体做法。

会计凭证、会计账簿和会计报表是会计用以记录和储存会计信息的重要载体。在实际操作中，所使用的会计凭证(特别是其中的记账凭证)、会计账簿和会计报表种类繁多，格式也各不相同。一个特定的会计主体应当根据选定的业务处理程序和方法，选择一定种类和格式的会计凭证(特别是其中的记账凭证)、会计账簿和会计报表。这就决定了不同的会计主体所采用的会计凭证、会计账簿和会计报表的种类及格式也有所不同。所以，对于其所发生的经济业务如何进行具体处理，特别是如何在有关的总分类账户中进行登记，有着不同的做法。也就是说，即使是对同样内容的经济业务进行账务处理，由于所采用的会计凭证、会计账簿和会计报表的种类与格式不同，采用不同记账程序的会计主体也会有截然不同的方法，也就会形成在做法上各不相同的账务处理程序。这个程序在不同的会计主体中，是通过不同的组织方法来完成的。

综合以上分析可知，账务处理程序是指在会计循环中，会计主体所采用的会计凭证、会计账簿、会计报表的种类和格式与一定的记账程序有机结合的方法和步骤。

(二) 设计账务处理程序的意义

账务处理程序是否科学合理，会对整个会计核算工作产生多方面的影响。确定科学合理的会计核算组织程序，对于确保能够准确、及时地提供系统而完整的会计信息，具有十分重要的意义，也是会计部门和会计人员的一项重要工作。

(1) 有利于规范会计核算组织工作。会计核算工作是一个需要会计部门和各类会计人员密切配合的有机系统。建立科学合理的账务处理程序，形成规范的会计核算工作秩序，会计机构和会计人员在进行会计核算的过程中就能做到有序可循，按照不同的责任分工，有条不紊地处理好各个环节上的会计核算工作内容。

(2) 有利于保证会计核算工作质量。在进行会计核算的过程中，保证会计核算工作质量是对会计工作的基本要求。建立起科学合理的账务处理程序，形成加工和整理会计信息的正常机制，是提高会计核算工作质量的重要保障，同时也有利于提高会计信息质量。

(3) 有利于提高会计核算工作效率。会计核算工作效率的高低，直接关系到提供会计信息的及时性和相关性。按照既定的账务处理程序进行会计信息的处理，将会大大提高会计核算工作效率，保证会计信息整理、加工和对外报告的顺利进行，满足会计信息质量的及时性要求。

(4) 有利于降低会计核算工作成本。组织会计核算的过程也是对人力、物力和财力的消耗过程。因此，要求会计核算本身也要讲求经济效益，根据"效益大于成本"原则设计账务处理程序。账务处理程序安排得科学合理，选用的会计凭证、会计账簿和会计报表种类适当，格式适用，数量适中，在一定程度上也能够降低会计核算工作的成本，节约会计核算方面的支出。

(5) 有利于发挥会计核算工作的作用。会计核算工作的重要作用是对企业发生的交易和事项进行确认、计量、记录和报告，为会计信息使用者进行经济决策提供有用信息。为此，应切实保障会计核算并保证记录的正确性、完整性和合理性，这种作用是通过会计核算和监督职能的发挥而体现出来的。在建立规范账务处理程序的基础上，保证了会计核算工作质量，提高了会计核算工作效率，就能够在为会计信息使用者提供相关信息等方面更好地发挥会计核算工作的作用。

二、账务处理程序设计的原则

（一）应从本会计主体的实际情况出发

充分考虑本会计主体经济活动的性质、经济管理的特点、规模的大小、经济业务的繁简以及会计机构和会计人员的设置等相关因素，使账务处理程序与本单位会计核算工作的需要相适应。一般而言，在经济活动内容比较繁杂、规模比较大、经济业务繁多的企业，其账务处理程序也相对复杂；反之则比较简单。

（二）应以保证会计核算质量为立足点

确定账务处理程序的目的是要保证能够准确、及时和完整地提供系统而完备的会计信息资料，以满足会计信息使用者了解会计信息，并据以作出经济决策的需要。因而，账务处理程序应以保证会计信息质量为立足点。

（三）应力求降低会计核算成本

在满足会计核算工作需要、保证会计核算工作质量、提高会计核算工作效率的前提下，力求简化会计核算手续，节省会计核算时间，降低会计核算成本。

（四）有利于建立会计工作岗位责任制

设计账务处理程序，应有利于会计部门和会计人员的分工与合作，有利于明确各会计人员工作岗位的职责，并有利于不同程序之间的相互牵制，使各个处理环节分工明确、责任清楚、约束力强。

以上各项是建立账务处理程序的基本要求，但在实际工作中，由于各个会计主体的具体情况不同，会计核算的组织程序也不可能完全相同。常用的账务处理程序主要有记账凭证账务处理程序、科目汇总表账务处理程序、汇总记账凭证账务处理程序等。

实战演练

1. 想一想

请你联系一家企业，以设计账务处理程序为目标，了解该企业的基本情况，并阐述基本的账务处理流程。

2. 画一画

请根据所了解的企业的基本情况，画出企业账务处理流程图。

任务训练

一、单项选择题

各种账务处理程序的主要区别是（　　）。

A. 登记总账的依据和方法不同　　B. 登记明细账的依据和方法不同

C. 会计凭证的种类不同　　D. 编制会计报表的依据和方法不同

二、多项选择题

1. 账务处理程序指在会计循环中，会计主体所采用的(　　)有机结合的方法和步骤。
   A. 会计凭证　　B. 会计账簿
   C. 会计报表的种类和格式　　D. 记账程序
2. 常用的账务处理程序主要有(　　)。
   A. 记账凭证账务处理程序　　B. 科目汇总表账务处理程序
   C. 汇总记账凭证账务处理程序　　D. 多栏式日记账账务处理程序
3. 以下属于账务处理程序设计原则的有(　　)。
   A. 应从本会计主体的实际情况出发　　B. 应以保证会计核算质量为立足点
   C. 应力求降低会计核算成本　　D. 有利于建立会计工作岗位责任制
4. 设计账务处理程序的意义有(　　)。
   A. 有利于规范会计核算组织工作　　B. 有利于保证会计核算工作质量
   C. 有利于提高会计核算工作效率　　D. 有利于降低会计核算工作成本

三、简答题

账务处理程序的设计意义是什么？

任务 6.2　记账凭证账务处理程序的设计

任务目标

1. 掌握记账凭证账务处理程序的设计内容和处理步骤。
2. 了解记账凭证账务处理程序的优缺点。

想一想

你认为记账凭证账务处理程序设计的账务处理流程是什么？

知识准备

一、记账凭证账务处理程序的基本内容

(一) 记账凭证账务处理程序的定义

记账凭证账务处理程序是指在经济业务发生后，依据所填制的各种记账凭证，直接逐笔登记总分类账，并定期编制会计报表的一种账务处理程序。

记账凭证账务处理程序是一种最基础的核算组织程序，其他核算组织程序都是在此基础上发展演变而来的。

(二) 记账凭证账务处理程序下的记账凭证、会计账簿和会计报表的种类与格式

在记账凭证账务处理程序下，所采用的记账凭证、会计账簿和会计报表种类很多，其格式也各异。

在记账凭证账务处理程序下，记账凭证可以采用收款凭证、付款凭证和转账凭证等专用

记账凭证，也可采用通用记账凭证。会计账簿一般应设置借、贷、余（或收、付、余）三栏式库存现金日记账和银行存款日记账，各总分类账均采用借、贷、余三栏式，明细分类账可根据核算需要，灵活采用借、贷、余三栏式、数量金额式或多栏式。

在记账凭证账务处理程序下使用的会计报表主要有资产负债表、利润表和现金流量表等。报表的种类不同，格式也不尽相同。由于国家颁布的会计准则或会计制度对会计报表的种类和格式已有统一规定，所以不论在什么样的会计核算组织程序下，会计报表的种类与格式都不会有大的变动。

（三）记账凭证账务处理程序下账务处理的基本步骤

在记账凭证账务处理程序下，对经济业务进行账务处理大致要经过以下六个步骤。

① 经济业务发生后，根据有关的原始凭证或原始凭证汇总表填制各种专用记账凭证（收款凭证、付款凭证和转账凭证）。

② 根据收款凭证和付款凭证逐笔登记库存现金日记账和银行存款日记账。

③ 根据记账凭证并参考原始凭证或原始凭证汇总表，逐笔登记各种明细分类账。

④ 根据各种记账凭证逐笔登记总分类账。

⑤ 月末，将日记账、明细分类账的余额与总分类账中相应账户的余额进行核对。

⑥ 根据总分类账和明细分类账的资料编制会计报表。

记账凭证账务处理程序下账务处理步骤如图 6-2-1 所示。

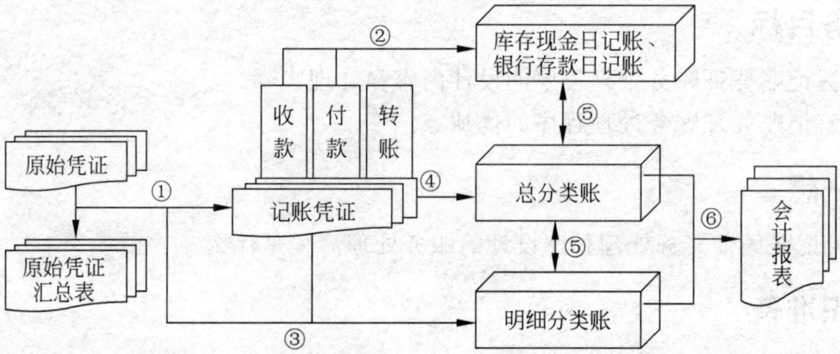

图 6-2-1　记账凭证账务处理程序下账务处理步骤

二、对记账凭证账务处理程序的评价

（一）记账凭证账务处理程序的特点

记账凭证账务处理程序的特点是，直接根据各种记账凭证逐笔登记总分类账。在各种会计核算组织程序中，账务处理的做法上有共同之处。例如，登记各种日记账和明细分类账，不论是在记账凭证账务处理程序下，还是在其他核算组织程序下，在做法上基本上是相同的。将各种会计核算组织程序相比较，它们的特点主要体现在对总分类账户的登记依据和方法上。直接根据各种记账凭证逐笔登记总分类账，是记账凭证账务处理程序区别于其他核算组织程序的独特做法，是记账凭证账务处理程序的一个鲜明特点。

(二) 记账凭证账务处理程序的优点、缺点及适用范围

1. 记账凭证账务处理程序的优点

(1) 在记账凭证上能够清晰地反映账户之间的对应关系。在记账凭证账务处理程序下,所采用的是专用记账凭证或通用记账凭证。当一笔简单的经济业务发生以后,利用一张记账凭证就可以编制出该笔经济业务的完整会计分录;而在比较复杂的经济业务发生以后,也可以利用多张凭证为其编制简单分录,或编制涉及两个以上会计科目的复杂分录。因此,在每一张记账凭证上,账户之间的对应关系都能一目了然。

(2) 在总分类账上能够比较详细地反映经济业务的发生情况。在记账凭证账务处理程序下,不仅对各种日记账和明细分类账采用逐笔登记的方法,对于总分类账的登记方法也是如此。因而,在总分类账上能够详细、清晰地反映所发生的经济业务情况。

(3) 总分类账登记方法简单,易于掌握。根据记账凭证直接逐笔登记总分类账,是记账凭证账务处理程序的特点,总分类账登记方法与明细分类账的登记方法是一样的,也是一种最易于掌握的账户登记方法。

2. 记账凭证账务处理程序的缺点

(1) 总分类账登记工作量过大。对每一笔经济业务都要根据记账凭证在总分类账中逐笔登记,实际上与日记账和明细分类账登记的内容存在重复,这势必要增大登记总分类账的工作量,特别是在经济业务量比较多的情况下更是如此。

(2) 账页耗用多,预留账页多少难以把握。由于总分类账对发生的所有经济业务要重复登记,势必会耗用更多的账页,造成一定的账页浪费。在一个账簿上设置多个账户时,由于登记业务量很难预先确定,对于每一个账户应预留多少账页很难把握。预留过多会造成浪费,预留过少又会影响账户登记的连续性。在预留账页比较多的情况下,由于在新的会计年度一般要更换新账簿,所有旧账簿中预留未用的账页也会被废止,在一定程度上造成了账页浪费。

3. 记账凭证账务处理程序的适用范围

记账凭证账务处理程序一般只适用于规模较小、经济业务量较少、需要编制记账凭证数量不是很多的会计主体。如果业务量过小,也可使用通用记账凭证,避免因凭证种类的多样化而导致凭证购买上的支出过多。

实战演练

1. 想一想

西方电子有限公司是一家新设的私营流通企业,从事电脑主机批发业务,注册资金为300万元,经营面积为260平方米。请思考西方电子公司是否适合记账凭证账务处理程序。

2. 画一画

请设计出记账凭证账务处理程序的处理流程图。

任务训练

一、单项选择题

1. 最基本的账务处理程序是(　　)。

A. 记账凭证账务处理程序　　B. 科目汇总表账务处理程序

C. 汇总记账凭证账务处理程序　　D. 多栏式日记账账务处理程序

2. 规模较小、业务较少的单位适用(　　)账务处理程序。

A. 记账凭证　　B. 汇总记账凭证

C. 多栏式日记账　　D. 日记总账

3. 记账凭证账务处理程序的主要特点是(　　)。

A. 根据各种记账凭证登记日记账和明细账

B. 直接根据记账凭证逐笔登记总分类账

C. 根据汇总记账凭证登记总分类账

D. 根据总账和明细账记录编制财务报表

4. 在记账凭证账务处理程序下,登记总账的依据是(　　)。

A. 原始凭证　　B. 记账凭证

C. 科目汇总表　　D. 明细表

二、多项选择题

记账凭证账务处理程序的优点是(　　)。

A. 简单明了、手续简便

B. 便于了解账户之间的对应关系

C. 减轻了登记总分类账的工作量

D. 适用于规模较小、业务量较少、记账凭证不多的单位

三、判断题

1. 记账凭证账务处理程序是最基本的一种账务处理程序。　(　　)

2. 在各种不同账务处理程序下,会计报表的编制依据都是相同的。　(　　)

3. 记账凭证账务处理程序的特点是直接根据每张记账凭证逐笔登记总分类账。　(　　)

4. 记账凭证账务处理程序是直接根据记账凭证登记总账,所以总分类账的登记工作非常简单,工作量相对比较小。　(　　)

四、简答题

记账凭证账务处理程序有何特点?设计的账务处理流程是什么?

任务 6.3　科目汇总表账务处理程序的设计

任务目标

1. 掌握科目汇总表账务处理程序的设计内容和处理步骤。

2. 了解科目汇总表账务处理程序的优缺点。

想一想

你认为科目汇总表账务处理程序设计的账务处理流程是什么？

知识准备

一、科目汇总表账务处理程序的基本内容

（一）科目汇总表账务处理程序的定义

科目汇总表账务处理程序是指先根据各种记账凭证先定期（或月末一次）按会计科目汇总编制科目汇总表，然后根据科目汇总表登记总分类账，并定期编制会计报表的账务处理程序。科目汇总表账务处理程序是在记账凭证核算组织程序的基础上发展演变而来的。

（二）科目汇总表账务处理程序下的记账凭证、会计账簿的种类与格式

在科目汇总表账务处理程序下采用的记账凭证，与记账凭证核算组织程序相比，存在很大的差别。其独特之处在于要设置"科目汇总表"这种具有汇总性质的记账凭证，而使用的会计账簿与记账凭证核算组织程序基本相同。

（三）科目汇总表的编制方法

科目汇总表是根据专用记账凭证（或通用记账凭证）汇总编制而成的。基本编制方法是，根据一定会计期间编制的全部记账凭证，按照相同会计科目进行归类，定期（每10天或15天，或每月一次）分别汇总每一个账户的借、贷双方发生额，并填列在科目汇总表的相应栏内，以此反映全部账户的借、贷方发生额。根据科目汇总表登记总分类账时，只需要将该表中汇总起来的各科目的本期借、贷方发生额的合计数，分次或月末一次记入相应总分类账的借方或贷方即可。

编制科目汇总表的作用是对总分类账进行汇总登记。根据科目汇总表登记总分类账时，只需要将科目汇总表中有关各科目的本期借、贷方发生额合计数，分次或月末一次记入相应总分类账的借方或贷方。这样，能大大简化登记总分类账的工作量，提高账簿登记的准确性。另外，采用科目汇总表时，登记总分类账所依据凭证的编号方法有变化，应以"科汇字第×号"字样按月连续编号。

（四）科目汇总表账务处理程序下账务处理的基本步骤

在科目汇总表账务处理程序下，对经济业务进行账务处理大致要经过以下七个步骤。

① 经济业务发生后，根据有关的原始凭证或原始凭证汇总表填制各种专用记账凭证（收款凭证、付款凭证和转账凭证）。

② 根据收款凭证和付款凭证逐笔登记库存现金日记账和银行存款日记账。

③ 根据记账凭证并参考原始凭证或原始凭证汇总表，逐笔登记各种明细分类账。

④ 根据各种记账凭证汇总编制科目汇总表。

⑤ 根据科目汇总表汇总登记总分类账。

⑥ 月末，将日记账、明细分类账的余额与总分类账中相应账户的余额进行核对。

⑦ 月末，根据总分类账和明细分类账的记录编制会计报表。

科目汇总表账务处理程序下账务处理步骤如图 6-3-1 所示。

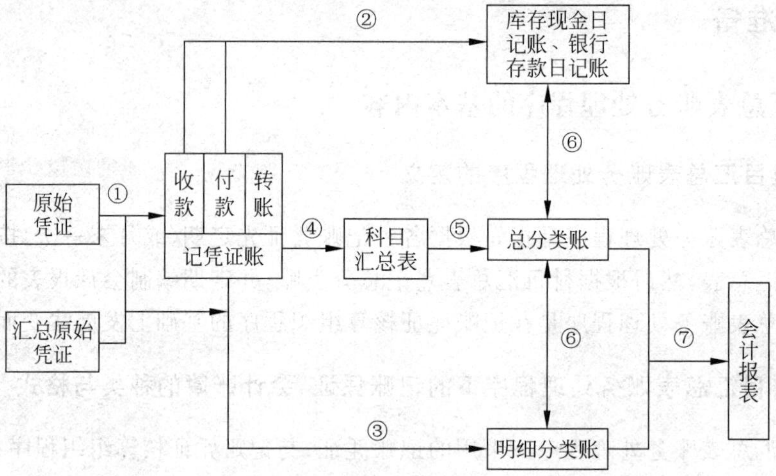

图 6-3-1 科目汇总表账务处理程序下账务处理步骤

二、对科目汇总表账务处理程序的评价

(一) 科目汇总表账务处理程序的特点

科目汇总表账务处理程序的特点是，定期根据所有记账凭证汇总编制科目汇总表，根据科目汇总表上的汇总数字登记总分类账。

(二) 科目汇总表账务处理程序的优点、缺点及适用范围

1. 科目汇总表账务处理程序的优点

(1) 可以利用该表的汇总结果进行账户发生额的试算平衡。科目汇总表上的汇总结果体现了一定会计期间内所有账户的借方发生额和贷方发生额之间的相等关系，利用这种发生额的相等关系，可进行全部账户记录的试算平衡，检验账户发生额的准确性。

(2) 在试算平衡的基础上记账能够保证总分类账登记的正确性。在科目汇总表账务处理程序下，总分类账是根据科目汇总表上的汇总数字登记的。由于在登记总分类账之前，能通过科目汇总表的汇总结果检验所填制的记账凭证是否正确，相当于在记账前进行了一次试算平衡，对汇总过程中可能存在的错误也容易发现。在所有账户借、贷方发生额相等的基础上再记账，在一定程度上能保证总分类账登记的正确性。

(3) 可以大大减轻登记总分类账的工作量。在科目汇总表账务处理程序下，可根据科目汇总表上有关账户的汇总发生额，在月中定期或月末一次性登记总分类账，使登记总分类账的工作量大为减轻。

(4) 适用性比较强。与记账凭证核算组织程序和汇总记账凭证核算组织程序相比较，由于科目汇总表账务处理程序优点较多，任何规模的会计主体都可采用。

2. 科目汇总表账务处理程序的缺点

(1) 编制科目汇总表的工作量较大,在科目汇总表账务处理程序下,对发生的经济业务要填制各种专用记账凭证,在此基础上还需定期对这些专用记账凭证进行汇总,编制作为登记总分类账依据的科目汇总表,增加了编制科目汇总表的工作量。

(2) 科目汇总表不能清晰地反映账户之间的对应关系。科目汇总表是按各个会计科目归类汇总其发生额的,在该表中不能清楚地显示出各个账户之间的对应关系,不能清晰地反映经济业务的来龙去脉。在这一点上,科目汇总表不及专用记账凭证和汇总记账凭证。

3. 科目汇总表账务处理程序的适用范围

由于科目汇总表账务处理程序具有能够进行账户发生额的试算平衡、减轻总分类账登记工作量等优点,所以不论规模大小的会计主体都可采用。

实战演练

1. 想一想

西方电子有限公司是一家大型企业,经济业务繁多。请思考西方电子公司是否适合采用科目汇总表账务处理程序。

2. 画一画

请设计出科目汇总表账务处理程序的处理流程图。

任务训练

一、单项选择题

1. 科目汇总表账务处理程序和汇总记账凭证处理程序的主要相同点是(　　)。
   A. 记账凭证汇总方法相同　　B. 登记总账的依据相同
   C. 会计凭证的种类相同　　D. 都减轻了登记总账的工作量
2. 科目汇总表账务处理程序登记总账的直接依据是(　　)。
   A. 各种记账凭证　　B. 科目汇总表
   C. 汇总记账凭证　　D. 多栏式日记账
3. 科目汇总表账务处理程序的缺点是(　　)。
   A. 不利于会计核算分工　　B. 不能进行试算平衡
   C. 反映不出账户的对应关系　　D. 会计科目数量受限制
4. 科目汇总表账务处理程序适用于(　　)。
   A. 业务量少的单位　　B. 业务量较多的单位
   C. 企业单位　　D. 行政单位

二、多项选择题

科目汇总表账务处理程序的主要特点是(　　)。

A. 直接根据记账凭证登记总账　　B. 直接根据记账凭证登记明细账
C. 定期编制科目汇总表　　D. 直接根据科目汇总表登记总账

三、判断题

1. 科目汇总表账务处理程序是以科目汇总表作为登记总账和明细账的依据。(　　)
2. 在各种不同的账务处理程序下,登记总分类账的依据和程序都是相同的。(　　)

3. 采用科目汇总表账务处理程序，记账凭证必须使用收、付、转三种格式。 ( )
4. 科目汇总表账务处理程序能科学地反映账户的对应关系，且便于账目核对。( )
5. 科目汇总表能起到试算平衡的作用。 ( )

四、简答题

科目汇总表账务处理程序有何特点？设计的账务处理流程是什么？

任务 6.4 汇总记账凭证账务处理程序的设计

任务目标

1. 汇总记账凭证账务处理程序的设计内容和处理步骤。
2. 汇总记账凭证账务处理程序的优缺点。

想一想

你认为汇总记账凭证账务处理程序有几种类型？

知识准备

一、汇总记账凭证账务处理程序的基本内容

（一）汇总记账凭证账务处理程序的定义

汇总记账凭证账务处理程序是指先根据各种专用记账凭证定期汇总编制汇总记账凭证，然后根据汇总记账凭证登记总分类账，并定期编制会计报表的一种账务处理程序。

汇总记账凭证是对日常会计核算过程中所填制的专用记账凭证，按照凭证的种类，采用特定的方法定期进行汇总而重新填制的一种记账凭证。在采用汇总记账凭证账务处理程序时，可以不必再根据各种专用记账凭证逐笔登记总分类账户，而是根据汇总记账凭证上的汇总数字登记相关总分类账户，这样能减少登记总分类账户的工作量。由此可见，汇总记账凭证账务处理程序是在记账凭证核算组织程序的基础上发展演变而来的一种会计核算组织程序。

（二）汇总记账凭证账务处理程序下的记账凭证、会计账簿的种类与格式

在汇总记账凭证账务处理程序下，采用的记账凭证与会计账簿种类繁多。从记账凭证角度来看，使用汇总记账凭证，包括汇总收款凭证、汇总付款凭证和汇总转账凭证，这是汇总记账凭证账务处理程序的独特之处。而使用的会计账簿与记账凭证核算组织程序基本相同，此处不再赘述。

（三）汇总记账凭证的编制方法

汇总记账凭证是在填制的各种专用记账凭证的基础上，按照特定方法汇总编制而成的。由于汇总记账凭证的种类不同，汇总编制的方法也有所不同。

1. 汇总收款凭证的编制方法

(1) 编制汇总收款凭证的基本方法

汇总收款凭证的编制方法是,按日常核算工作中所填制的专用记账凭证中的收款凭证上会计分录的借方科目设置汇总收款凭证,按分录中相应的贷方科目定期(如每5天或10天等)进行汇总,每月编制一张。汇总时计算出每一个贷方科目发生额合计数,填入汇总收款凭证的相应栏次。

汇总收款凭证是根据专用记账凭证中的收款凭证汇总编制而成的。在编制汇总收款凭证时,首先要确定是以记账凭证上的哪一个会计科目为主进行汇总。由于收款凭证反映的是收款业务,所以必须围绕反映货币资金收入的会计科目("库存现金"或"银行存款"等)进行汇总。在借贷记账法下,这些科目的增加又应在借方登记,所以编制汇总收款凭证时要求按借方科目设置,实际上就是要求按"库存现金"或"银行存款"作为汇总记账凭证上的主体科目,以其为主进行汇总。

"按分录中相应的贷方科目汇总",其中的贷方科目是指收款凭证上会计分录中"库存现金"或"银行存款"的对应科目。尽管在一定会计期间内,企业可能会发生若干笔收款业务,但由于有些经济业务重复发生,就需要填制若干份会计科目完全相同的收款凭证。

经过上述汇总过程得到的各个贷方科目发生额的合计数,就是这些账户在一定会计期间发生额的总和。既可以根据各次的汇总数分次登记到有关账户中去,也可以在月末时将各次汇总数字相加,求得该账户的全月发生额合计,一次性登记有关账户。对以上各账户的发生额合计数进行合计,也就是所汇总的主体科目"库存现金"或"银行存款"在该会计期间的借方发生额总额,可据此分次或月末一次登记"库存现金"账户或"银行存款"账户。

(2) 编制汇总收款凭证的注意事项

为便于编制汇总收款凭证,在日常编制收款凭证时,会计分录的形式最好是一借一贷、一借多贷,不宜多借一贷或多借多贷。这是因为汇总收款凭证是按借方科目设置的,多借一贷或多借多贷的会计分录会给编制汇总收款凭证带来不便,或者会造成收款凭证在汇总过程中因被多次重复使用而产生汇总错误,或者造成会计账户之间的对应关系变得模糊难辨。

2. 汇总付款凭证的编制方法

(1) 编制汇总付款凭证的基本方法

汇总付款凭证的编制方法是,按日常核算工作中所填制的专用记账凭证中的付款凭证上会计分录中的贷方科目("库存现金"或"银行存款"等)设置汇总付款凭证,按它们相应的借方科目定期(如每5天或10天等)进行汇总,每月编制一张。汇总时计算出每一个借方科目发生额合计数,填入汇总付款凭证的相应栏次。

(2) 编制汇总付款凭证的注意事项

为便于编制汇总付款凭证,在日常编制付款凭证时,会计分录的形式最好是一借一贷、多借一贷,不宜一借多贷或多借多贷。这是因为汇总付款凭证是按贷方科目设置的,一借多贷或多借多贷的会计分录会给编制汇总付款凭证带来不便,或者会造成付款凭证在汇总过程中因被多次重复使用而产生汇总错误,或者造成会计账户之间的对应关系变得模糊难辨。

3. 汇总转账凭证的编制方法

(1) 编制汇总转账凭证的基本方法

汇总转账凭证的编制方法是,按日常核算工作中所填制的专用记账凭证中的转账凭证上会计分录的贷方科目(如"原材料""固定资产"等)设置汇总转账凭证,按他们相应的借方科目定期(如每5天或10天等)进行汇总,每月编制一张。计算出每一个借方科目发生额合计数,填入汇总转账凭证的相应栏次。

(2) 编制汇总转账凭证的注意事项

为便于进行汇总转账凭证的编制,在日常编制转账凭证时,会计分录的形式最好是一借一贷、一贷多借,不宜一借多贷或多借多贷。这是因为汇总转账凭证是按贷方科目设置的,一借多贷或多借多贷的会计分录会给编制汇总转账凭证带来不便。

以上介绍了各种汇总记账凭证的编制方法。需要注意的是,虽然各种汇总记账凭证的编制方法不尽相同,但每一种汇总记账凭证都是依据同类专用记账凭证汇总编制而成的,即专用记账凭证有收款凭证、付款凭证和转账凭证三种,经汇总以后形成的汇总记账凭证相应地也有汇总收款凭证、汇总付款凭证和汇总转账凭证三种。本书已经介绍了另外一种经过汇总以后形成的记账凭证,即科目汇总表,应注意二者在汇总上所采用的不同方法,以及汇总以后形成的不同形式。此外,采用汇总记账凭证时,凭证的编号方法有一定变化。应在汇总记账凭证种类前加"汇"字,如"汇现收字第×号""汇现付字第×号""汇银收字第×号""汇银付字第×号""汇转字第×号"等。

(四) 汇总记账凭证账务处理程序下账务处理的基本步骤

在汇总记账凭证账务处理程序下,对经济业务进行账务处理大致要经过以下七个步骤,如图6-4-1所示。

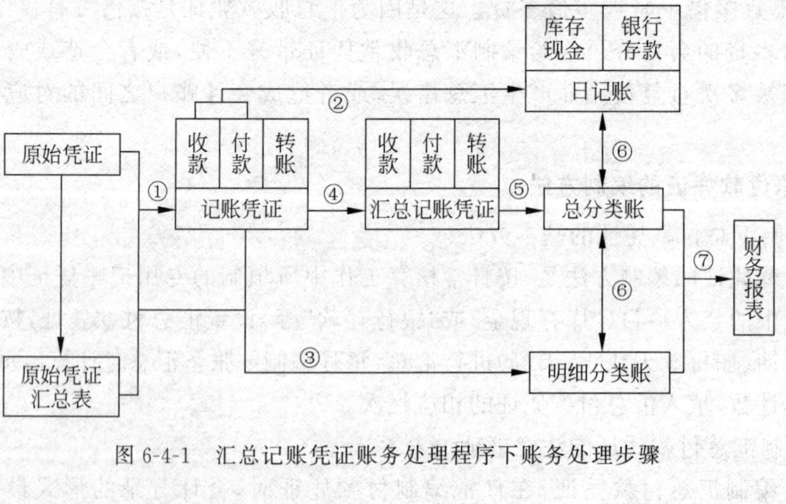

图6-4-1 汇总记账凭证账务处理程序下账务处理步骤

① 经济业务发生以后,根据有关的原始凭证或原始凭证汇总表填制各种专用记账凭证(收款凭证、付款凭证和转账凭证)。

② 根据收款凭证和付款凭证逐笔登记库存现金日记账和银行存款日记账。

③ 根据记账凭证并参考原始凭证或原始凭证汇总表，逐笔登记各种明细分类账。

④ 根据各种记账凭证分别编制汇总收款凭证、汇总付款凭证和汇总转账凭证。

⑤ 根据各种汇总记账凭证登记总分类账。

⑥ 月末，将日记账、明细分类账的余额与总分类账中相应账户的余额进行核对。

⑦ 月末，根据总分类账和明细分类账的记录编制会计报表。

二、对汇总记账凭证账务处理程序的评价

（一）汇总记账凭证账务处理程序的特点

汇总记账凭证账务处理程序的特点是，定期将全部记账凭证分别编制汇总收款凭证、汇总付款凭证和汇总转账凭证，根据各种汇总记账凭证上的汇总数字登记总分类账。

（二）汇总记账凭证账务处理程序的优点、缺点及适用范围

1. 汇总记账凭证账务处理程序的优点

（1）在汇总记账凭证上能够清晰地反映账户之间的对应关系。在汇总记账凭证账务处理程序下，采用的是专用记账凭证和汇总记账凭证。汇总记账凭证采用按会计科目对应关系进行分类汇总的办法，能够清晰地反映出有关会计账户之间的对应关系。

（2）可以大大减少登记总分类账的工作量。在汇总记账凭证账务处理程序下，可以根据汇总记账凭证上有关账户的汇总发生额，在月份当中定期或月末一次性登记总分类账，可以使登记总分类账的工作量大为减少。

2. 汇总记账凭证账务处理程序的缺点

（1）定期编制汇总记账凭证的工作量比较大。对发生的经济业务首先要填制专用收款凭证、付款凭证和转账凭证，在此基础上，还需要定期分类地对这些专用记账凭证进行汇总，编制作为登记总分类账依据的汇总记账凭证，增加了编制汇总记账凭证的工作量。

（2）对汇总过程中可能存在的错误难以发现。编制汇总记账凭证是一项较为复杂的工作，容易产生汇总错误。而且汇总记账凭证本身又不能体现出有关数字之间的平衡关系，即使存在汇总错误也很难发现。

3. 汇总记账凭证账务处理程序的适用范围

由于汇总记账凭证账务处理程序具有能够清晰地反映账户之间的对应关系和能够减轻登记总分类账的工作量等优点，它一般只适用于规模较大、经济业务量较多、专用凭证也较多的会计主体。

实战演练

1. 想一想

西方电子有限公司是一家大型企业，经济业务繁多，请思考西方电子公司是否适合采用汇总记账凭证账务处理程序。

2. 画一画

请设计出汇总记账凭证账务处理程序的处理流程图。

任务训练

一、单项选择题

1. 汇总记账凭证账务处理程序适用于(   )的单位。

A. 规模较小,业务量较少　　B. 规模较大,业务量较多

C. 规模较大,业务量较少　　D. 规模较小,业务量较多

2. 各种账务处理程序的主要区别是(   )。

A. 凭证格式不同　　B. 设置账户不同

C. 程序繁简不同　　D. 登记总账的依据不同

3. 以下属于汇总记账凭证账务处理程序主要缺点的是(   )。

A. 登记总账的工作量较大

B. 当转账凭证较多时,编制汇总转账凭证的工作量较大

C. 不便于体现账户间的对应关系

D. 不便于进行账目的核对

4. 在汇总记账凭证账务处理程序下,总分类账的记账依据是(   )。

A. 原始凭证　　B. 记账凭证

C. 科目汇总表　　D. 汇总记账凭证

5. 在汇总记账凭证账务处理程序下,记账凭证一般采用(   )。

A. 收款凭证、付款凭证、转账凭证三种格式

B. 通用记账凭证

C. A、B 项皆可

D. 以上都不对

6. 汇总转账凭证编制的依据是(   )。

A. 原始凭证　　B. 收款凭证　　C. 付款凭证　　D. 转账凭证

二、多项选择题

1. 汇总记账凭证一般分为(   )。

A. 汇总收款凭证　　B. 汇总付款凭证

C. 原始凭证汇总表　　D. 汇总转账凭证

2. 对于汇总记账凭证账务处理程序,下列说法错误的有(   )。

A. 登记总账的工作量大

B. 不能体现账户之间的对应关系

C. 明细账与总账无法核对

D. 当转账凭证较多时,汇总转账凭证的编制工作量较大

3. 为便于填制汇总转账凭证,平时填制转账凭证时,应尽可能使账户的对应关系保持(   )。

A. 一借一贷　　B. 一贷多借　　C. 一借多贷　　D. 多借多贷

4. 以下属于汇总记账凭证账务处理程序的优缺点的是(   )。

A. 汇总记账凭证的填制工作量比较大

B. 汇总记账凭证不能反映会计科目的对应关系

C. 简化了登记总账的工作量

D. 不利于日常核算工作的合理分工

三、判断题

1. 汇总记账凭证账务处理程序既能保持账户的对应关系,又能减轻登记总分类账的工作量。 ( )

2. 汇总记账凭证账务处理程序的缺点在于保持账户之间的对应关系。 ( )

3. 汇总记账凭证账务处理程序和科目汇总表账务处理程序都适用于经济业务较多的单位。 ( )

4. 汇总转账凭证根据转账凭证按每个科目的借方分别设置,并按对应的贷方科目归类汇总。 ( )

5. 汇总记账凭证账务处理程序的缺点在于保持账户之间的对应关系。 ( )

6. 汇总记账凭证账务处理程序和科目汇总表账务处理程序都适用于经济业务较多的单位。 ( )

四、简答题

汇总记账凭证账务处理程序有何特点?设计的账务处理流程是什么?

项目实施

记账凭证账务处理程序一般只适用于规模较小、经济业务量较少、需要编制记账凭证数量不多的会计主体。如果业务量过小,也可使用通用记账凭证,避免因凭证种类的多样化而导致凭证购买上支出过多。

而科目汇总表账务处理程序具有能够进行账户发生额的试算平衡、减轻总分类账登记工作量等优点,所以通常适用于业务较多的大中型企业。

项目总结

科学合理的账务处理程序,对于保证会计核算质量、简化会计核算工作、提高工作效率等具有重要作用。因此,科学、合理地设计账务处理程序,是企业会计制度设计的重要内容之一。

本项目主要介绍了账务处理程序设计的意义、账务处理程序设计可供选择的账务处理程序类型、记账凭证账务处理程序的设计、科目汇总表账务处理程序的设计和汇总记账凭证账务处理程序的设计等内容。从设计影响因素角度,分析并解释了各种账务处理程序对记账凭证格式的不同要求、总账账页格式和登记的不同要求,以及不同核算手段对账务处理的影响。

项目7

内部控制制度设计原理

学习目标

【知识目标】

1. 了解内部控制的含义。
2. 了解内部控制制度设计的意义。
3. 掌握内部控制的五个要素。
4. 掌握内部控制制度设计的原则。
5. 掌握内部控制制度设计的内容。

【能力目标】

1. 能够评价企业单位内部控制制度的利弊。
2. 能够初步设计企业单位内部控制制度。

【素质目标】

1. 培养学生认真、严谨的工作作风。
2. 培养学生的自主学习能力。
3. 培养学生强化内部控制的责任意识。

思维导图

内部控制制度设计原理思维导图如图 7-0-1 所示。

项目描述

A 公司作为一家刚成立的公司，各项制度尚不完善。在一场关于内部控制制度设计的座谈会上，甲和乙两位领导观点如下：甲领导认为，内部控制制度设计的质量直接关系到公司功能的发挥，所以公司要不惜一切代价制定一套内部控制制度，并且一旦确定不能更改；乙领导认为，B 公司的内部控制制度很完善、严密，A 公司可以直接拿来使用，不必另行制定。

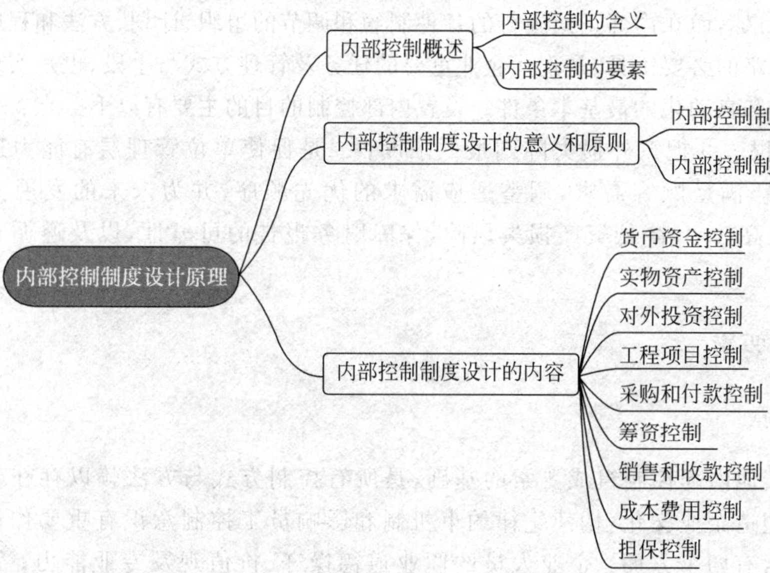

图 7-0-1　内部控制制度设计原理思维导图

请结合内部控制制度设计的原理，分析甲、乙两位领导的观点是否合理，并阐述内部控制制度设计应包括哪些内容。

项目分析

A 公司是一家刚成立的公司，必须有一套适合自身的内部控制制度，因为内部控制制度设计的质量直接关系公司功能的发挥，这就要求我们了解内部控制制度设计的意义。而对于能否直接借鉴其他公司的内部控制制度这一问题，需要我们了解内部控制制度设计的原则。至于从哪方面入手及如何进行设计，就需要我们了解内部控制制度设计的内容。

任务 7.1　内部控制概述

任务目标

1. 了解内部控制的概念。
2. 掌握内部控制的五要素。

想一想

1. 你了解什么是内部控制吗？
2. 你认为内部控制对企业工作有哪些作用呢？

知识准备

一、内部控制的含义

内部控制是现代企业、事业单位及其他相关组织在其内部针对经济活动和其他管理活动所实施的控制。具体来说，它是指一个组织为了提高经营效率和充分获取和使用各种资源，达成既定管理目标，而在内部正式施行的各种制约和调节的组织、计划、方法和程序。它是有效执行组织策略的必要工具，是现代企业重要的任务及管理方式与手段，也是实现高效化、专业化、规范化和自动化的最基本条件。设置内部控制的目的主要有以下三点：一是促使企业达成获利目标，并把意外损失降到最低限度；二是促使单位管理层有能力适应快速改变的竞争环境，满足顾客需求，调整适应需求的优先顺序，并为未来的发展留出空间；三是以利于提高效率，降低资产损失风险，保障财务报告的可靠性，以及遵循相关法令法规。

二、内部控制的要素

(一) 控制环境

控制环境是其他内部控制组成要素的基础，是所有控制方式与方法赖以存在与运行的环境。它对于塑造企业文化、构建纪律约束机制和影响员工控制意识有重要作用。影响控制环境的因素有四个方面：企业人员的职业道德操守、价值观及专业能力；管理阶层的管理哲学与经营风格；管理阶层的授权方式及组织人事管理制度；最高管理层及董事会对单位管理关注的焦点及指引的方向，如他们对内部控制是否持肯定和支持态度等。

(二) 风险评估

每个企业均应评估来自内部和外部的不同风险。评估风险的前提是设定目标，不同层级的目标必须保持一致。风险评估系指辨认并分析影响目标达成的各种不确定因素。风险评估是决定风险应如何管理的基础。由于经济、产业、主管机关和营运环境不断变化，风险也随之产生变化，因此识别并处理这些风险自然就有必要。

(三) 控制活动

控制活动是指确保管理阶层指令实现的各种政策和程序。它是针对影响单位目标实现的各种制约措施和手段。单位的各个阶层与各种职能领域都渗透着不同的控制活动，如核准、授权、调节、审核营业绩效、保障资产安全及职务分工等。由于单位性质、规模、组织方式等不同，其控制活动也有所不同。

(四) 信息系统与沟通

每个单位都必须按照特定的方式和时间规定，识别和取得合适的信息，并进行有效沟通，以便员工更好地履行职责。单位信息系统能生成各种报告，包括与营运、财务及遵循法令相关的资料和信息，这些信息反映了单位业务的运行状况，便于管理者采取控制措施。信息系统不仅处理单位内部产生的信息，同时也处理与外界事项、活动及环境等相关的信息，这些信息同样是单位制定决策及对外报告所必不可少的。有效沟通既包括组织内部上下沟通及横向沟通，也包括与外界沟通。单位所有员工必须自最高管理阶层开始，清楚获取需要谨慎承担控制责任的各种信息；必须了解自己在内部控制制度中所扮演的角色，以及每个人的活动对他人工作产生的影响，单位必须具备向上沟通重要信息的途径，同时也应有向顾客、供应商、政府主管机关和股东等进行沟通的方式。

（五）监督

监督是一个随着时间推移对内部控制制度执行质量进行评估的过程。监督的方式主要有持续监督、个别评估及综合监督等。持续监督是指在营运过程中的日常监督，包括例行管理和监督活动，以及其他职工为履行其职务所采取的行动。个别评估的范围和频率，应根据评估风险的大小及持续监督程序的有效性来确定。持续监督和个别评估一起进行，被称为综合监督。在各种监督过程中发现的内部控制的缺陷必须向上级报告，严重者则须向最高管理阶层及董事会报告。

实战演练

想一想

请你联系一家企业，以设计会计制度为目标，了解企业的基本情况，并阐述该企业内部控制存在的不足之处。

知识拓展

内部控制的形成历史

第一阶段：内部控制的雏形——内部牵制。1912 年，蒙马利提出了以职务分离、账户核对为主要内容的内部牵制理论。

第二阶段：内部控制的初步形成——由内部牵制逐渐演变成由组织结构、职务分离、业务程序、处理手续等因素构成的控制系统。

第三阶段：成熟期——内部控制结构。1988 年，美国注册会计师协会（AICPA）发布的《审计准则公告第 55 号》，它以“内部控制结构”代替“内部控制”，并提出内部控制的三要素：控制环境、会计系统和控制程序。

第四阶段：完善期——内部控制整体框架。内部控制是一个过程，受企业董事会、管理层和其他员工影响，旨在保证财务报告的可靠性、经营的效果和效率以及现行法规的遵循，内部控制整体架构主要由控制环境、风险评估、控制活动、信息系统与沟通、监督五项要素构成。

任务训练

一、单项选择题

1. 内部控制各要素中处于基础地位的是（　　）。

A. 控制环境　　B. 监督　　C. 信息系统与沟通　　D. 风险评估

2. 某企业的铁路专用车辆运进一批原材料，因无人通知卸货，次日货物又被原封不动地运走，这一内部控制失范行为与内部控制（　　）要素最相关。

A. 控制环境　　B. 控制活动　　C. 信息系统与沟通　　D. 监督

3. 在某农行盗窃案中，管库员之间钥匙、密码交接混乱，库房钥匙登记簿与实际情况不符，这些内部控制失范行为与内部控制中（　　）要素最相关。

A. 控制环境　　B. 控制活动　　C. 信息系统与沟通　　D. 风险评估

4. 内部控制制度的控制环境不包括(   )。

A. 组织机构　　B. 内部审计　　C. 交易授权　　D. 管理控制方法

二、多项选择题

内部控制的基本要素包括(   )。

A. 控制环境　　B. 风险应对　　C. 控制活动　　D. 监督

E. 信息系统与沟通

三、简答题

简述构成内部控制的五要素。

任务 7.2　内部控制制度设计的意义和原则

任务目标

1. 掌握内部控制制度设计的原则。
2. 了解内部控制制度设计的意义。

想一想

你认为在内部控制制度设计中应把握哪些原则问题?

知识准备

为规范企业的会计工作,强化内部管理,进行内部控制制度设计至关重要。通过内部控制制度设计,可合理保证企业经营管理合法合规、资产安全、财务报告及相关信息真实完整,最终达成提高经营效率和效果、促进企业实现发展战略的目标。企业应根据国家有关法律法规及《企业内部控制基本规范》,设计符合本企业业务特点和管理要求的内部控制制度,并组织实施。

一、内部控制制度设计的意义

(一) 保证单位经营管理信息和财务会计资料的真实完整

对于单位的管理层而言,实现经营方针和目标,需要及时获取准确的资料和信息,以此作出正确的判断和决策。健全有效的内部控制制度,通过制定并执行恰当的业务控制程序,科学合理划分职责范围,构建相互协调、相互制约的机制和及时、畅通的信息反馈系统等,确保提供及时、准确的经营管理信息和财务会计信息,为管理层决策提供可靠的依据,提升决策质量。

(二) 保护单位财产的安全和完整,防止资产被盗用、浪费和无效率地使用

建立内部控制制度并采取严格的控制措施,特别是不相容职务的分工,使授权人与执行人、执行人与记账人、保管、出纳和会计人员相互分离,形成内部牵制。同时,实行限制接近财产和内部定期盘点核对制度,严密控制财产的收、付、存、用环节,有效制止浪费,防范各种贪污舞弊行为,确保单位财产物资的安全与完整。

（三）保证员工恪尽职守，业务活动按适当的授权进行，提高企业的经营效率

内部控制明确划分各职能部门和人员的职责范围，有利于建立并推行岗位责任制、各项管理制度及报告制度，促使员工各司其职、相互制约，杜绝舞弊行为，恪尽职守，进而提高工作效率。

（四）保证单位各项制度及法律法规的贯彻执行

国家为加强宏观经济控制，制定并颁布了相应的法律法规和规章制度。这些法律法规和规章制度只有在每个企业和单位都得到认真贯彻执行，才能发挥其应有的作用。同时，企业和单位只有认真贯彻执行国家的法律法规和规章制度，才能确保其经营活动的合法性。健全、有效的内部控制制度所形成的相互协调与相互制约机制，能够及时反映国家法律法规在单位内部的贯彻执行情况，检查、揭示和纠正经营管理中的违法乱纪行为，有效保证单位各项政策及国家法律法规在单位内部得到贯彻执行。

（五）有助于避免和降低各种风险，提高经营管理效率

在日益激烈的市场竞争中，企业经营管理面临来自多方面的经营风险，如筹资风险、投资风险、产品研制开发风险、开拓市场的风险、信用风险和担保风险等。从风险防范角度来看，企业的经营管理过程就是不断化解风险的过程。健全有效的内部控制有助于企业规避和降低各类风险，提高经营管理效率。

二、内部控制制度设计的原则

一个单位经营管理状况的好坏，与该单位内部控制制度是否完善、严密有着密切的关系。要使单位的经营管理状况获得好转和处于良性状态，做到持续经营，不断发展，必须从建立和完善内部控制制度入手。建立和设计单位内部控制制度，必须遵循以下基本原则。

（一）合法性原则

内部控制制度应当符合国家法律、行政法规的规定，以及有关政府监管部门的监管要求。法律法规由国家制定，它体现了广大人民群众的根本利益，对单位的生产经营和经济管理具有强制性或指导性作用。单位在建立、维护和修订内部控制制度时，应以国家法律法规和政策为依据。

（二）全面性原则

内部控制制度在层次上应涵盖企业董事会、管理层和全体员工；在对象上应覆盖企业各项业务和管理活动；在流程上应渗透到决策、执行、监督、反馈等各个环节，避免内部控制出现空白和漏洞。

（三）重要性原则

内部控制制度应在兼顾全面的基础上突出重点，针对重要业务与事项、高风险领域与环

节采取更为严格的控制措施，确保不存在重大缺陷。

（四）有效性原则

内部控制制度应当能够为内部控制目标的实现提供合理保证。企业全体员工应自觉维护内部控制的有效执行。对于内部控制制度建立和实施过程中存在的问题，应能够及时得到纠正和处理。

（五）制衡性原则

企业的机构、岗位设置和权责分配应科学、合理，符合内部控制的基本要求，确保不同部门、岗位之间权责分明，有利于相互制约、相互监督。履行内部控制监督检查职责的部门应具有良好的独立性。任何人不得拥有凌驾于内部控制之上的特殊权力。

（六）适应性原则

内部控制制度应合理体现企业经营规模、业务范围、业务特点、风险状况以及所处具体环境等方面的要求，并随着企业外部环境的变化、经营业务的调整、管理要求的提高等不断改进和完善。

（七）成本效益原则

内部控制制度应在保证内部控制有效性的前提下，合理权衡成本与效益的关系，力求以合理的成本实现更为有效的控制。

实战演练

想一想

请你从网站上下载一家上市公司的内部控制报告，分析该公司的内部控制制度是否符合相应的设计原则。

知识拓展

《上海证券交易所上市公司内部控制指引》第六条

公司建立和实施内控制度时，应考虑以下基本要素。

（一）目标设定，指董事会和管理层根据公司的风险偏好设定战略目标。

（二）内部环境，指公司的组织文化以及其他影响员工风险意识的综合因素，包括员工对风险的看法、管理层风险管理理念和风险偏好、职业道德规范和工作氛围、董事会和监事会对风险的关注和指导等。

（三）风险确认，指董事会和管理层确认影响公司目标实现的内部和外部风险因素。

（四）风险评估，指董事会和管理层根据风险因素发生的可能性和影响，确定管理风险的方法。

（五）风险管理策略选择，指董事会和管理层根据公司风险承受能力和风险偏好选择风险管理策略。

（六）控制活动，指为确保风险管理策略有效执行而制定的制度和程序，包括核准、授权、验证、调整、复核、定期盘点、记录核对、职能分工、资产保全、绩效考核等。

（七）信息沟通，指产生服务于规划、执行、监督等管理活动的信息并适时向使用者提供的过程。

（八）检查监督，指公司自行检查和监督内部控制运行情况的过程。

任务训练

一、单项选择题

1. 关于内部控制制度设计原则，下列表述错误的是（　　）。

A. 内部控制制度设计应涵盖企业内部涉及会计工作业务的所有人员

B. 内部控制制度设计仅涵盖企业内部财会部分的所有岗位和工作人员

C. 针对业务处理过程的关键点落实决策、执行、监督、反馈等各个环节

D. 企业内部设计会计工作的机构、岗位的合理设置、职责权限应合理划分

2. 为了明确审批人的授权批准方式、权限、程序、责任及相关控制措施，规定经办人的职责范围和工作要求，企业应当对相关业务建立严格的（　　）。

A. 授权审批制度　B. 业务流程制度　C. 信息传递制度　D. 经济责任制度

3. 在下列原则中，强调内部控制制度的设计应当贯穿决策、执行和监督的全过程，覆盖企业及其所属单位的各种业务和事项的是（　　）。

A. 全面性原则　B. 重要性原则　C. 制衡性原则　D. 成本效益原则

二、多项选择题

1. 下列措施中，体现制衡性原则的有（　　）。

A. 不相容职务分离控制　B. 轮岗制度

C. 会计系统控制　D. 强制休假控制

2. 内部控制制度设计时应遵循的原则有（　　）。

A. 全面性原则　B. 重要性原则　C. 制衡性原则　D. 成本效益原则

E. 适应性原则

3. 成本效益原则的要义是（　　）。

A. 努力降低内部控制的成本

B. 在管理中要依据环境和内外条件随机应变

C. 合理确定内部控制带来的经济利益

D. 在兼顾全面的基础上突出重点

E. 内部控制过程中的相互制约和相互监督

三、判断题

1. 内部控制制度设计贯彻适应性原则有利于防止出现“道高一尺魔高一丈”的现象。（　　）

2. 内部控制制度的设计应与时俱进，符合适应性原则。（　　）

3. 内部控制制度的设计应体现全面性原则，所以在实际工作中不需要突出重点。（　　）

4. 内部控制制度在促进企业实现发展战略方面具有一定的作用，但内部控制仅仅为目

标的实现提供合理保证，而不是绝对保证。（ ）

5. 在设计内部控制制度时覆盖范围广泛，涵盖企业所有的业务和事项，包含每个层级和环节。（ ）

四、简答题

1. 内部控制制度设计有什么意义？

2. 内部控制制度设计应遵循哪些原则？

任务 7.3 内部控制制度设计的内容

任务目标

1. 了解内部控制制度设计中各项业务的控制目标。

2. 掌握内部控制制度设计的内容。

想一想

1. 你了解内部控制制度设计包括哪些内容吗？

2. 你认为内部控制制度设计对企业有哪些作用呢？

知识准备

内部控制的内容非常广泛，从横向看，它涵盖单位内部的各个部门、各项业务；从纵向看，涉及各个部门的各个岗位、每个员工及各项业务的每个环节。从内部控制的工作范围看，包括管理控制、会计控制等。内部控制制度设计的管理内容主要包括以下九个方面。

一、货币资金控制

货币资金是单位资产的重要组成部分，是其中流动性最强的一项资产。任何单位开展生产经营活动都必须持有一定量的货币资金，因此货币资金管理是内部控制的重点内容之一。

对货币资金进行控制，最主要的目标是保证货币资金的安全与完整。这包括现金、银行存款余额的真实、准确；现金、银行存款的使用恰当（一方面要保证生产经营活动的正常进行对货币资金的需要量，另一方面要强化对其支出的控制，防止侵占、挪用行为的发生）；其他货币资金按规定用途使用。

货币资金的控制要点包括：建立货币资金业务的岗位责任制，并确保不相容岗位相互分离、相互制约和相互监督；建立严格的货币资金授权批准制度，保证审批人在授权范围内进行审批；货币资金的收入、支出要有合理、合法的凭据；严格按照"申请、审批、复核、支付"的程序办理货币资金的支付业务，并及时准确入账；建立对货币资金业务的监督检查制度，加强对货币资金收付业务的内部审计。

二、实物资产控制

实物资产一般指企业、单位的存货和固定资产，它们在资产总额中所占比重最大。因此，实物资产的控制在内部控制中占据重要地位。

存货的内部控制目标主要包括：保障存货资产的安全完整；合理确定存货的价值。固定资产的内部控制目标包括：保证固定资产取得的合理性；保证固定资产的安全完整和良好的运营状态；保证固定资产计价及计提折旧的正确合理。

企业单位应建立实物资产管理的岗位责任制度，对实物资产的验收入库、领用、发出、盘点、保管及处置等关键环节进行控制，防止各种实物资产的被盗、毁损和流失。并针对不同的实物资产，有重点地加以控制。

三、对外投资控制

投资活动是指企业通过分配来增加财富，或为谋求其他利益，将资产让渡给其他单位而获得另一项资产的活动。投资活动与企业的其他业务相比具有交易数量少、每笔交易金额大、风险大等特点。针对这些特点，投资业务的内部控制一般由投资立项、评估、决策、实施、投资记录、投资处置等环节构成。

对外投资的内部控制目标包括：保证投资活动符合国家的方针政策和相关法律法规；保证投资活动经过适当的审批决策程序；保护投资资产的安全完整；保证投资计价，投资收益计算、确认的正确。

对外投资的内部控制要点包括：明确投资决策与实施过程中各相关部门和岗位的职责权限，确保投资项目的提出、论证、决策、实施等不相容岗位相互分离、制约和监督；建立对外投资财务分析制度和预算管理制度，做好投资的可行性研究及事前控制；建立严格规范的对外投资决策机制和程序，对重大投资决策实行集体审议联签等责任制度；加强对外投资取得和保管控制；加强对外投资处置的控制；正确进行投资的计价，正确计算各类投资收益并保证其相关会计处理的合法、正确。

四、工程项目控制

工程项目包括基本建设项目和技术改造项目。工程项目一般工期相对较长，投资数额大，专业技术要求较高。因此，如果不加强管理和控制，往往容易发生舞弊行为。

工程项目的内部控制目标包括：保证工程项目的质量；防止工程项目建设中的各种舞弊行为；严格控制工程支出。

工程项目的内部控制要点包括：明确工程项目决策和建设过程中各相关部门和岗位的职责权限，确保办理工程项目业务的不相容岗位相互分离、制约和监督；加强工程项目决策的控制，对重大工程项目，应当实行集体决策；建立合理的概预算程序与制度，实现对工程项目造价的控制；加强对工程项目招标、投标、开标、评标、定标和合同管理等环节的控制，防止舞弊行为的发生；加强对施工过程的控制，确保工程质量，控制工程成本；做好竣工验收、决算审查和资产移交等工作，正确进行相应的会计处理。

五、采购和付款控制

采购和付款业务是各单位经常发生的业务，小到购买办公用品，大到采购机器设备；既有有形物资的采购，也有劳务的采购。因此，采购和付款控制在整个内部控制中具有重要地位。

采购和付款的内部控制目标包括：合理经济地开展各种采购业务；保证采购的物资及时、足额入库；按照合同的规定及时支付相应货款，维护良好信誉。

采购和付款的内部控制要点包括：明确采购和付款业务中各相关部门和岗位的职责权限，确保办理该项业务的不相容岗位相互分离、制约和监督；建立严格的采购与付款业务的授权批准制度，规定经办人的职责范围和工作要求，保证审批人在授权范围内审批；对于重要的采购和付款业务应组织专家进行可行性论证，并实行单位领导集体决策和审批；建立采购和付款业务的预算管理制度，实行限量采购管理；严格按照“请购、审批、采购、验收、付款”的程序办理采购和付款业务，并及时准确入账；建立健全验收制度，实行验收与入库责任追究制；加强对货款支付的控制，严格核对有关凭证，对符合付款条件的采购业务及时办理付款业务。

六、筹资控制

筹资活动是指企业为满足生产发展的需要，通过改变企业资本及债务规模和构成而募集资金的行为。筹资活动涉及筹资规模和筹资结构的确定，筹资方式的选择，资金成本和财务风险的控制和防范，因此需要加强其内部控制。

筹资活动的内部控制目标包括：保证筹资活动符合国家的方针政策和相关法律法规；保证有效控制筹资成本；保证所筹集资金的合理使用。

筹资活动的内部控制要点包括：明确筹资决策与实施过程中各相关部门和岗位的职责权限，确保筹资业务的提出、论证、决策、实施等不相容岗位相互分离、制约和监督；建立筹资业务的财务分析制度，做好筹资的可行性研究；建立严格、规范的筹资决策机制和程序，加强对筹资业务的“申请、论证、审批、实施”等环节的控制；正确计算和合理摊销债券的折价和溢价，正确计提、支付利息和股利。

七、销售和收款控制

销售是企业经营的主要环节，是实现商品价值、增加收入、获取利润的主要途径。销售是一种商品交易，涉及现金与商品的进出，次数频繁，极易产生错弊，使企业遭受损失，因此，必须加强管理和控制。

销售和收款的内部控制目标包括：预防销售和收款过程中的各种差错；保证销售货款的及时、足额收回；正确进行销售的会计核算。

销售和收款的内部控制要点包括：建立销售和收款业务的岗位责任制，明确相关部门和岗位的职责权限，确保办理销售和收款业务的不相容岗位相互分离、相互制约和相互监督；建立有关的授权批准制度，明确审批人员对销售业务的授权批准方式、权限、程序、责任和相关控制措施，规定经办人的职责范围和工作要求；对销售业务建立严格的预算管理制度，制定销售目标，确立销售管理责任制；建立销售业务的定价控制制度，制定价目表、折扣政策、收款政策并严格执行；加强对收款业务的管理和控制，销售和收款职能应当分离，销售人员避免接触现款；建立应收账款账龄分析制度和逾期应收账款催收制度；正确进行销售和收款的会计处理。

八、成本费用控制

成本费用是企业在日常生产经营活动中发生的耗费，包括“营业成本”“管理费用”“财务费用”“销售费用”等。加强成本费用的控制，对于降低消耗，增加收入，不断提高企业的经济效益具有重要意义。

成本费用的内部控制目标包括严格控制成本费用开支；保证成本费用的准确计算与分配，因成本费用计算不准确，分配不合理，会导致产品成本计算不准确，直接影响企业损益。

成本费用的内部控制要点包括建立成本费用控制系统，做好成本管理的各项基础工作；制定成本费用标准，分解成本费用指标；考核成本费用指标的完成情况并落实奖惩措施；正确进行成本费用的会计核算。

九、担保控制

担保是指按照法律规定或者当事人约定，为确保合同履行，保障债权人利益实现而采取的法律措施，加强对担保风险的控制是单位内部控制的重要组成部分。

担保业务的内部控制目标首先是保证担保行为符合法律法规和单位的内部规定。企业为外单位提供担保后，就承担了相应的连带责任，一旦被担保单位无法履行责任，担保单位就得替被担保单位履行责任。因此，要降低担保风险，就必须对担保行为的合法性、合规性进行控制。其次是要及时了解和掌握被担保单位的经营情况和财务状况，并根据被担保单位的经营情况和财务状况的变化情况采取相应措施。

担保业务的内部控制要点包括保证担保行为符合国家有关法律法规的规定，避免违法担保；按照规定的有关程序进行担保业务的审批，严格控制担保行为；建立担保决策程序和责任制度，明确担保原则、担保标准和条件、担保责任等相关内容；加强对担保合同订立的管理，及时了解和掌握被担保单位的经营情况和财务状况，防范潜在风险，避免或减少可能发生的损失。

实战演练

想一想

请你联系一家企业，以设计会计制度为目标，了解企业的基本情况，并总结出该企业内部控制制度包括哪些内容？

知识拓展

《上海证券交易所上市公司内部控制指引》第八条

公司内部控制通常应涵盖经营活动中所有业务环节，包括但不限于以下内容。

（一）销货及收款环节：包括订单处理、信用管理、运送货物、开出销货发票、确认收入及应收账款、收到现款及其记录等。

（二）采购及付款环节：包括采购申请、处理采购单、验收货物、填写验收报告或处理退货、记录应付账款、核准付款、支付现款及其记录等。

（三）生产环节：包括拟定生产计划、开出用料清单、储存原材料、投入生产、计算存货生产成本、计算销货成本、质量控制等。

（四）固定资产管理环节：包括固定资产的自建、购置、处置、维护、保管与记录等。

（五）货币资金管理环节：包括货币资金的入账、划出、记录、报告、出纳人员和财务人员的授权等。

（六）关联交易环节：包括关联方的界定，关联交易的定价、授权、执行、报告和记录等。

（七）担保与融资环节：包括借款、担保、承兑、租赁、发行新股、发行债券等的授权、执行与记录等。

（八）投资环节：包括投资有价证券、股权、不动产、经营性资产、金融衍生品及其他长、短期投资、委托理财、募集资金使用的决策、执行、保管与记录等。

（九）研发环节：包括基础研究、产品设计、技术开发、产品测试、研发记录及文件保管等。

（十）人事管理环节：包括雇用、签订聘用合同、培训、请假、加班、离岗、辞退、退休、计时、计算薪金、计算个人所得税及各项代扣款、薪资记录、薪资支付、考勤及考核等。

任务训练

一、单项选择题

1. 成本核算业务的基础工作控制制度设计中，不应包括(　　)。

   A. 定额管理和原始记录制度　　B. 奖惩制度

   C. 材料物资的收发、领退、清查制度　　D. 企业内部计划价格制度

2. 货币资金业务流程设计应实现的目标不包括(　　)。

   A. 满足企业经营业务对货币资金的需要

   B. 保证销售款项的及时收取

   C. 保证货币资金的安全

   D. 保证符合国家法律法规的规定

3. 货币资金业务流程设计不当，会导致出现的财务风险是(　　)。

   A. 资金使用效率低下　　B. 资金被非法挪用

   C. 因现金管理规定而被处罚　　D. 货币资金管理混乱

二、多项选择题

1. 存货业务会计制度设计的目标主要有(　　)。

   A. 提供存货的各种真实、完整、有用的信息

   B. 保证存货的安全

   C. 控制存货的流动

   D. 监督落实存货的经营责任

   E. 加速存货资金周转，考核存货的经济效益

2. 投资与筹资业务流程的设计有利于(　　)。

   A. 规范与企业筹资管理有关的各项工作　　B. 加强筹资管理和财务监控

   C. 控制筹资风险　　D. 提高企业筹资能力

三、简答题

内部控制制度设计的内容包括哪些？

项目实施

1. 观点评价

甲领导的观点不合理。虽然他认识到内部控制制度设计在公司管理中的作用，但忽视了内部控制制度设计原则中的效益性原则和适应性原则。效益性原则是指一方面要尽量节约设计费用，另一方面要充分考虑内部控制制度运行的经济性。适应性原则是指内部控制制度一经建立，就应保持相对稳定，不宜经常改变。

乙领导的观点也不合理。他忽视了在进行内部控制制度设计时，应根据自身业务特点遵循适应性原则。企业的规模、生产经营业务的性质和范围、产品的种类、机构设置等千差万别，各有其特点。因此，在进行内部控制制度设计时，一定要从实际出发，针对单位的具体实际情况来进行设计。

2. 内部控制制度设计的内容

内部控制制度的内容主要涉及货币资金控制、实物资产控制、对外投资控制、工程项目控制、采购和付款控制、筹资控制、销售和收款控制、成本费用控制、担保控制等。

项目总结

内部控制制度对企业而言十分重要，正所谓“没有规矩不成方圆”。通过了解内部控制的基本内涵，我们能够对其概念有所认识，进一步体会内部控制制度的设计意义，并对设计原则有深刻的理解，从而能够按照设计原则围绕制度内容展开设计。内部控制制度的内容主要涉及货币资金控制、实物资产控制、对外投资控制、工程项目控制、采购和付款控制、筹资控制、销售和收款控制、成本费用控制、担保控制等。

项目8

企业主要业务内部控制制度设计

学习目标

【知识目标】

1. 了解货币资金业务内部控制制度的措施设计。
2. 了解采购和销售业务内部控制制度的措施设计。
3. 了解固定资产业务内部控制制度的措施设计。
4. 了解成本费用和投资业务内部控制制度的措施设计。
5. 掌握企业主要业务内部控制制度设计的目标。
6. 掌握企业主要业务内部控制制度设计的内容。
7. 掌握企业主要业务内部控制制度设计的关键控制点。

【能力目标】

1. 能够判断企业单位内部控制制度的缺陷。
2. 能够初步设计企业单位主要业务的内部控制制度。
3. 能够初步设计出企业主要业务的内部控制关键点。

【素质目标】

1. 培养学生认真、严谨的工作作风。
2. 培养学生的自主学习能力。
3. 培养学生强化内部控制的责任意识。

思维导图

企业主要业务内部控制制度设计思维导图如图 8-0-1 所示。

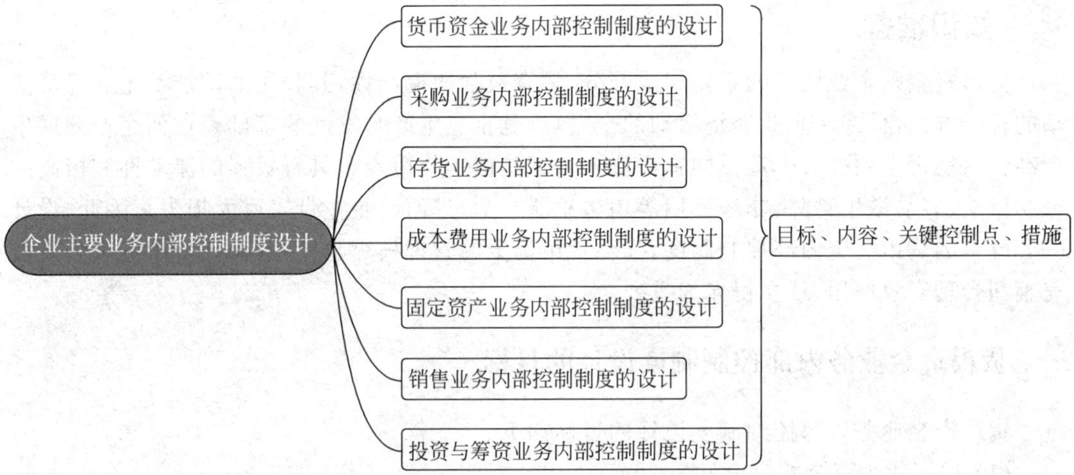

图 8-0-1　企业主要业务内部控制制度设计思维导图

项目描述

某国企近年持续亏损，其相关业务内部控制制度如下。

(1) 销售费用实行实报实销制度。

(2) 由车间主任根据生产消耗情况提出请购申请，经过总经理批准后交采购部门进行采购。

(3) 生产工人执行计时工资制度。

(4) 出纳负责逐日登记库存现金日记账，同时登记库存现金总分类账。

(5) 为简化手续、提高效率，存货在不同仓库之间流动时不办理出入库手续。

请指出内部控制制度方面存在的问题，并对其设计进行完善。

项目分析

从公司的内部控制制度设计的内容可以看出，该公司的内部控制制度存在一定问题，要使公司的内部控制起到防范作用，一方面要明确各主要业务内部控制制度设计的目标；另一方面要明确各主要业务内部控制制度设计的内容及措施，从而使内部控制有效地防范风险，保证各项主要业务的有序运行。

任务 8.1　货币资金业务内部控制制度的设计

任务目标

1. 了解货币资金业务内部控制的目标。
2. 掌握货币资金业务内部控制制度设计的关键点。

想一想

1. 你了解什么是货币资金业务吗？
2. 你认为设计货币资金业务内部控制制度的关键点有哪些？

知识准备

货币资金是企业资产的重要组成部分，具有极强的流动性，其收付活动涉及企业经济活动的各个方面，贯穿于企业经济活动的全过程，是企业生产与发展的基础。任何企业开展生产经营活动都必须拥有一定量的货币资金。正是由于货币资金具有极强的流动性和极高的控制风险，容易滋生舞弊、非法挪用等违法犯罪行为，进而给企业带来巨大损失。因此，设计一套健全的货币资金内部控制制度，强化货币资金的管理核算与监控，保证货币资金的安全完整和合理有效使用，就显得尤为重要。

一、货币资金业务内部控制制度设计的目标

货币资金业务内部控制制度设计的目标如下。

(1) 保证货币资金的安全性。

(2) 保证货币资金的完整性。

(3) 保证货币资金的合法性。

(4) 保证货币资金的效益性。

二、货币资金业务内部控制制度设计的内容

(一) 职责分工和职权分离制度

货币收支由出纳人员和记账人员分工负责和分别办理，职责分明，职权分离。

(二) 授权和批准制度

所有货币资金的经济活动必须经过授权或按权限进行调查批准。

(三) 内部记录和核对制度

所有货币资金的经济业务都必须按会计制度规定进行记录。货币资金的账面数字和实际数字应定期核对相符。

(四) 安全制度

对货币资金须有健全的保护措施，有人负责保管，有人进行内部监督。

(五) 严密的收支凭证和传递手续

货币资金的收支事项，均应有一定的收支凭证和传递手续，使各项业务按正常渠道运行。

(六) 严格执行规章制度

严格执行《现金管理条例》，收入现金应按规定存入银行，遵守关于库存现金限额的规定，并不得坐支现金；严格执行《银行结算制度》，不得开发空头支票和空白支票，不得出借银行存款账户。

三、货币资金业务内部控制制度设计的关键控制点

货币资金控制要点是把好“一关”,管住“七点”。“一关”是指货币资金支出关;“七点”是指货币资金流入点、银行开户点、现金盘存点、银行及客户对账点、票据及印章保管点、督促检查点、财会人员任用点。

(一) 把好货币资金支出关

企业开展正常经营管理,扩大投资,必然每天都会有货币资金的支出。在每天若干笔资金的支付过程中,为保证货币资金支出合理合法,关键是要保证支出程序的合理合法。单位应按照规定的程序办理货币资金支付业务,设置具体的授权审批环节。

1. 支付申请

单位有关部门或个人用款时,需提前向审批人提交货币资金支付申请,注明款项的用途、金额、预算、支付方式等内容。除小额个人因公预借款等特殊情形外,还要同时附上有效的经济合同或与此相关的证明文件。

2. 支付审批

审批人根据其职责、权限和相应程序对支付申请进行审批,审批手续必须完备。对于不符合规定的货币资金支付申请,审批人应予以拒绝批准。

3. 支付复核

复核人应对批准后的货币资金支付申请进行复核,复核内容包括货币资金支付申请的批准范围、权限、程序是否正确,手续及相关单证是否齐全,金额计算是否准确,支付方式、支付单位是否恰当等。复核无误后,交给出纳人员办理支付手续。

4. 办理支付

出纳人员应根据复核无误的支付申请,按规定办理货币资金支付手续,并及时登记现金和银行存款日记账。

(二) 管住货币资金的流入点

企业的业务经办人员应根据合法的原始凭证填制必要的内部凭证,经业务部门主管审核无误后,交至财务部门办理手续。财务部门主管需对业务部门的原始凭证和内部凭证进行复核,之后办理货币资金收入。对于已取得的货币资金收入,必须及时入账,不得私设小金库,不得账外设账,严禁收款不入账。

(三) 管住银行开户点

银行存款是企业重要的流动资产,一旦管理不善,极易导致企业资产损失。因此,企业应制定合理的内部控制制度,保证银行账户的开立、审批、核对、清理严格有效。企业不得以各种理由在同一银行的不同营业网点开立账户,或者同时跨行开户、多头开户、随意开户,更不能将单位公款以职工个人名义私存银行。按照相关规定,企业还应及时、定期对银行开户点进行认真清理和检查。

(四) 管住现金盘存点

现金是流动性最强的资产，同时也最容易发生贪污、舞弊、挪用或侵吞等行为。出纳员要对现金进行日清月结，对库存现金日记账和实有数进行检查。为强化对出纳工作的监督，及时发现差错，确保现金账面余额与实际库存相符，单位应由有关领导和专业人员组成清查小组，定期或不定期地对库存现金进行盘点。检查出纳人员经管的现金是否有超现金限额的现象，是否有用白条抵库的情况，是否有坐支现金的行为，是否有挪用公款的行为等，如发现不符，及时查明原因，作出处理。

(五) 管住银行及客户对账点

为保障资金支付、回收安全及时，企业应及时与银行、客户核对账目，及时纠正可能出现的账务差错。单位与银行之间的对账较有规律，按照有关规定，每月至少要将企业银行账户余额与银行对账单核对一次，如有不符之处要及时处理。而企业的客户一般较分散，实现定期对账难度较大。随着社会的进步和电子时代的到来，很多公司大力推行的网上对账系统运行良好，有效解决了这一问题。因此，应加强与异地和同城单位之间往来款项的核对，确保货币资金支付合理，回收及时、足额。

(六) 管住票据及印章保管点

企业应加强与货币资金相关的票据的管理，明确各种票据在购买、保管、领用、背书转让、注销等环节的职责权限和程序，并专门设置备查登记簿进行记录，防止空白票据的遗失和被盗用，备查簿需作为会计档案妥善管理。同时，单位必须加强银行预留印鉴的管理，财务专用章应由授权专人自行保管，个人名章必须由本人或其授权人员保管。任何单位都严禁由一个人保管支付款项所需的全部印章。

(七) 管住督促检查点

为使货币资金内部会计控制制度能够有效执行，企业应建立对货币资金业务控制的监督检查制度，组织检查机构或指定专门人员定期和不定期地对本单位的货币资金业务控制进行日常的检查和监督。要对货币资金业务相关岗位及人员的设置情况进行检查，重点查看是否存在货币资金业务不相容职务混岗的现象。要对货币资金授权批准制度的执行情况进行检查，重点检查货币资金支出的授权批准手续是否完备，是否存在越权审批行为。要对支付款项印章的保管情况进行检查，重点检查是否存在办理付款业务所需的全部印章交由一人保管的情况。要对票据的保管情况进行检查，重点检查票据的购买、领用、保管手续是否健全，票据保管是否存在漏洞。对监督检查过程中发现的问题，应当及时采取措施，加以纠正和完善。

(八) 管住财会人员的任用点

财会人员不仅要具备从业资格和任职资格，还要具备先进的政治思想、高尚的职业道德、优良的业务素质。同时，要建立定期轮岗制度，避免出现一个人在财会部门长期任同一个岗位的情况，这样既能使财会人员学习新业务，经验更加全面，综合能力进一步提高，又能尽量避免出现舞弊现象,及时发现违法行为。

四、货币资金业务内部控制制度的措施设计

货币资金内部控制的措施设计主要涵盖不相容职务相互分离控制、授权批准控制、会计信息系统控制和内部报告控制这四方面。

(一) 不相容职务相互分离控制

不相容职务相互分离控制是单位内部会计控制制度的核心要素。不相容职务是指单位里某些相互关联的职务,如果集中于一个人身上,就会增加发生差错和舞弊的概率,或者在发生差错或舞弊以后更易于进行掩饰。如一名出纳员既负责签发支票、记录支票登记簿,又负责企业费用账的对账工作,那么,若该出纳员仿造签名、贪污企业款项,他就有可能隐瞒对贪污款项的支票记录,而且一人掌握对账工作,使得舞弊行为不易被发现。不相容职务相互分离控制正是用于解决这一问题的控制方法。该控制方法要求单位按照不相容职务相互分离的原则,合理设置会计及相关工作岗位,明确各岗位的职责权限,形成相互制衡的机制。如记账人员与经济业务事项和会计事项的审批人员、经办人员、财产保管人员应当明确并相互分离,彼此制约。出纳人员不能兼任稽核、会计档案保管和收入、支出、成本、费用、债权、债务账目的登记工作。这一控制能确保办理货币资金业务的不相容岗位相互分离、相互制约和相互监督,尽量减少发生舞弊行为的概率。

货币资金不相容职务相互分离制度设计的宗旨是不得由一人办理货币资金业务的全过程,这既包括企业财会部门内部的出纳岗位与会计岗位的分工,也包括与货币资金运行相关的业务岗位分工和货币资金审批的领导岗位分工等。因此,货币资金的职务分离制度是融入企业各级领导的岗位分工、各业务部门的岗位分工、各管理职能部门的岗位分工和财会部门内部的出纳岗位与会计岗位分工等一系列岗位责任制度中的。货币资金的职务分离制度要求建立出纳人员、审批人员、专用印章保管人员、会计人员、稽核人员、会计档案保管人员及货币资金清查人员的责任制度。

通常应对以下一些有关货币资金的不相容职务进行职务分离。

(1) 货币资金的支付和审批与执行相分离。货币资金支出的审批人应与出纳员、支票保管员和记账员分离。

(2) 货币资金的收付与记录职务相分离。货币资金业务内部控制的基本要求是实行钱账分管,即将从事货币资金业务的人员与记录这些业务的人分离。例如:负责应收款项账目的人员不能同时负责现金收入账的工作;负责应付款项账目的人员不能同时负责现金支出账的工作。

(3) 货币资金的保管与盘点清查的职务相分离。单位应当由有关领导和专业人员组成清查小组,定期或不定期地对货币资金进行清查盘点,对出纳的工作进行检查监督。

(4) 货币资金的会计记录与审计监督职务相分离。由稽核员或其他非记账人员对现金、银行存款日记账和有关明细分类账、总分类账进行核对检查,一旦发现不符之处,应及时报经批准后处理。

(5) 记录总账与记录明细账、日记账的职务相分离。规模较大的企业,出纳员应将每天收支现金数登记现金出纳备查簿。现金日记账与现金总账应由其他人员登记。规模较小的

企业,可用现金日记账代替现金出纳备查簿,由出纳登记,但现金总账的登记工作须由其他职员承担。

以货币资金支付会计控制环节为例,是指货币资金支付的授权批准、货币资金支付的实际办理、货币资金支付的会计记录、货币资金支付的稽核检查及与货币资金支付直接有关的业务经办等岗位必须相互分离、相互制约,不能一人多岗、身兼数职。这也进一步说明,任何单位不能由一人办理货币资金业务的全过程。

(二) 授权批准控制

授权批准控制是内部会计控制制度的重要组成部分,它是指在单位内部,各层次的管理人员和员工都必须经过授权批准,才能够对有关的经济业务进行处理,未经授权和批准则不得办理相关业务。

单位应当针对货币资金业务构建严格的授权批准制度,明确审批人对货币资金业务的授权批准方式、权限、程序、责任和相关控制措施,同时规定经办人办理货币资金业务的职责范围和工作要求。审批人应当根据货币资金授权批准制度的规定,在授权范围内进行审批,不得超越审批权限。经办人应当在职责范围内,按照审批人的批准意见办理货币资金业务,如具体办理销售商品的收入、采购材料、购买设备、进行投资等的支出。对于审批人超越授权范围审批的经济业务,经办人有权拒绝办理,并及时向审批人的上级授权部门报告。授权批准控制方法旨在保证在提高业务处理工作效率的同时,尽可能减少不规范、不合理、不经济行为的发生,保证决策和计划的正确执行。

这一控制方式能够使经济业务在发生时就得到有效的控制。授权控制要求明确各级管理人员的职责范围和业务处理权限,各级管理人员在其职责范围和业务处理权限内,无须经过请示批准便可处理业务,这样可以尽快地进行业务处理,防止推诿现象的发生;当业务超出其职责范围或权限时,必须经过批准方可处理。授权批准控制同时要求明确各级管理人员所承担的责任,使其对自己的业务处理行为和结果负责,以增强他们对工作的责任心。

授权批准分为常规授权和特殊授权两种情况。常规授权是指企业在日常经营管理活动中,按照既定的职责和程序对常规性经济业务事项进行的授权,具有一定的规律性和稳定性。特殊授权是指企业在特殊情况、特定条件下对非经常性经济业务事项进行的授权。与常规授权不同,特殊授权的对象是某些例外的经济业务,只涉及特定的经济业务处理。这种授权方式具有一定的灵活性,但也常常蕴含较大的风险,一般都较为谨慎。当出现特殊授权时,都要求对该项授权予以完整记录并得到授权人确认。待特殊、紧急状况消失后,应将该项授权及时取消,恢复到常规授权的原则范围之内。企业应当编制特殊授权的权限指引,规定特殊授权范围、权限、程序和责任,严格控制特殊授权。在进行授权控制时,常规授权的范围不宜太大,也不可太小。如果范围过大,会使组织的领导失去对重要业务的控制,从而面临较大的风险;如果范围过小,凡事都需请示批准,会降低工作效率,也会削弱管理人员的积极性和责任心,对单位经营管理产生不利影响。企业各级管理人员应当在授权范围内行使职权和承担责任。对于重要的货币资金业务和事项,应当实行集体决策或者联签制度,任何个人不得单独进行决策或者擅自改变集体决策。同时,建立起责任追究制度,防范贪污、侵占、挪用货币资金等行为。

单位在设计货币资金业务授权审批制度时，可以采取以下措施。

（1）根据不同的银行账户开设银行存款日记账。

（2）所有银行存款的开设与终止都必须有正式的批准手续。

（3）每一笔重大支出必须事先提出用款申请并经过主管人员审批，支出只能用于事先核准的用途和目的。

（三）会计信息系统控制

会计信息系统控制要求企业严格执行国家统一的会计准则制度，强化会计基础工作，明确会计凭证、会计账簿和财务会计报告的处理流程，保证会计资料真实且完整。会计系统是用于确认、汇总、分析、分类、记录和报告企业所发生经济业务，并保持相关资产和负债受托责任的各种会计记录手段、会计政策、会计核算程序、会计报告制度和会计档案管理制度等的统称。所以很有必要对会计系统进行相关控制。

这种控制方法要求单位依据《会计法》和国家统一的会计制度，制定适合本单位的会计制度，明确会计凭证、会计账簿和财务会计报告的处理程序，建立并完善会计档案保管和会计工作交接办法，推行会计人员岗位责任制，充分发挥会计的监督职能。会计作为一个控制信息系统，对内能够向管理层提供丰富的经营管理信息，对外可以向投资者、债权人等提供用于投资等决策的信息，是重要的内部控制方法。在运用会计系统控制方法时，对有关凭证的稽核和审查要引起高度注意。

1. 原始凭证审核

原始凭证是记录经济业务具体内容和完成情况的原始资料和依据，原始凭证的质量关系到会计核算工作的质量。及时审核原始凭证属于对经济业务的事前监督，也是对货币资金收付合法性的检查。各种原始凭证除由经办业务的相关部门审核外，最后还要由会计部门进行审核。首先，应审核原始凭证的合法性、合规性和真实性，即审核外来原始凭证是否符合国家票证管理要求，是否符合本单位制订的有关规章；审核有无违反规定的开支标准而乱支乱用，随意扩大费用开支范围的情况，有无弄虚作假、贪污舞弊、违法乱纪的行为。其次，应审核原始凭证的完整性，即审核原始凭证是否具备作为合法有效凭证所必须具备的基本内容，有无税务监制章、财务监制章和单位财务专用章或发票专用章，经办人、验收人、批准人手续是否齐全。最后，应审核原始凭证的正确性，即审核数量、单价、金额是否正确，接收单位名称是否准确；大小写是否一致。对不真实、不合法的原始凭证不予接受，对记载不准确、不完整的原始凭证应予以退回，并要求按规定进行更正、补充；对于弄虚作假，严重违法的原始凭证，在不予受理的同时应予以扣留，并及时向单位负责人报告，请求查明原因，追究当事人责任。

2. 记账凭证审核

记账凭证是登记账簿的依据，为了保证账簿记录的准确性，提供全面可靠的会计信息，监督有关货币资金的经济业务，除了编制记账凭证的人员在日常编制时要认真审核，会计部门还应当建立相互复核或专人审核的制度，对记账凭证进行严格审核。审核内容包括现金凭证审核、银行凭证稽核、转账凭证稽核。

（1）现金凭证审核。现金凭证包含外来原始凭证、自制原始凭证及现金记账凭证。审核时需留意：现金支付范围是否符合国家规定，有无用于发放职工工资、津贴、奖金、个人劳务报酬、个人劳保福利开支、出差人员差旅费、结算起点以下的零星开支及其他需要支付现金的零星支出等之外的现金支付情况。现金销售收入是否足额且及时解缴银行，对外收费是否符合规定的收费标准。有无坐支现金，有无向银行谎报用途套取现金，职工工资及奖金的发放是否登记工资基金手册。现金凭证收、付讫章、主管、审核、出纳和制单等印章是否齐全，交款人、领款人是否签字。已审核的现金原始凭证是否填写附件张数并加盖附件章注销，以防重复报销。

(2) 银行凭证稽核。审核时应关注：是否符合《支付结算办法》《中华人民共和国票据法》《票据实施管理办法》的规定，有无签发空头支票、出借银行账号的情况。是否以合法且手续完备的原始凭证为依据填制银行记账凭证。从银行支付的材料采购款、工程款等是否符合国家规定，有无预算、合同，资金是否落实。领用转账支票是否填列《支票领用申请单》，并经部门主管和财务主管批准。作废的支票及其存根是否加盖"作废"戳记并与银行对账单一并妥善保存。签发支票所使用的各种印章，是否由财务主管（或审核）和银行出纳分别保管。空白收据和空白支票，是否设立登记簿严格管理，有无办理购买、领用登记和交回注销手续。

(3) 转账凭证稽核。应审查数字是否准确，资金渠道是否符合制度规定；原始凭证是否合法，自制原始凭证是否有依据，手续是否齐全；科目使用是否正确，填制内容是否完整，印章是否齐全，附件是否相符。

3. 会计账簿稽核

会计账簿稽核主要包含以下内容。

(1) 会计账簿的设置启用是否符合会计制度的规定。

(2) 会计账簿的登记是否遵循记账规则。

(3) 会计账簿的有关数字是否做到账证、账账、账实相符；结账是否及时、准确，结账方法是否符合规定。

(4) 现金日记账是否每日记账并结出余额；现金库存数是否超出银行核定的限额，超出部分是否当日存入银行；现金是否每日清点，账实是否相符，有无白条抵库。银行日记账是否逐日登记，每天结出余额；银行存款账户是否定期进行清查，银行存款余额与银行对账单是否相符，若不符，是否及时查明原因并作出处理；银行存款余额调节表是否由专人复核，有无主管签章。

(5) 采用电算化记账的单位应审核计算机会计数据的打印输出和保存是否符合电算化的要求；更换新账是否符合会计制度的规定。

4. 财务会计报告稽核

应审核报表数字是否真实、计算是否准确、内容是否完整；总账与明细账是否相符；报表内部、表与表之间的勾稽关系、前后数字的衔接是否相符；报表各项补充资料和财务情况说明书应与报表内容相符。

(四) 内部报告控制

管理与控制活动离不开信息的传递，只有信息在组织各部门之间实现流动，才能及时采取有效的措施加强管理和监督，保证各环节正常运转。内部报告控制要求组织建立和完善内部报告制度，明确相关信息的收集、分析、报告和处理程序，全面反映经济活动状况，及时提供并传递经济活动的重要信息，促进各部门相互沟通，增强内部控制的时效性和针对性。内部报告控制方法体现了内部控制的信息与沟通要素。

内部报告控制措施的运用在货币资金控制环节具有十分重要的作用。第一，货币资金经办人对于审批人超越授权范围审批的货币资金业务，有权拒绝办理并及时向审批人的上级授权部门报告。通过报告，能够抵制、纠正越权审批行为，杜绝货币资金的不当流出；第二，单位通过定期或不定期地进行现金盘点，可能会发现现金账面余额与实际库存不相符的情况。若排除了未达账项、记账错误等技术因素外，应将差额情况及时向单位管理层报告。通过报告和采取补救措施，可以揭露单位货币资金管理中的问题、漏洞甚至违法犯罪行为，将单位的损失降至最低限度；第三，通过报告单位货币资金现实收入、支出、结存情况，并对下一阶段货币资金流入、流出量进行预计和推算，能够帮助单位负责人全面了解单位现金流量，为其作出正确的投资、筹资决策提供基础性资料。

实战演练

想一想

请你联系一家企业，以设计会计制度为目标，了解企业的货币资金业务基本情况，并阐述该企业货币资金业务内部控制存在的不足之处。

知识拓展

现金管理的深化与拓展

现代企业的现金管理已超越基础的收支记录，更注重战略性与效率，其拓展方向如下。

(1) 流动性优化：运用资金池、零余额账户等技术集中管理、减少闲置。

(2) 预测精细化：借助信息技术进行多情景滚动预测，提升预见性。

(3) 短期投资策略：在保障安全性和流动性的前提下，审慎选择货币市场工具实现保值与增值。

(4) 全面风险管理：防范支付欺诈、银行风险、法规合规风险及汇率波动影响。

(5) 技术应用：利用财务管理系统(TMS)、银行直连(API)等提升自动化水平和决策效率。

掌握这些拓展知识，有助于企业更有效地保障经营安全、优化资源配置、提升财务管理水平。

任务训练

一、单项选择题

1. 货币资金授权审批的程序是(　　)。

A. 支付审批、支付复核、支付申请、办理支付

B. 支付审批、支付申请、支付复核、办理支付

C. 支付申请、支付审批、支付复核、办理支付

D. 支付申请、支付复核、支付审批、办理支付

2. 负责应收账款的人员，不能同时负责库存现金收入账的登记工作，这种安排属于（　　）。

A. 职责分工控制制度设计　　B. 授权审批控制制度设计

C. 货币资金核算控制制度设计　　D. 货币资金监督检查制度设计

3. 负责库存现金实物的收付及保管的只能是被授权批准的（　　）。

A. 会计主管　　B. 记账人员　　C. 出纳人员　　D. 仓库保管人员

4. 在（　　）监督下，各个账簿记录人员核对银行存款日记账和有关明细分类账及总账。

A. 出纳人员　　B. 记账人员　　C. 会计人员　　D. 稽核人员

5. 按照内控要求，应由（　　）核对“银行存款日记账”和“银行对账单”，编制“银行存款余额调节表”。

A. 记账人员　　B. 非记账人员　　C. 会计人员　　D. 稽核人员

二、多项选择题

1. 不相容职务之间实行分离，其中会计记录应与（　　）相分离。

A. 会计监督　　B. 业务经办　　C. 财产保管　　D. 预算编制

2. 货币资金控制围绕（　　）目标。

A. 保证货币资金业务收支的真实与合法

B. 保证货币资金的使用效益

C. 保证货币资金业务核算的准确与可靠

D. 保证货币资金的安全完整

3. 出纳人员不得兼任的工作有（　　）。

A. 会计档案保管　　B. 收入登记

C. 支出费用登记　　D. 债权债务登记

E. 库存现金及银行存款日记账登记

4. 根据货币资金的存放地点及其用途的不同，货币资金分为（　　）。

A. 库存现金　　B. 备用现金

C. 银行存款　　D. 其他货币资金

E. 外币资金

三、简答题

1. 货币资金收付业务中要进行分离的职务有哪些？

2. 现金内部控制有哪些关键控制点和控制措施？

3. 银行存款内部控制有哪些关键控制点和控制措施？

四、案例分析题

某公司王某在任出纳工作期间，先后利用 23 张现金支票编造各种理由提取现金 96.94 万元，均未记入现金日记账，构成贪污罪。具体手段如下。

(1) 隐匿 10 笔出口结汇收入计 96.94 万元，将其提现的金额与其隐匿的收入相抵，使其 33 笔收支业务均未在银行日记账和银行余额调节中反映。

(2) 伪造 11 张银行对账单，将提现的整数金额改成带尾数的金额，并将提现的银行代码“11”改成托收的代码“88”或外汇买卖的代码“18”。

在调查中发现，该公司出纳兼与银行对账；财务印鉴与行政印鉴合并使用并由行政人

员掌管，出纳在加盖印鉴时未能得到有力的监控；未建立支票购入、使用、注销的登记制度；凭证保管不善；发现问题时追查不及时。在清理逾期未收汇时发现：有3笔结汇收入未在银行日记账和余额调节表中反映，当时由于人手较少未能对此进行专项清查；交接工作不明晰，王某在交接出纳工作时就存在个别遗留问题，理应责成其限期查明，否则不得离岗。

请试说明如何完善该公司货币资金业务的内部控制制度。

任务8.2　采购业务内部控制制度的设计

任务目标

1. 了解采购业务内部控制制度设计的目标。
2. 掌握采购业务内部控制制度设计的关键控制点。
3. 掌握采购业务内部控制制度设计的内容。
4. 掌握采购业务内部控制制度的措施设计。

想一想

1. 你了解采购业务内部控制制度设计的目标吗？
2. 你认为设计采购业务内部控制制度的关键控制点有哪些？

知识准备

采购是企业生产经营过程中的一个重要环节，它与企业的生产和销售计划紧密相关，业务发生频繁且运行环节多，容易出现管理漏洞。企业应当根据采购业务的这些特点，结合经营管理和会计核算的具体需求，明确对采购业务内部会计控制系统的期望和目标。只有确立明确的目标，才能确保采购业务内部会计控制制度的设计不会偏离企业的真实需求。

一、采购业务内部控制制度设计的目标

一般来讲，一套科学合理、系统完善的采购业务内部会计控制制度至少应实现以下主要目标。

(1) 保证采购与生产、销售的要求同步，满足企业正常的生产经营需要：既要避免采购不及时导致的生产经营停滞，又要防止盲目采购造成物资积压和资金周转困难。

(2) 保证应付账款的真实性与合理性，保证货款支付的严密性；确保在收到商品或劳务后才付出资产或增加负债，防止企业结算资金被挪用。

(3) 合理呈现企业应享有的购货折扣与折让，维护企业权益不受侵犯。

(4) 防止有关人员违法乱纪、虚构交易、侵吞企业资产等不法行为的发生。

(5) 及时、准确地提供采购与付款业务的会计信息，为企业决策提供支持。

上述目标对采购业务内部会计控制制度提出的具体要求主要体现在：第一，采购与付款环节岗位分工明确，机构设置和人员配备合理；第二，请购依据充分、适当，审批权限和审批程序明确；第三，对供应商的选择、采购方式的确定、采购合同的签订、采购商品的验收等

有清晰的规定，尤其验收管理的控制措施要具体；第四，付款方式、付款程序、付款审批与客户对账办法等具体明确；第五，采购业务的会计核算及时、准确、规范。

二、采购业务内部控制制度设计的内容

为实现上述采购业务内部控制目标，一套有效的采购业务内部控制制度应该包括的内容如下。

（一）岗位分工制度

企业应建立采购与付款业务的岗位责任制，明确相关部门和岗位的职责、权限，确保办理采购与付款业务的不相容岗位相互分离、制约和监督。采购与付款业务不相容岗位至少包括：请购与审批；询价与确定供应商；采购合同的订立与审计；采购与验收；采购、验收与相关会计记录；付款审批与付款执行。总之，企业不得由同一部门或个人办理采购与付款业务的全过程。此外，企业还应根据实际情况对办理采购与付款业务的人员进行岗位轮换。

（二）授权批准制度

企业应对采购与付款业务建立严格的授权批准制度，明确审批人员对采购与付款业务的授权批准方式、权限、程序、责任和相关控制措施，规定经办人办理采购与付款业务的职责范围和工作要求。审批人应在授权范围内审批，不得超越审批权限；经办人应在职责范围内，按照审批人的批准意见办理采购与付款业务；对于审批人超越授权范围审批的采购与付款业务，经办人员有权拒绝办理，并及时向审批人的上级授权部门报告。严禁未经授权的机构或人员办理采购与付款业务。对于重要的、技术性较强的采购业务，应组织专家进行论证，实行集体决策和审批，防止决策失误造成严重损失。

（三）采购申请制度

企业应建立采购申请制度，依据购置物品或劳务等类型，确定归口管理部门，授予相应的请购权，并明确相关部门或人员的职责权限及相应的请购程序。对于正常生产经营所需的物资购买一般做授权处理，对于资本支出和租赁合同等，只允许特定人员提出请购。确定一般货物采购时，货物使用部门应根据未来一定期间的需要量提前通知货物保管部门，保管部门再根据现有货物库存量计算出请购量后，正式提交请购单。请购单必须经货物使用部门和货物保管部门主管签字后才能提交，提交后需经采购部门和会计部门确认方可生效。采购部门确认旨在防止重复执行相同采购业务，并通过咨询市场价格估算所需资金。会计部门要综合企业经营目标、资金预算范围和企业现有资金状况进行审查后批准。货物采购的请购单经使用部门、保管部门、采购部门和会计部门签署同意执行意见后，交由采购部门存档备案，并办理招标订货手续。

（四）订货控制制度

企业应建立严格的订货控制制度，对采购方式的确定、供应商的选择等作出明确规定，确保采购过程透明化。在采购方式确定上，应按照采购项目的性质、金额等要素确定是集中

采购还是自行采购。企业一般只对小额零星物品或劳务的采购采用自行购买方式。对于集中采购项目，要按照规定程序进行公开招标、邀请招标或竞争性谈判等，不能人为地将集中采购分拆成若干个自行采购项目。在供应商的选择上，要充分了解供应商的信誉、供货能力等，坚持“货比三家”。对于询价过程中不同供应商提供的货物报价单，由采购、使用等多个部门通过比较货物价格、质量标准、折扣、付款条件、供货时间等情况，选取最有利于企业生产和采购成本最低的供应商，按照企业规定的授权批准程序初步确定后与其进行谈判。企业应根据谈判结果尽量与供应商签订购货合同，在合同中明确双方的权利责任、业务交往中使用的合法票据等。同时，企业要向供货方发出事先连续编号的订购单，注意订购单发出前要有专人核对订购单是否得到授权批准、是否附带有效的请购单作为支持凭证、订单内容是否符合请购要求和合同规定等。订货控制制度的核心在于对选择供应商、签订合同和发出订单的控制。

(五) 供应商管理控制制度

企业应建立供应商档案，并根据自身发展、市场信息收集和供应商变动定期更新档案，若无特殊要求，采购活动应在档案内选择供应商。企业对供应商的管理可采用分类管理方式，根据供应商是否与企业存在战略联盟关系和到货的及时性与质量等因素将其分为不同等级，等级较高的供应商可享受优先合作和付款的优惠条件。在对供应商的管理中，关键的控制要点包括：定期审查供应商的基本资料，如有变动及时更新；新增供应商时要对其产品质量和财务可行性等进行全面检查，检查的内容包括：生产设备、工艺能力、质量记录、运输记录、劳动力情况、成本结构、财务状况、售后培训意向等；选择某一供应商进行交易时应由多部门进行监控，提供所有供应商的报价汇总表和不选择其他竞争性供应商的理由；与供应商进行以往相同的交易，在价格、付款条件等方面有不利变化时要严格审查，并经有权限的部门或人员批准后方可执行；与供应商进行每一次交易后都应组织请购部门、采购部门、会计部门、保管部门等相关部门对供应商进行评价，将评价结果记入供应商档案，作为以后交易的参考。

(六) 验收控制制度

企业应根据规定的验收制度和经批准的订单、合同等采购文件，由独立的验收部门或指定专人对所购物品或劳务等的品种、规格、数量、质量和其他相关内容进行验收。验收部门首先应比较收到的货物与订单上的要求是否相符，如货物的品名、数量、到货时间、说明等，然后再盘点货物并检查是否有损坏现象。在对货物的质量检验过程中，对于某些特殊货物的检验需要较高的专业知识或者要借助专业仪器和实验的，验收部门应将其送交专家或实验室，由专门人员签署质量验收合格意见后方可。

验收完毕后，对于验收合格的货物，验收部门应及时填制一式多联、预先编号的收货单，作为验收和检验货物的依据。验收部门将货物送交保管部门或使用部门时，应要求其在验收单上签字，以确立相关人员对所采购资产的保管责任。同时，将取得的经签章的验收单分别传递给采购部门和会计部门。验收部门对于验收过程中发现的异常情况，应立即向有关部门报告，有关部门要查明原因，及时处理。验收控制制度的核心是保证所购货物符合预定的品名、数量和质量标准，明确验收部门和其他相关人员的经济责任。

（七）退货和折让控制制度

企业应建立退货和折让管理制度，对于验收或使用过程中发现的不符合订货要求的货物，决定退货或者要求供应商给予相应的折扣。退货控制制度应对退货条件、退货手续、货物出库、退货货款回收等作出明确规定。当决定退货时，采购部门编制退货通知单，交由相关授权人员审核批准后，授权运输部门将货物运回，同时将退货通知单副本寄给供应商。运输部门在供应商收货后，将由供应商签收的退货通知单交给采购部门。采购部门据以编制借项凭证，并由独立人员进行检查后交给会计部门，作为会计部门调整应付账款或收回货款的依据。当决定请求购货折让时，需由采购部门与供应商协商谈判解决。企业一般应规定，折让金额由授权的高级管理人员批准方可生效。当折让金额与供应商达成一致，采购部门也应编制借项凭证，通知财务部门调整应付账款或收回货款。

（八）入账与付款控制制度

企业所采购的货物收货完成后，会计部门会取得收货单、供应商发票等表示货物已经验收入库并应支付款项或应付账款已经发生的原始凭证。会计部门应对这些原始凭证的真实性、完整性、合法性及合规性进行严格审核，尤其要注意必须在经过稽核人员或会计主管的专门审核后，才能在账簿中登记存货的增加、银行存款的减少或应付账款的增加。对于有预付账款的交易，应以预付金额冲抵供应商发票金额后的余额登记入账；对于享有折扣的交易，应以供应商发票金额扣去折扣金额后的净额登记入账。对于付款业务，除要求所有会计凭证审核无误外，还需报请授权批准人审核同意后才能办理，未经授权批准，不得办理所有款项的支付。此外，企业应建立会计对账制度，定期与供应商核对应付账款、应付票据、预付账款等往来款项，如有不符，查明原因，及时处理。

（九）监督检查制度

企业应建立对采购与付款内部会计控制的监督检查制度，明确监督检查机构或人员的职责权限，定期或不定期地检查各项规定是否得到有效执行。对监督检查过程中发现的采购与付款内部会计控制的薄弱环节，企业应采取措施，及时加以纠正和完善。

采购内部控制监督检查的内容主要包括：采购相关岗位及人员的设置情况，重点检查是否存在采购与付款业务不相容职务混岗现象；采购与付款业务授权批准制度的执行情况，重点检查大宗采购与付款业务的授权批准手续是否健全，是否存在越权审批行为；应付账款和预付账款的管理，重点审查应付账款和预付账款支付的正确性、时效性和合法性等。

三、采购业务内部控制制度设计的关键控制点

根据采购业务的流程，把内部控制制度设计的关键控制点按照流程进行划分，分别从请购环节、采购环节、验收环节及可能涉及的进口环节、不符环节和差异分析环节入手，对关键控制点进行阐述。

（一）请购作业控制重点

（1）请购单位必须详细注明参考厂商、规格形式及需用日期等内容。若申请物品需采

用特殊运送及保存方式,应额外注明注意事项。

(2) 请购单必须先由仓管人员进行库存审核,审核时应严格按照核准权限办理。

(3) 紧急采购情况不经常发生,事后应补开请购单,并追究原因是否为不可抗力因素,同时评估有无改善计划。

(4) 应定期检查请购单是否存在延迟采购的情形,确保请购数量符合经济采购量要求。

(二) 采购作业控制重点

(1) 平日应注意收集询价资料,保持最新时效,供应商资料也应随时更新,保证记录准确无误。

(2) 请购单必须经主管核准后,方可办理采购事宜。

(3) 办理比价、议价、招标等作业应符合公司规定,对外购进度也应依据预定采购程序进行控制与追踪。

(4) 对于大量采购的主料、辅料、包装材料,以合约采购为原则,并应保持两家供应商同时供料,以免受到供货品质的限制,影响生产作业。

(5) 重要采购合约签订前,须由法律专家查核。

(6) 为提高进货质量、降低进货成本并便于管理,应建立长期稳定且完全配合的协作厂商。

(7) 当市场各项原物料供应将发生大幅变化时,须通知有关部门,以便事先联系;报告经呈核后,立即采取应变措施。

(三) 进口作业控制重点

(1) 有关进口作业的各项预付费用在支付、入账、转账、收回及调整时,所附原始凭证必须核准,且内容必须合理。

(2) 应将同一进口采购案号的有关原始文件、合约、凭证等逐案汇集并归档保存。

(3) 应将进口结汇的有关原始文件、合约、凭证等核对无误后再开始签付操作。

(4) 预付货款一律以支票支付并抬头、画线、禁止背书转让。如需以现金支付,须符合现金付款的有关规定。

(5) 已付款的原始凭证应加盖付讫章,支付传票背面应有领款人签章,以免重复付款或冒领事件发生。

(6) 开立信用证时,除秉持公平、互利原则外,更应避免下列条款:①立保兑信用证;②押汇手续由买方负担;③可装运于甲板上;④信用证可转让;⑤指定开发银行或押汇银行;⑥可凭仓库收据(尚未装船)押汇等。

(7) 在途产品的交运、保管应完好无损,拨交、移转控制应力求完整。若有遗失或短少情况,必须明确责任;对于逾期过久的在途产品,应及时追查原因。

(8) 合约、单据必须规定寄存期间,对于逾期尚未处理的情况,应查明原因。

(9) 注意出账日期与在途日期过久的账目是否为久悬账未解,有无虚列账目的情形。

(10) 对于在途产品发生遗失及短损,依合约规定进行处理。约定条款要合理,已支付费用不可损及公司权益。

(11) 核对进口数量与实际数量必须相符,提货时物品若有损坏或短少,应立即请公证机构进行公证。若实收数量少于装运数量,须办理索赔。

(12) 检查是否有结汇费用不符规定或金额不符的情形,核算各项计费方式是否合理,计息起讫日期是否正确,每一项费用是否均有合理凭证。

(四) 验收作业控制重点

(1) 验收作业应依照“检验规范”的规定办理。

(2) 发票上的原物料名称、规格、数量、金额必须与送货单或“验收单”相符。

(3) 原料验收时,必须会同验收部门与采购部门共同办理。

(4) 如已分批收料,仓储人员应在“订购单”上注明分批收料日期、数量,并将复印件送交采购人员。

(5) 对于不合格的原物料,应及时通知采购单位退回或进行扣款处理。

(五) 不符作业控制重点

(1) 各项违约事件应依据“供应管理办法”及合约规定进行妥善处理。

(2) 货品因检验不合格退回更换的,交货日期应以调换补送货品到达日期为准。

(3) 所交货品的质量、规格与合约不符但仍可使用的,如因急需勉强予以验收使用,必须经有关主管事前认可,并按规定进行扣款或做减价处理。

(4) 如因检验不合格退回更换,或因故申请延期交货,必须事前报请公司有关主管同意,并确定逾期罚款或其他处理办法。

(5) 如因非人力所能抗拒的灾害而申请逾期免罚的,必须事后立即检具认可证件。

(6) 因实际情况无法依采购合约所订裁决的,其违约案件处理方式必须经有权人员批准。

(六) 差异分析控制重点

(1) 若差异是由人为因素造成,应进行追查,并给予惩戒或奖赏。

(2) 因材料质量不良造成单位的损失且在许可范围的,必须索赔。

(3) 从国外购置物件时,应利用金融避险工具,锁定成本,或将因汇率变动造成的损失降至最低。

四、采购业务内部控制制度的措施设计

(一) 不相容职务分离控制

不相容职务分离控制要求对经济业务所涉及的不相容职务实施相应的分离措施,构建各司其职、各负其责、相互制约的工作机制。采购与付款业务的公正、高效完成,需要完善的内部牵制制度予以保证,而对不相容职务进行分离控制正是实现内部牵制的有效措施。由不同人员分别担任不相容的职务,从制度层面降低了相关部门或人员合谋损害企业利益的风险。

在采购与付款业务中,针对不相容职务需要进行分工的岗位主要如下。

(1) 请购和审批:防止由某一部门集中完成而谎报需求、假公济私。

(2) 询价与确定供应商:防止采购人员与供应商串通,抬高价格、获取回扣。

(3) 采购合同的订立与审计:防止实际订立的合同被篡改,脱离企业真实需求。

(4) 采购与验收：防止所采购的物资存在以次充好、数量不足等问题仍然蒙混过关。

(5) 采购、验收与相关会计记录：防止虚构交易，侵吞企业资产。

(二) 授权批准控制

授权批准控制要求明确各岗位办理业务和事项的权限范围、审批程序和相应责任，各级管理人员应在授权范围内行使职权和承担责任。一个有效的授权批准控制制度，意味着经济业务从发生到结束都要经过严格审核和层层把关，所有步骤都在相关人员的授意和监督下进行。在采购与付款业务中进行授权批准控制，能够明确各经办部门和人员的经济责任，为解决采购与付款业务中的责任缺位和权力越位问题提供制度保证。

企业建立健全采购业务中的授权批准制度要做到以下三点。

1. 明确授权级次

根据采购项目的重要性、金额大小进行分级授权，确定各个层次的具体权力和相应的责任。例如，5000 元以下的由采购部门经理负责审批，5000 元以上 20 000 元以下的由总经理负责审批等。即使是企业内部最高级别的管理人员，其授权审批额度也必须设定上限，这是因为对于重要的和技术性较强的采购业务，如新产品开发中的大宗材料采购、设备购置、更新主要设备等，应当组织专家进行论证，实行集体决策和审批，防止出现决策失误而造成严重损失。

2. 明确授权批准的程序

企业应对采购与付款循环需要依次经过哪些授权批准的流程，每一个流程中的具体的授权批准程序都作出明确的规定。例如，对于物资的请购，严格按照使用部门、物资保管部门、采购部门、会计部门的审批顺序，规定每个部门的授权批准方式、审核人员和审核标准，设立关键控制措施。

3. 实行对授权批准制度的相互检查和监督

审批人和经办人都应按照规定的职责范围和工作要求开展工作，不得超越职责权限。对于审批人超越授权范围审批的业务，经办人员有权拒绝办理，并及时向审批人的上级授权部门报告。若上一个流程未得到合理授权批准，下一个流程的经办部门和人员同样有权拒绝办理。严禁未经授权的部门或人员办理采购与付款业务。

(三) 预算控制

预算控制要求企业明确在预算管理中的职责权限，规范预算的编制、审定、下达和执行程序，强化预算约束。对采购业务实施预算控制，即以预算指导采购业务的进行，可以保证企业按照既定的目标和方针政策对企业未来的发展进行规划，有效防止企业盲目采购、偏离战略目标；同时预算明确了采购业务中各个部门的具体努力方向，为采购业务的执行提供了控制和业绩考核标准，在很大程度上会促使采购人员努力压低采购价格，降低采购成本。预算控制应主要做好以下五个方面。

(1) 企业必须在预算年度开始前编制完成采购计划，为分析资产使用情况，对需要采购的资产进行充分论证提供必要的时间保证。

(2) 在采购预算编制的程序上，首先应对采购项目进行充分调研，确定具体采购项目的预算金额、采购方式、采购时间等；其次对其中所需购买的大额、重要或技术性较强的资产举行论证会；最后由采购部门、会计部门分别形成年度采购、付款预算草案。

(3) 采购预算的内容应尽可能细化，列明预算科目、采购金额、品目名称、采购数量、规格型号等，以提高预算的透明度、准确度及约束力。

(4) 在实际执行采购业务时，应严格按采购预算执行，不得随意改变或调整，以维护预算的严肃性。

(5) 对于在确定年初预算时无法预计，但企业现时发展又必需的超预算和预算外采购项目，应遵守临时请购申请程序进行请购，然后按年初确定采购预算项目的程序对其进行调研、可行性分析或论证，并明确规定何种级次的审批人员具有此类项目的批准权限。

(四) 会计系统控制

会计系统控制要求企业合理设置会计机构，配备会计人员，加强会计凭证、会计账簿和财务会计报告的基础工作，保证会计资料真实完整。就采购与付款业务而言，会计系统控制的核心内容如下。

1. 会计凭证的控制

采购与付款业务中的内部核算凭证主要有请购单、收货单、退货通知单等。企业应按照采购业务的过程、特点和管理要求，明确规定各种凭证的填制要求、传递程序和手续。例如，一张有效的请购单需经过请购部门、物资保管部门、采购部门、会计部门的层层审批，并具有齐备的签章；收货单应一式多联，由保管部门在货物到达并验收入库时，根据真实情况如实填制，并分别传递给采购部门和会计部门。任何填制不符合规定或弄虚作假的会计凭证，都不能作为会计记账的依据。

2. 会计账簿登记的控制

登记会计账簿时最重要的就是审核会计凭证，会计账簿必须按照审核无误的会计凭证进行登记，记账人员不得私自篡改凭证内容。例如，应付账款的登记入账必须在取得和审核各种必要的凭证后才能进行，这些凭证包括请购单、验收单(收货单)、订购单、供应商发票等，审核内容包括所有这些凭证是否齐全、日期和货物内容是否一致、有无授权人的核准签字、发票的折扣与订购单的要求是否一致、验算它们之间的数量、价格、合计金额是否正确等。此外，在登记会计账簿时要注意不相容职务的分离，如不能由一人同时登记应付账款总账和明细账，以防止入账金额和日期出现错误或舞弊。

3. 会计对账的控制

鉴于采购业务的重要性和发生的频繁性，企业应在日常会计处理过程中及时进行对账：与会计凭证核对，确保会计记录依据充分；与仓库的材料明细账核对，确保所采购材料记账正确；与实物资产核对，确保所采购大额资产的存在性；与供应商核对，确保应付账款的真实准确；等等。对账工作应由会计部门负责人或其授权的、独立于这些账簿登记工作的人员办理。对于对账过程中发现的任何差异都应予以追查，以进一步查实是会计记账错误还是其他方面的错误，并及时进行更正。

(五) 内部审计控制

内部审计控制要求企业设立内部审计部门，对经济活动进行监督检查，发现存在的缺陷并及时采取措施，保障经济活动的正常进行。内部审计控制是强化企业内部控制制度的一项重要措施，其职责不仅包括审核会计账目，还包括稽核、评价内部控制制度是否完善和企业内各组织机构执行指定职能的效率，并向企业最高管理部门提出报告，助力其完善内部控制、实现管理目标。执行内部审计控制最重要的一点是保持内部审计部门的相对独立性。内部审计部门只有直接对董事会负责，独立于企业其他部门，与其不存在利益纠纷与管理关系，才能在监督和评价时做到客观公正。

实战演练

1. 想一想

请你联系一家制造业企业，以设计会计制度为目标，了解该企业的采购业务的基本情况，并阐述该企业采购业务内部控制存在的不足之处。

2. 画一画

请画出制造业企业的采购业务流程图。

知识拓展

采购绩效体系与内部控制制度的关系

采购业务内部控制制度与采购绩效密切相关，良好的绩效水平能够推动内部控制制度的有效实施。以“5R”为核心的采购人员绩效评估体系，即适时(right time)、适质(right quality)、适量(right quantity)、适价(right price)和适地(right place)，并用量化指标作为考核标准。其中，时间绩效主要通过供应商准时交付率(on-time delivery，OTD)的执行情况来衡量；品质绩效主要是供应商运输的破损率。价格绩效由以下指标考核价格管理绩效：①实际价格与标准成本的差额；②实际价格与过去移动平均价格的差额；③比较使用时的价格和采购时的价格的差额；④将当期采购价格与基期采购价格比率同当期物价指数与基期物价指数之比率相互比较。效率指标通过采购金额占总收入的百分比来衡量。内部控制制度与单位其他制度相互影响、相互作用，在设计采购内部控制制度时，应全面综合考虑已有制度，确保协同性和有效性。

任务训练

一、单项选择题

1. 采购业务最关键的控制环节是(　　)。

A. 采购预算　　B. 采购作业

C. 采购验收　　D. 采购付款及记录

2. 企业所有采购申请单必须先由(　　)签名批准。

A. 董事长　　B. 总经理

C. 负责采购的副总经理　　D. 部门主管

3. 下列各项中，对需求部门提出的采购需求进行审核的是(　　)。

A. 需求部门　　B. 财务部门

C. 具有请购权的部门　　D. 总经理

4. 下列各项中，不属于采购业务中的风险的是(　　)。

A. 盲目采购或采购不及时，造成物品的超储积压或供应脱节和劳务的浪费

B. 当企业认为采购价格合理情况下，批量采购，但该种物资可能出现跌价而引起采购风险

C. 采购人员选择有回扣的供应商，这往往造成采购材料质量或价格出现问题，给单位经济利益带来损失

D. 企业没有建立合格的存货验收入库制度，导致采购回来的商品积压造成损失

二、多项选择题

1. 采购与付款的业务流程设计的目的主要有(　　)。

A. 加强企业采购计划管理

B. 规范采购工作

C. 保障供应，控制开支

D. 规范企业采购物资的付款程序

E. 帮助企业正确核算应付账款、及时签订与执行采购合同、审批控制采购付款

2. 采购业务处理程序设计包括(　　)。

A. 日常采购计划编制　　B. 采购合同签订程序

C. 材料发料程序　　D. 临时采购申请程序

E. 材料验货付款程序

3. 采购与付款业务中企业在设计各种凭证传递程序时，必须考虑的事项有(　　)。

A. 指定专人填制有关凭证

B. 指定专人传递有关凭证

C. 不能由一个部门(或人员)完成凭证的所有必要手续

D. 不相容职务分离

E. 凭证传递要及时

三、简答题

1. 采购业务内部控制制度设计的目标是什么？

2. 采购业务内部控制可采取的措施设计有哪些？

四、案例分析题

某工厂设计的材料采购内部控制制度如下：每月生产车间根据下月生产计划计算所需各种原材料，填写请购单，写明原材料品名、规格、数量，交送采购部门，由采购部门采购员与供货工厂签订合同；材料运到后，由采购部门采购员验收，开出验收单一式三联：第一联存根，第二联送交财会部门办理付款及入账手续，第三联送仓库登记材料明细账，验收的原材料由采购员组织力量送存仓库。

请指出上述某工厂在材料控制上存在哪些问题和容易发生的弊端，并提出改进措施。

任务 8.3　存货业务内部控制制度的设计

任务目标

1. 了解存货业务内部控制制度设计的关键控制点。

2. 掌握存货业务内部控制制度设计的目标。

3. 掌握存货业务内部控制制度的措施设计。

4. 掌握存货业务内部控制制度设计的内容。

想一想

1. 你知道存货业务有哪些风险需要控制吗?

2. 你认为存货业务内部控制制度的设计要点有哪些?

知识准备

一、存货业务内部控制制度设计的目标

存货业务内部控制制度设计的主要目标如下。

(1) 规范存货收发流程,保护财产的安全完整。

(2) 准确计量和考核存货资金,记录企业生产经营活动。

(3) 正确反映存货使用情况,防止缺货和存货超储积压。

(4) 确保存货相关人员相互独立,定期进行账实核对。

二、存货业务内部控制制度设计的内容

为实现存货业务内部控制制度设计的目标,存货业务控制制度的设计应由以下七个基本方面构成。

(一) 落实保管责任制度

存货保管责任制度包括两部分内容:授权控制和职责分工。授权控制,是指对于各种存货的收、发,根据其重要程度,指定相关负责人审核批准,严格把关,确保存货的安全完整和合理使用,将存货的保管责任与使用责任分离。职责分工,是指对于存货的请购、采购、验收、记账、保管、请领、审批、发放,必须由不同的人员担任,不能由一人包办。实行钱、账、物分管,以便相互牵制、相互制约,或减少差错。

(二) 建立严格的存货计量、记录和管理制度

1. 存货的分类编号

企业的存货品种繁多且收发频繁,为便于管理和核算,需对存货进行分类。企业的性质不同,存货的特征也不同。存货类别的划分必须根据企业的管理核算需求。例如,工业企业通常将存货划分为原料及主要材料、辅助材料、燃料、修理用备件、包装物、低值易耗品、半成品、产成品等大类。商业企业对存货的划分则主要是根据商品的物理特性,如护肤用品类、服装类、家用电器类、日用品类等。这些分类既是企业的保管部门分拣、归类、摆放存货的依据,也是会计部门进行明细核算的基础。

2. 存货的计量与记录

配备精确的计量工具,并尽量使用同一件计量工具,对收入、发出的存货进行精确计量。一旦存货经过单据核对、计量验收入库,仓库保管员为加强保管,需为每种材料设置材料吊

卡(也称料牌,悬挂在料架上的卡片),记录各种物资的收发结存数量。当物资发生收发时,仓库保管员就要在吊卡上进行记录,并要对吊卡上的结存数量与实物经常进行核对,强化管理。

3. 存货的计划和管理

存货的保管包括对它的计划和具体管理制度,规定越详细,尤其是结合具体岗位说明进行描述的管理制度,控制越严密,这部分主要控制以下内容。

(1) 要求各种存货的收入、发出必须根据有关规定办理相关手续。

(2) 对各种存货实行计划控制。

(3) 各类存货应妥善保管,按品种、规格、编号定位堆放,并悬挂材料吊卡,以便随时核对。

(4) 库存物资的任何变动都应有一定的手续凭证作为依据,任何人员都不得在没有手续的情况下动用库存货物,不得擅自发出、变卖和赠送存货,也不得用一种存货交换另一种存货。

(5) 对于委托外单位加工的存货,仓库保管员应根据计划部门填写的"委托外加工发料通知单"进行发料,财会部门据此记账。同时,仓库保管员应在备查登记簿中予以登记,加工完成验收入库时再予注销原记录。

(6) 建立存货的稽核制度。

(三) 采用永续盘存制度

永续盘存制度是通过设置详细的存货明细分类账,逐日逐笔记录存货收入的数量和金额、发出的数量(能否随时记录发出金额取决于发出存货的计价方法,下同),能够随时结出结余存货的数量,并从账面求出期末结存金额。具体做法是,在会计部门设总分类账户,仓库部门设分类明细账。在货物收、发、存业务中,所有有关收发业务的手续凭证都应有一联送交会计部门,由会计部门进行记录。同时,仓库保管部门登记明细分类账,对各种材料和商品的数量、金额分别核算。这样各种存货每一次收入和支出之后,都要计算出结存数。这个结存数又可分为实物数量的、金额的、既有实物数量又有金额的三种不同方式。设计时,应考虑企业对于存货的计价方法和管理上的不同要求来决定,一般仓库采用数量永续盘存制,明细分类账则采用数量、金额并用的永续盘存制。例如,采用永续盘存制的材料,明细分类账的账页上面应标明材料的名称规格、计量单位、最高存量和最低存量,并按记账日期、凭证字号、摘要、收入、发出、结存分栏记录。在收、发、存各栏下应分数量、单价、金额三小栏。各种材料结存金额的总数,应与总分类账材料账户的结存金额相符。

(四) 健全实地盘点制度

1. 盘点控制

盘点控制是指对企业的资产实施定期盘点清查,并将盘点结果与会计记录进行比较,以确定其是否相符,进而发挥控制作用的一种控制方式。在工业企业里,盘存业务主要包括以下内容。

（1）原材料的盘存，即各种原料、主要材料、辅助材料、燃料、修理用备件、外购半成品等的盘存。

（2）自制半成品和在产品的盘存。

（3）低值易耗品和包装物的盘存。

（4）产成品的盘存。在商品流通企业里，盘存业务主要是指库存商品的盘存，此外也有材料物资、低值易耗品和包装物等的盘存。

2. 盘点制度

企业应根据自身的特点建立资产盘点制度，主要包括以下内容。

（1）定期盘点。当然针对不同的资产，盘点的时间间隔有所不同。一般而言，重要的、增减过程中容易发生错误和舞弊的资产，其盘点时间间隔应短些；反之，可以长些。

（2）盘点人员组成。针对不同的资产类型，确定盘点人员的具体构成。一般来讲，应由资产保管人员、记录人员、内部审计人员、单位或得到授权部门的负责人员共同组成盘点小组，以确保盘点结果的客观、准确。

（3）盘点手续。盘点前，应做好各项准备工作，包括盘点表、盘点器具的准备，盘点具体时间的安排等；盘点过程中，应合理确定哪些人员动手点数，哪些人员监视，哪些人员复查等。

（4）盘点结果的处理。首先应通过对盘点结果的抽查，确保盘点结果的相对准确，然后，对盘点所查明的问题应得到有关部门的核准进行调整处理，如调账等。

（五）实施存货保险制度

在存货分类和目录设置以及编号的基础上，由存货管理部门根据企业的存货性质和重要程度以及历史数据，对存货进行价值等级测算，统计各类存货的损失率和库存时间以及跌价损失，算出企业存货的储存机会成本，然后与向保险公司投保发生的保险费用进行比较，决定是否投保，以及为哪些存货建立保险制度，降低存货发生意外损失的风险。

（六）建立库存存货质量管理制度

库存存货质量的管理包括两个方面：一是存货的残损变质；二是存货的积压呆滞。无论属于哪一种情况，都必须结合存货的盘点，及时发现并采取措施处理，以保证存货质量的良好，减少发生的损失，并保证会计存货核算资料的真实可靠。对于经仓库保管部门盘点确认已经确实不能继续使用和盘亏的存货应编制“存货报废审批单”，该单由存货管理部门填制，经财务、存货部门负责人及企业领导审批后方可作报废账务处理。

（七）确定恰当的存货明细分类账分户方法

由于材料、商品等存货种类、规格繁多，存货的明细核算既可以按其品种、规格和等级分户，也可以按其品种、规格、等级和进货单价等其他方法分户，不同的分户方法直接导致发出或销售存货价值计算结果和库存价值的不同。因此，无论采用哪种分户方法，都必须结合企业自身的经营管理特点，综合考虑设账的繁简程度与计算成本准确程度的关系，选择恰当的分户方法，为准确计算材料发出成本、库存商品销售成本提供必要的资料。

三、存货业务内部控制制度设计的关键控制点

存货业务流程如图 8-3-1 所示，存货业务内部控制制度要点如下。

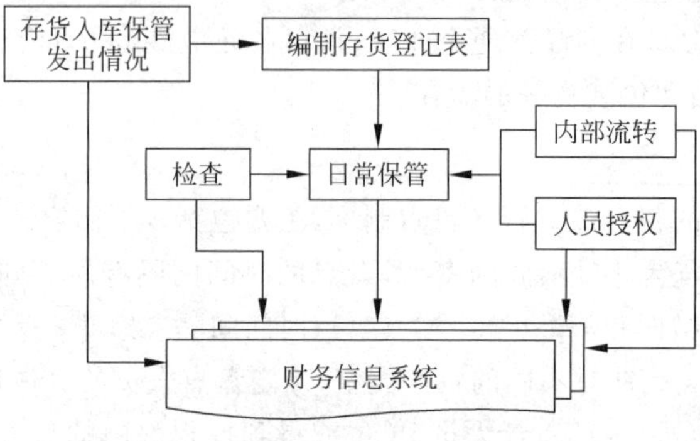

图 8-3-1　存货业务流程

(1) 存货的采购和领用均需经过适当的审查批准，以此防范虚报存货导致账实不符、资产流失。

(2) 严格把控存货收发环节的凭证管理。各种存货的收发必须及时登记入账，并且明确相关负责人，以经相关负责人审核批准后的凭证为准。同时，按照规格型号建立库存实物明细卡片，并定期对存货的数量和金额进行核算，确保账实相符。

(3) 职责分离。存货的请购、审批、发放、保管、记账和核对工作不能由一人包办，应分配给不同人员负责，并保证各岗位相互独立。

(4) 规定合理的材料储存定额，通过限额凭证进行领用控制。

(5) 针对本企业存放在其他企业的存货，如委托加工材料、外存材料等，要设置账簿进行登记，并定期与有关单位核对。此外，外来加工材料和本企业材料要分开保管，防止混淆。

(6) 对存货的计量采用适当的计价方法，并保持执行的连贯性。对于存货成本的计算过程和会计处理要确保准确无误。经常进行不定期或定期的内部清查。

(7) 设置残料废料账簿，安排专人负责回收利用。材料报废需得到负责人或相关部门批准，定期考核缺货以及超储积压问题，积极处理以加速资金周转。

(8) 加强存货仓储和运输环节的人员素质控制。在人力成本允许的情况下，提高仓储和运输环节员工的素质，保障存货安全，促进企业生产经营的良性循环。

四、存货业务内部控制制度的措施设计

(一) 存货管理岗位的授权批准控制

企业内部除存货管理部门及仓储人员外，其余部门和人员接触存货时，需经相关部门特别授权。对于贵重物品、危险品或保密物品等，应设定更严格的接触限制条件，必要时，存货管理部门内部也应执行授权接触制度。

（二）预算控制

企业应根据预算有关规定，结合本系统的业务特点编制存货年度、季度和月度的采购、生产、存储、销售预算，并按照预算对实际执行情况进行考核。

（三）会计信息系统控制

1. 存货的采购

企业应根据各种存货的采购间隔期和当前库存，综合考虑企业生产经营计划、市场供求等因素，充分利用信息系统，合理确定存货采购日期和数量，确保存货处于最佳库存状态。存货采购业务需按计划申报程序进行，由采购部门根据企业生产经营计划和材料请购单编制采购计划，提出具体采购目录，经主管计划的负责人审核后报主管领导审批。

2. 存货的验收

外购存货的验收应重点关注合同、发票等原始单据与存货的数量、质量、规格等是否一致。对于技术含量较高的货物，必要时可委托具有检验资质的机构或聘请外部专家协助验收。

自制存货的验收应重点关注产品质量，只有经检验合格的半成品、产成品才能办理入库手续，不合格品应及时查明原因、落实责任并报告处理。

采购部门负责验收材料的品种、数量，填制验收单；质量检验部门负责检验质量，签署验收单；仓库保管部门根据验收单验收存货，填制入库单，登记存货台账，并将发票、运单连同收料单送回采购部门。

3. 存货的保管

企业应建立存货保管制度，定期对存货进行检查，重点关注下列事项。

(1) 存货在不同仓库之间流动时，应当办理出入库手续。

(2) 按照仓储物资所要求的储存条件贮存，健全防火、防洪、防盗、防潮、防病虫害和防变质等管理规范。

(3) 加强生产现场的材料、周转材料、半成品等物资的管理，防止浪费、被盗和流失。

(4) 代管、代销、暂存、受托加工的存货，应单独存放和记录，避免与本单位存货混淆。

(5) 结合企业实际情况，加强存货的保险投保，保障存货安全，合理降低存货意外损失风险。

4. 领用与发出控制

企业应明确存货发出和领用的审批权限，大批存货、贵重商品或危险品的发出应当实行特别授权。仓储部门应根据经审批的销售（出库）通知单发出货物。

5. 盘点与处置控制

企业应制定并选择适当的存货盘点制度，明确盘点范围、方法、人员、频率、时间等。制订详细的盘点计划，合理安排人员、有序摆放存货、保持盘点记录完整，及时处理盘盈、盘亏。对于特殊存货，可以聘请专家采用特定方法进行盘点。存货盘点应当及时编制盘点表，盘盈、盘亏情况要分析原因，提出处理意见，经相关部门批准后，在期末结账前处理完毕。

实战演练

1. 想一想

请你联系一家制造业企业，以设计会计制度为目标，了解该企业的存货业务的基本情况，并阐述该企业存货业务内部控制存在的不足之处。

2. 画一画

请画出制造业企业的存货业务流程图。

知识拓展

存货盘点流程如图 8-3-2 所示。

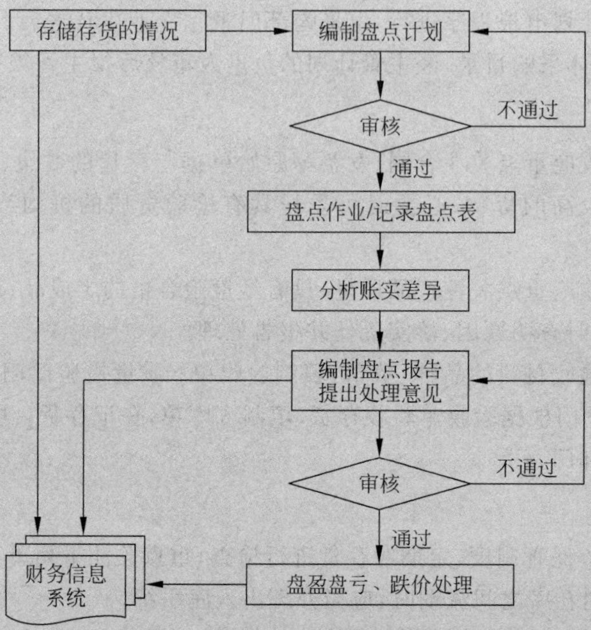

图 8-3-2 存货盘点流程

任务训练

一、单项选择题

1. 下列不属于存货业务流程设计的业务特点的是（ ）。

A. 在企业中，存货经常处于不断销售、耗用、购买或重置中，业务发生频繁

B. 存货周转涉及企业的采购、生产、储存、销售等多个环节，因此须协调各环节统一管理

C. 在正常的生产经营活动下，存货能够规律地转换为货币资产或其他资产，但长期不能耗用或销售可能变为积压物资，从而造成企业的损失

D. 各种存货的收入、发出必须根据有关规定办理有关手续

2. 下列关于存货内部控制制度的说法中不正确的是（ ）。

A. 外购存货的验收，应当重点关注合同、发票等原始单据与存货的数量、质量、规格

等核对一致

B. 自制存货的验收，应当重点关注产品质量

C. 其他方式取得存货的验收，应当重点关注存货来源、质量状况、实际价值是否符合有关合同或协议的约定

D. 存货在不同仓库之间流动时无须办理出入库手续

3. 销售退货增加的存货，由(　　)根据验收情况编制退货接收报告，报告应包括所退货物的品种、名称、客户的名称等，并交由相关的主管部门进行审核。

A. 财务部门　　B. 销售部门　　C. 接收部门　　D. 仓储部门

4. 仓储部门应当定期对存货进行检查，重视(　　)的材料、低值易耗品、半成品等物资的管理控制，防止浪费、被盗和流失。

A. 仓库　　B. 生产现场　　C. 运输环节　　D. 销售环节

二、多项选择题

1. 存货的业务流程设计目的主要有(　　)。

A. 通过存货业务设计，严格各种存货收发手续的规定，保护实物财产的安全

B. 通过存货业务设计，保证存货的安全

C. 通过存货业务设计，正确反映存货增减变动和结存情况，保证企业生产活动的正常进行

D. 通过存货业务设计，有利于正确计算物化劳动，考核存货资金以及防止存货超储积压

2. 存货管理的业务流程设计的控制点包括(　　)。

A. 确定最佳订货批量　　B. 存货明细管理

C. 核对存货数量　　D. 存货盘点

E. 确定恰当的存货明细分类账分户方法

3. 企业应当建立存货保管制度，定期对存货进行检查，重点设计下列(　　)事项。

A. 存货在不同仓库之间流动时应当办理出入库手续

B. 应当按仓储物资所要求的储存条件贮存，并健全防火、防洪、防盗、防潮、防病虫害和防变质等管理规范

C. 加强生产现场的材料、周转材料、半成品等物资的管理，防止浪费、被盗和流失

D. 对代管、代销、暂存、受托加工的存货，应单独存放和记录，避免与本单位存货混淆

4. 存货业务的不相容岗位主要包括(　　)。

A. 请购与审批　　B. 采购与验收、付款

C. 保管与相关会计记录　　D. 发出的申请与审批

三、简答题

1. 存货业务内部控制制度设计的目标是什么？

2. 存货业务内部控制可采取的措施设计有哪些？

3. 如何设计存货的保管控制制度？

4. 存货业务内部会计控制制度设计的内容包括哪些？

四、案例分析题

A公司仓库保管员负责登记存货明细账，以便对仓库中的所有存货项目的收、发、存进

行永续记录。当收到验收部门送交的存货和验收单后，根据验收单登记存货领料单。平时，各车间或其他部门如果需要领取原材料，都可以填写领料单，仓库保管员根据领料单发出原材料。公司辅助材料的用量很少，因此领取辅助材料时，没有要求使用领料单。各车间经常有辅助材料剩余(根据每天特定工作购买而未消耗掉，但其实还可再为其他工作所用的)，这些材料由车间自行保管，无须通知仓库。如果仓库保管员有时间，偶尔也会对存货进行实地盘点。根据上述描述，回答以下问题：

(1) 你认为上述描述的内部控制制度有什么弱点？简要说明该缺陷可能导致的弊端。

(2) 针对该公司存货循环上的弱点，提出改进建议。

任务 8.4　成本费用业务内部控制制度的设计

任务目标

1. 了解成本费用业务内部控制制度设计的关键控制点。
2. 了解成本费用业务内部控制制度设计的目标。
3. 掌握成本费用业务内部控制制度的措施设计。
4. 掌握成本费用业务内部控制制度设计的内容。

想一想

1. 你知道成本费用业务有哪些风险需要控制吗？
2. 你认为成本费用业务内部控制制度的设计要点有哪些？

知识准备

加强成本费用管理是实现财务成果的重要保障，是增加利润的重要途径和手段，也是实现企业价值最大化的关键。企业资产的消耗最终会转化为成本费用，成本费用管理是一项全方位的工作，需要企业各个部门相互配合才能完成。如果管理不善，可能导致企业成本费用核算和相关会计信息不合法、不真实、不完整，进而导致企业财务报告失真，最终使企业遭受外部处罚、经济损失和信誉受损。

一、成本费用业务内部控制制度设计的目标

成本费用控制目标是指预期成本费用应控制达到的水平及控制标准，其最终目标是实现成本费用最小化。确立成本费用控制目标需满足以下基本要求。

(1) 保证各项成本费用的合法性。各项成本费用开支符合国家有关财经法规的要求，严格遵守国家规定的成本费用开支范围和标准。

(2) 保证各项成本费用开支的合理性。各项成本费用开支必须符合企业生产经营活动的需求，准确划分资本性支出和收益性支出的界限，清晰界定产品成本和期间费用的界限，遵循收入与费用的配比原则，做到经济合理。

(3) 保证成本费用的正确核算，及时提供真实、可靠的成本费用信息资料。成本费用信息资料是国家进行宏观管理的重要依据。

(4) 加强成本费用的管理，提高经济效益。通过采用目标成本、标准成本、定额成本及责任成本控制等科学控制方法，努力节约费用开支，减少损失和浪费，降低成本，提高经济效益。

二、成本费用业务内部控制制度设计的内容

(一) 岗位分工及授权批准制度

单位应建立成本费用业务岗位责任制，明确内部相关部门和岗位的职责与权限，确保办理成本费用业务的不相容岗位相互分离、相互制约和相互监督。同一岗位人员应定期适当转换，成本费用不相容岗位包括：成本费用预算的编制与审批；成本费用支出的审批与执行；成本费用支出的执行与相关会计记录。单位应配备具备良好业务知识和职业道德、遵纪守法且客观公正的合格人员办理成本费用核算业务，并通过培训不断提升其业务素质和职业道德水准。

单位需对成本费用业务建立严格的授权批准制度，明确审批人对成本费用业务的授权批准方式、权限、程序、责任和相关控制措施，规定经办人办理成本费用业务的职责范围和工作要求。审批人应根据成本费用授权批准制度，在授权范围内进行审批，不得超越权限。

(二) 建立成本费用的考核制度

对相应成本费用项目的责任主体进行考核和奖惩，借助成本费用考核推动各个责任中心合理控制生产成本及各类耗费。实行责任评价制度，责任评价是指根据责任主体的控制标准及实际资料，对责任主体的责任履行情况进行认定、分析、考核、奖惩等一系列工作的总和。在成本费用控制中，责任评价关乎责任主体的业绩认定及其利益，也关系到企业成本费用控制的激励与约束有效性，进而影响成本费用控制动力机制的作用程度。最终，要将考核结果以责任报告的形式反映出来。

三、成本费用业务内部控制制度设计的关键控制点

(一) 成本费用预测、决策与预算控制

1. 预测

单位应根据本单位历史成本费用数据、同行业同类型企业的相关成本费用资料、工料费价格变动趋势、人力和物力的资源状况以及产品销售情况等，运用本量利分析、投入产出分析、变动成本计算及定量与定性分析、价值链成本比较分析等专门方法，对未来单位成本费用水平及其发展趋势进行科学预测，制定科学、合理的成本费用管理目标。开展成本费用预测时，应秉持费用最少、效益最大的原则，明确合理期限，充分考虑成本费用预测的不确定因素，确定成本费用定额标准。成本费用预测应服从企业整体战略目标，考虑各种成本降低方案，从中选择最优成本费用方案。

2. 决策

单位对成本费用预测方案进行决策时，应针对产品设计、生产工艺、生产组织、零部件自

制或外购等环节，运用价值分析、生产工序、生产批量等方法，寻找降低成本费用的有效措施。

3. 预算

单位应根据成本费用预测决策形成的成本目标，建立成本费用预算制度。通过编制成本费用预算，将企业的成本费用目标具体化，强化对成本费用的控制管理。

（二）成本费用执行控制

（1）单位应根据成本费用预算、定额和支出标准，分解成本费用指标，落实成本费用责任主体，确保成本费用预算的有效实施。

（2）建立成本费用支出审批制度，根据费用预算和支出标准的性质，按照授权批准制度规定的权限，对费用支出申请进行审批。

（3）单位应规范成本费用开支项目、标准和支付程序，严格控制费用支出。对于未列入预算的成本费用项目，如确需支出，应按照规定程序申请追加预算。

单位应根据生产成本业务的特点以及生产经营对生产成本管理的要求，对成本费用的执行采取以下控制措施。

（1）各车间和职能部门所需开支的各项费用，在由专人填制有关凭证后，需经车间或部门负责人员审查批准；对于超出限定或预算的费用开支，则由上级主管人员审查批准。

（2）产品成本的核算是以经过审核的生产通知单、领发料凭证、产量和工时记录、人工费用分配表、材料费用分配表、制造费用分配表为依据的。

（3）财会部门应审查由各个职能部门转来的各项费用开支原始凭证及转账凭证基本内容的完整性、处理手续的完备性、经济内容的合法性、计算内容的正确性，并签字盖章。

（4）财务人员要审核材料发出汇总表、工资结算汇总表、固定资产折旧计算表及其他费用支出原始凭证基本内容的完整性、处理手续的完备性、经济内容的合规合法性、计算内容的正确性，并编制记账凭证，及时登记生产成本等明细账，与相关的总账和实物保管等账簿进行核对。

（三）成本费用核算控制

单位应建立合理的成本核算、费用确认制度。成本费用核算应符合国家统一的会计准则制度规定，对生产经营中的材料、人工、间接费用等进行合理的归集和分配，不得随意改变成本费用的确认标准及计量方法，不得虚列、多列、不列或者少列成本费用。

建立成本费用核算的基础工作制度，包括建立健全有关成本核算的原始记录工作；制定必要的消耗定额，完善定额管理制度；建立和健全材料物资的计量、验收、领发、盘存以及在产品的移动管理制度等。同时，单位应根据本单位生产经营特点和管理要求，选择合理的成本费用核算方法。

（四）成本费用分析与考核

单位财务部门应运用专门方法进行成本费用分析，及时掌握成本费用升降原因，通过分析差距产生的原因，进一步修正成本费用标准。在分析过程中，主要分析成本费用预算、定额的执行情况，成本降低任务的完成情况，还要具体对成本费用的构成项目、单位成本进行分析。

四、成本费用业务内部控制制度的措施设计

成本费用内部控制制度的措施主要包括授权批准控制、会计系统控制、内部审计控制、电子信息系统控制及预算控制。授权批准控制、会计系统控制、内部审计控制三种控制措施在其他章节介绍，此处重点阐述电子信息系统控制和预算控制。

（一）电子信息系统控制

电子信息系统控制要求单位运用电子信息技术手段建立控制系统，以减少和消除内部人为控制的影响，确保内部控制的有效实施；同时要加强对电子信息系统的开发与维护、数据输入与输出、文件储存与保管、网络安全等方面的控制。

电子信息系统控制是利用计算机和网络把单位所需的经营管理信息记录下来，迅速汇总、加工、处理，形成如同大脑神经系统般高速运转和流动的信息流。由于信息化具有灵敏、准确、集成、共享等特点和优势，因此，可以为单位的决策、生产和销售等环节提供更好的服务。然而，在电子信息技术快速发展并为单位经营管理带来便利和高效率的同时，单位也应重视电子信息系统本身的风险。如果对风险监控不当，可能给单位和国家的资产造成巨大损失。

目前，我国电子信息系统主要面临的风险包括：一是软件开发和设计存在的风险。在应用软件研制过程中，由于研制人员考虑问题不够全面、科学，致使实际工作中的一些情况与之不符，容易出现差错；二是实际业务操作不规范造成的风险。主要表现为具体制定的措施不严，导致出现玩忽职守的现象；三是网络、计算机维护不当酿成的风险。

为有效控制电子信息系统中存在的种种风险，应采取以下措施。

1. 对操作系统进行保护

(1) 设定操作人员权限。根据权限，操作人员分为专项操作人员和系统管理员。专项操作员只能从事某一项具体工作，如录入凭证或打印账簿等；系统管理员权力较大，可以设定和更改专项操作员的口令，修改账簿数据等，但同时对系统安全负有重大责任。

(2) 设置口令。为防止非法进入电子信息系统，必须设置密码和口令，只有在密码和口令一致时，才能进入系统。设置的口令和密码应不易被破译且便于记忆，为安全起见，口令不应在屏幕上显示。

(3) 运用密码盘。在电子信息系统中，除设置口令外，还应设置密码盘对系统进行保护。

2. 对软件和数据进行保护

(1) 把编制好的程序在投入使用前，运用编译手段使其形成由机器码组成的程序，并设置成不可读或隐含文件。

(2) 用加密技术对管理信息系统软件加密，可采用激光加密、硬卡加密等方法。

(3) 建立数据的存取保护措施，对会计数据设置不同的操作权，如设置对数据的允许阅读或禁止阅读权限，对数据的允许修改或禁止修改权限等。

(4) 建立数据盘的备份制度,可采用日备份和月备份两种形式。

(5) 对数据文件进行加密,可采用消除、互换和替代等技术方法实现。

(二) 预算控制

预算控制要求单位加强预算编制、执行、分析、考核等环节的管理,明确预算项目,建立预算标准,规范预算的编制、审定、下达和执行程序,及时分析和控制预算差异,采取改进措施,确保预算的执行。预算内资金实行责任人限额审批,限额以上资金实行集体审批,严格控制无预算的资金支出。

预算是指单位结合生产经营目标及资源调配能力,经过综合计算和全面平衡,对当年或者超过一个年度的生产经营和财务事项进行相关经费、额度的测算和安排的过程。

预算控制是内部控制中广泛运用的一种控制方法。预算将单位的经营目标转化为各部门、各个岗位以至每个员工的具体行为目标,作为各受控单位的约束条件,能够从根本上保证单位经营目标的实现。通常的预算控制程序应包括:首先,确定预算方针和预算目标;其次,编制预算,涉及明确预算原则、编制预算草案、协调预算、复议和审批等;再次,预算的执行、监控和调整;最后,预算考评。

西方发达国家十分重视预算的研究和运用,已将普通预算系统推向全面预算管理阶段。自20世纪20年代全面预算管理在美国的通用汽车公司、杜邦公司、通用电气公司产生之后,这一方法很快成为大型现代化工商企业的标准作业程序。预算从最初的计划、协调生产发展为现在的兼具控制、激励、评价等功能的一种综合贯彻企业战略方针的经营机制,从而处于企业内部控制系统的核心地位。在我国,近年来,人们对预算,尤其是全面预算有了一定的认识。在一些预算管理做得好的企业,比较重视对包括成本费用在内的经济事项的控制和管理,尤其重视专门预算的控制,对一些与决策相关的间接费用,如产品的研发成本、广告设计成本等,因其往往涉及企业战略决策的实施,对这类成本费用制定相应的控制流程,同时采用零基预算方法编制费用支出计划,并由检查监督部门按项目内容严格检查预算的执行情况,对其在执行中发生的重大变化需经最高管理层决策。但还有不少企业虽然自行编制了预算,但仍未设置专门的预算管理机构;而另一些企业预算编制得很漂亮,但缺乏对预算执行的监督落实,导致预算成为空算。由此可见,在我国让所有企业运用好预算控制这种方法还有很长的路要走。

实战演练

想一想

请你联系一家制造业企业,以设计会计制度为目标,了解该企业的成本费用业务的基本情况,并阐述该企业成本费用业务内部控制存在的不足之处。

知识拓展

成本与费用的区别

1. 内容不同

费用包括生产费用、管理费用、销售费用和财务费用等。而工业企业产品成本只包括为生产一定种类或数量的完工产品所产生的费用,不包括未完工产品的生产费用和其他费用。

2. 计算期不同

费用的计算期与会计期间相联系；产品成本一般与产品的生产周期相联系。

3. 对象不同

费用的计算是按照经济用途分类；产品成本的计算对象则是产品本身。

4. 计算依据不同

费用的计算依据是直接费用和间接费用；产品成本的计算依据是特定的成本计算对象。

5. 账户和原始凭证不同

费用的核算以生产过程中取得的各种原始凭证为依据，对应的账户是期间费用等；产品成本的核算以成本计算单或成本汇总表为依据，对应的账户是生产成本等。

6. 总额不同

在一定时期内，费用总额不等于产品成本总额，这是因为二者的内容和价值量存在差异；产品成本只是费用总额的一部分，不包括期间费用和期末未完工产品的费用等。

7. 作用不同

费用指标主要用于分析其占比情况、了解结构变化，进而加强费用管理；产品成本指标具有多方面作用：一是反映物化劳动与活劳动的耗费情况；二是体现资金耗费的补偿；三是用于检查成本和利润计划的执行情况；四是作为表明企业工作质量的综合指标。

任务训练

一、单项选择题

1. 根据顾客订单或者对销售预测和存货需求的分析进行生产授权，填制预先编号的生产通知单的部门是（　　）。

A. 供应部门　　B. 生产计划部门　　C. 财务部门　　D. 销售部门

2. 下列有关成本费用关键内部控制制度的说法中，不正确的是（　　）。

A. 对未列入预算的成本费用项目绝不可以支付

B. 同一岗位人员应定期做适当调整和更换，避免同一人员长时间负责同一业务

C. 企业应当根据成本费用预测决策形成的成本目标，建立成本费用预算制度

D. 企业应当根据本单位生产经营特点和管理要求，选择合理的成本费用核算方法

3. 成本费用业务岗位分工制度要求建立（　　），明确相关部门和岗位的职责、权限，确保办理成本费用业务的不相容岗位相互分离、制约和监督。

A. 成本费用业务岗位责任制　　B. 定额管理制度

C. 内部计划价格制度　　D. 原始记录制度

4. 成本费用业务授权批准制度要求规定经办人办理成本费用业务的职责范围和（　　）。

A. 授权方式　　B. 工作要求　　C. 权限程序　　D. 程序

5. 设计成本费用核算制度的基本条件是（　　）。

A. 成本核算的基础工作控制制度　　B. 生产计划控制制度

C. 成本责任控制制度　　D. 成本核算方法控制制度

二、多项选择题

1. 成本核算业务基础工作控制制度设计的主要内容包括(　　)。

A. 定额核算制度　　B. 原始记录制度

C. 材料物资的收发、领退、清查制度　　D. 建立完整的采购登记制度

E. 企业内部计划价格制度

2. 现代企业全面成本管理的环节包括(　　)。

A. 成本预测和成本决策　　B. 成本计划

C. 成本控制　　D. 成本核算

E. 成本分析和成本考核

3. 为了使所设计的成本会计制度有利于加强成本管理,正确、及时地计算产品成本,在设计成本内部控制制度时,应符合以下(　　)基本要求。

A. 有利于正确进行成本业务的会计核算

B. 健全成本业务凭证流转与管理制度

C. 有利于正确计算成本和简化成本核算

D. 以会计准则、财务通则等有关成本管理制度为依据

E. 与企业的生产经营特点和成本管理要求相结合

4. 健全成本业务凭证流转与管理制度可以(　　)。

A. 保持账户记录的正确性

B. 划清各种费用界限,控制成本开支,保证成本费用支出合法、合理

C. 保证提供真实的对外报表成本信息

D. 定期分析成本耗费情况,考核成本计划的完成情况,落实成本责任制

E. 及时提供有用的、完整的对内成本报表资料

5. 成本包括(　　)。

A. 直接材料　　B. 直接人工

C. 制造费用　　D. 财务费用

E. 管理费用

三、案例分析题

某公司职员陈某,自 2001 年至 2007 年,身兼单位招待应酬费的经办人和现金出纳员两职。陈某在其长达 6 年的工作时间中,采用不规范填写报销单据形式、私自在经领导审核批准的报销审批单后加贴发票、篡改合计金额等方式疯狂作案,非法获取报销费用,合计人民币 36.9 万元。据审计人员调查后发现,该公司报销凭证仅有单位主要领导和经办人员签字,没有业务部门领导人员和财会人员的审核签字。

要求:

(1) 根据上述资料,指出该公司的内部控制制度存在的主要问题。

(2) 一个规范的零星费用报销流程应如何设计?

任务 8.5　固定资产业务内部控制制度的设计

任务目标

1. 了解固定资产业务内部控制制度设计的关键控制点。
2. 了解固定资产业务内部控制制度设计的目标。
3. 掌握固定资产业务内部控制制度的措施设计。
4. 掌握固定资产业务内部控制制度设计的内容。

想一想

1. 你知道固定资产业务有哪些风险需要控制吗?
2. 你认为固定资产业务内部控制制度的设计要点有哪些?

知识准备

一、固定资产业务内部控制制度设计的目标

固定资产业务内部控制制度设计的目标如下。

(1) 规范固定资产管理行为。

(2) 纠正固定资产业务中的各类差错,防范舞弊行为。

(3) 规范固定资产流转手续,确保固定资产安全与完整。

(4) 提高固定资产的使用效率。

二、固定资产业务内部会计控制制度设计的内容

固定资产的内部控制制度包括固定资产资本支出预算、折旧等会计制度;固定资产实物的取得、保管、出租、出借、调入、调出、内部转移、盘盈、盘亏、报废、清理、盘点等管理制度;同时明确媒介产业内部各职能部门、各环节的责任和管理权限,以及财务处理办法。

(一) 职责分工制度

在众多的固定资产管理业务中,为了加强控制,有些业务要有一定的职责分工,即对固定资产的取得、记录、保管、使用、维修、处置等环节,均应明确责任划分,由专门部门和专人负责。明确的职责分工制度,有利于防止舞弊行为。

(二) 固定资产的预算制度

预算制度是固定资产内部控制中最重要的部分。资本支出预算是为决定是否取得以及如何取得某项"资产投资项目"提供资料而编制的预算。媒介固定资产投资应逐步建立科学论证的制度,减少盲目性。大型仪器、设备购置需进行可行性论证,资本支出预算必须在考虑投资额、意向投资的取得而失去其他投资机会的机会成本、投资资本成本、预计现金净增加额等多种因素的基础上编制。固定资产的投资要"严格资产审批制度和手续",只有经过

最高层管理机构批准方可生效。对于实际支出与预算之间的差异及未列入预算的特殊事项,要履行特别的审批手续。

(三)固定资产取得的控制制度

固定资产的取得和处置均要依据预算,并经媒介高层管理机构书面认可,通过政府采购程序操作。在验收制度方面,由于媒介产业的技术设备一般要求有较高的专业技术来检查其质量或精密程度,购入的设备必须经过使用部门工程师检查,确认符合国家或合同规定的技术质量标准后,在验收报告上签字。

固定资产更新或改造,应坚持严格审核、快速实施的策略,尽快使资产投入生产运行体系,一方面使资产功能更贴近市场需求,另一方面避免资金长期占用带来的风险;只有尽快加入生产运行体系,才能实现资产更新、改造的目的,早日实现盈利,收回投资,为下一轮的资产更新提供资金保障。媒介产业固定资产的添置由管理部门统一办理,财会部门负责开支核算。

(四)固定资产记录和入账的控制制度

固定资产应分类设置各种账户分别记录。除固定资产总账外,还需设置固定资产明细分类账和固定资产登记卡片,记录固定资产详细的资料,并按固定资产类别、使用部门和每项固定资产进行明细分类入账。保管部门与财务部门对资产的管理和使用记录应保持一致。固定资产的领用、转让、调拨、报废等都要按照规定办理相关手续,实现程序化、科学化。

固定资产的购入、出售、清理、报废及内部转移等都要办理会计手续,固定资产的账务处理要及时、正确、合规,固定资产的增减变化均应有充分的原始凭证。购入固定资产以资产价格加运输、装卸、安装调试、保险等费用计价,国外购入的还包括关税;自建(制)固定资产,应按建造过程中的实际净支出计价,并及时办理竣工结算;投资者投入的固定资产按投资协议约定的价格为原价。

(五)固定资产的维修和保养制度

固定资产修理分为日常修理和大修理,大修理按规定间隔期进行,金额较大的实行预提大修理办法。应建立严密的维护保养制度,以防止其因各种自然和人为的因素而遭受损失,并建立日常维护和定期检修制度,以延长其使用寿命。

固定资产的使用、维修和保养记录在内部控制中是非常重要的,因为这些记录可反映固定资产目前的状态,为修理措施和会计处理维修成本提供依据。在会计处理上,维修和保养发生的费用应全部计入当期,或分期列入各期的成本费用中,不能资本化。

(六)折旧的控制制度

实行企业性管理方式的固定资产要进行折旧,首先要合理确定固定资产的取得成本、有效寿命和残值。固定资产折旧要做到折旧的范围符合规定,折旧额计提要正确,作价投入和转出等累计折旧的账务处理也要符合规定。

(七) 定期盘查制度

固定资产需定期(一般每年一次)进行盘查,核实固定资产的实存情况,审查账、卡、物是否相符。对固定资产的定期盘点是验证账面各项资产真实性、了解资产放置地点和使用状况以及发现未入账固定资产的必要手段。

对盘盈、盘亏、报废及固定资产计价,需严格审查,按规定经批准后于年度决算时处理完毕。盘盈固定资产以重置价为原价,按新旧程度估算累计折旧入账,原价减累计折旧后的差额计入营业外收入;盘亏固定资产查明盘亏原因后,账务处理冲减原价和累计折旧,原价减累计折旧后的差额做营业外支出。

(八) 固定资产的处置制度

固定资产的处置,如投资转出、报废、出售等,需有申请报批程序。固定资产报废必须由使用部门提出申请,报经本级主管领导研究核实后,对造成报废的原因进行分析,明确责任。报废的固定资产手续要完备,合理作价,残值变价收入如实入账,报废的固定资产经清理后的净收益计入营业外收入,净损失做营业外支出处理。对因使用不当造成报废的,责任人按该固定资产损失额的20%~100%承担赔付责任。

投资转出或出售的固定资产要经过审批,经过资产评估合理作价,并按规定及时进行账务处理。闲置固定资产应定期向财务等设备管理部门报告,由设备管理部门统一划拨。

三、固定资产业务内部控制制度设计的关键控制点

(一) 权责分配和职责分工应当明确

机构的设置和人员的配备应当科学合理。固定资产成本核算、折旧和减值准备的计提、处置等会计处理要符合国家统一的会计制度规定。

(二) 健全固定资产预算制度

作为固定资产内部控制中最重要的部分,预算制度对固定资产的运用具有指导意义。大企业应编制固定资产年度预算,小企业也应制定对固定资产购建计划。结合企业生产经营发展目标和固定资产使用情况确定投资项目,进行可行性分析,综合考虑固定资产规模、资金占用成本、预计盈利水平和风险程度等因素,合理编制固定资产投资预算,确保固定资产投资决策科学合理。其中,对重大的固定资产投资项目,应组织独立的第三方进行可行性研究和评价,并提请企业领导机构实行集体决策。决策后,严格执行固定资产投资预算,预算内项目按照执行进度办理相关手续;预算外和超预算的固定资产投资项目,向固定资产管理部门提出申请,得到审批后再进行处理。

(三) 固定资产购置验收应该授权批准

固定资产采购验收流程如图8-5-1所示。

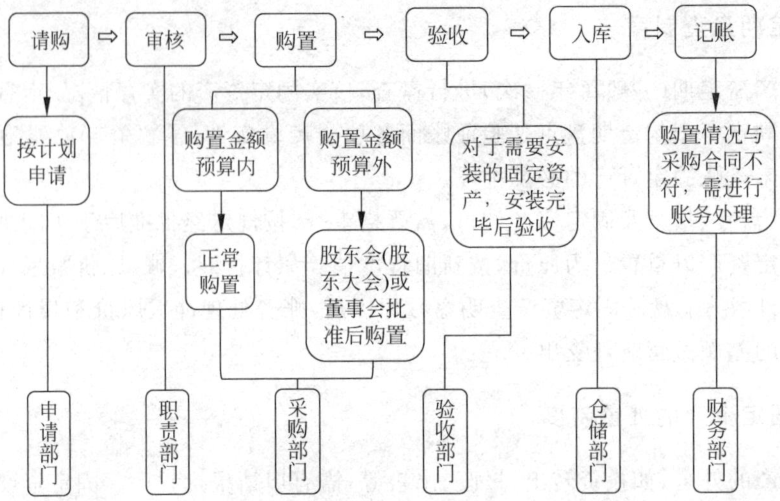

图 8-5-1　固定资产采购验收流程

首先请购部门要提出计划申请，按照规定的职责权限审核同意后方可执行。固定资产购置金额应严格控制在预算之内，超过预算的要根据公司章程经股东会(股东大会)或者董事会的批准方可购置。对于大型设备的采购和在建工程的施工，要实行公开招标制度。请购的固定资产到达之后，由验收部门负责检验，仓储和保管部门办理入库手续。另外，对于需要安装的固定资产，在安装完毕之后，由验收部门组织鉴定和验收。若发现实际情况与采购合同不符，应当及时告知财务部门。

(四) 明确固定资产的确认条件和计量方法

根据企业会计准则，企业取得固定资产应以实际成本计量。对购入的固定资产，以支付的对价加上使其达到可使用状态前发生的可归属于该项资产的费用，包括包装费、运输费、安装成本及有关税款作为该项固定资产的成本；对自行建造的固定资产，以达到预定可使用状态前发生的全部支出作为该项固定资产的成本。

(五) 设计完整的固定资产内部转移和租赁管理制度

当固定资产发生内部转移时，向使用单位提出申请，经调入调出部门、主管部门和财务部门的领导会签后方可办理调拨手续。人员流动率高的企业，尤其应加强固定资产内部转移的控制。对于租赁给外单位的资产，要制定完善的授权审批制度，明确各方责任，并签订租赁合同。

(六) 对固定资产修理和报废要进行控制

设置严格的检验确认和审批手续，由专业人员检验，上报资产管理部门确认，取得主管领导审批后进行修理。申请修理的部门和实施修理的部门应相互分离或者取得无相关利益的第三方监督。修理结束后，会同资产管理部门、申请修理的部门和实施修理的部门办理验收交接手续后，再交财务部门进行会计处理。为防止随意处置待报废固定资产和防范腐败行为，对于闲置损毁固定资产的处理，应当首先向企业资产管理部门申报，经领导审核后，由企业相关负责人批准。处理报废固定资产时要有多人执行，互相监督，降低虚报残值收入的风险。

（七）健全固定资产定期清查盘点制度

查明是否存在短缺或未入账的固定资产，并迅速查明原因，保证账实相符。对多余闲置不用的固定资产要及时汇报，并进行处理。

四、固定资产业务内部控制制度的措施设计

固定资产内部控制制度设计的措施主要包括授权批准控制、会计系统控制、内部审计控制、电子信息系统控制及预算控制。此处主要对预算控制和授权审批控制进行阐述。

（一）预算控制

预算内固定资产投资项目按预算执行进度办理相关手续；超预算或预算外固定资产投资项目由相关责任部门提出申请，经审批后办理相关手续。

（二）授权批准控制

外购固定资产建立请购制度，明确请购部门（或人员）和审批部门（或人员）的职责权限及请购与审批程序。采购过程应规范、透明。一般固定资产采购由采购部门采取比质比价的办法确定供应商，重大固定资产采购采取招标方式进行，成立专门管理小组，成员包括工程部、审计、财务、投资、专家及使用单位，共同参与项目论证、公开招标等环节的工作。

实战演练

想一想

请你联系一家制造业企业，以设计会计制度为目标，了解该企业固定资产业务的基本情况，并阐述该企业固定资产业务内部控制存在的不足之处。

知识拓展

融资租入固定资产

融资租入固定资产是指企业因资金不足，或因资金周转暂时困难，或为减少投资风险，借助租赁公司或其他金融机构的资金租入的固定资产。在租赁期内，依据实质重于形式原则，企业应将其视同自有固定资产进行管理。虽然融资租入固定资产的所有权不属于企业，但是企业实质上获得了该资产所提供的主要经济利益，同时承担了与资产有关的风险。《企业会计准则第4号——固定资产》中规定：购买固定资产的价款超过正常信用条件延期支付，实质上具有融资性质的，固定资产的成本以购买价款的现值为基础确定。实际支付的价款与购买价款之间的差额，除按照《企业会计准则第17号——借款费用》应予资本化的外，应当在信用期间内计入当期损益。

承租人以融资租赁方式租入固定资产时，在租赁开始日，需将该租赁资产原账面价值与最低租赁付款额现值二者中的较低者，作为融资租入固定资产的入账价值；将最低租赁付款额作为长期应付款的入账价值；并将二者的差额记录为未确认融资费用。

任务训练

一、单项选择题

1. 职务分离在固定资产内部控制制度中体现为(　　)。

A. 采购人员与使用人员相分离　　B. 使用人员与会计人员相分离

C. 采购人员与审批人员相分离　　D. 维修人员与使用人员相分离

2. 固定资产发生盘盈时,据以入账的价值是(　　)。

A. 原始价值　　B. 重置价值　　C. 折余价值　　D. 评估确认价值

3. 固定资产盘点后,对账实不符的应编制(　　)。

A. 固定资产盘点表　　B. 固定资产清理表

C. 固定资产盘盈、盘亏表　　D. 固定资产移交单

4. 企业应配备合格的人员办理存货与固定资产业务。办理存货与固定资产业务的人员应当具备良好的(　　),遵纪守法,客观公正。

A. 业务知识　　B. 职业道德　　C. 会计知识　　D. 理论知识

5. 固定资产基础工作的设计不包括(　　)。

A. 规定固定资产构成条件　　B. 固定资产的分类

C. 固定资产计价　　D. 固定资产的维修方法

二、多项选择题

1. 固定资产业务流程包括(　　)。

A. 购置固定资产环节　　B. 固定资产验收环节

C. 固定资产维修、保养、计提折旧环节　　D. 固定资产清查环节

E. 固定资产处置环节

2. 以下关于固定资产取得和处置控制制度的叙述中,正确的是(　　)。

A. 使用部门发现固定资产需要报废时,为提高工作效率,可直接执行对固定资产的报废清理处置

B. 固定资产不需进行总分类核算,但要严格做到账、卡和物相符

C. 要形成有专人负责的固定资产使用管理制度

D. 对清理报废的固定资产残值要及时入账

3. 我国现行的财务制度规定,折旧的计算方法可以采用(　　)。

A. 年数总和法　　B. 双倍余额递减法

C. 平均年限法　　D. 后进先出法

E. 先进先出法

4. 固定资产业务不相容岗位至少包括(　　)。

A. 固定资产投资预算的编制与审批　　B. 固定资产投资预算的审批与执行

C. 固定资产采购、验收与款项支付　　D. 固定资产投保的申请与审批

5. 固定资产的特点包括(　　)。

A. 风险性较大

B. 流动性较强

C. 资金耗费的缓慢性与价值补偿的任意性

D. 营利性较强

E. 占资产总额的比重大

三、简答题

1. 固定资产业务内部控制制度设计的目标是什么？

2. 固定资产业务内部控制制度设计的内容有哪些？

3. 固定资产业务内部控制制度的措施有哪些？

四、案例分析题

身为国有企业工作人员，利用职务上的便利，骗取国有财产64万余元，面对法院的终审判决，被告人归某不得不低下头，吞下自己"精心隐藏"7年的苦果，等待他的将是15年的牢狱生活。50岁的归某是原上海某技术工程公司轻纺工程部经理。2000年11月，山东某公司向公司求购精疏机一套，但当时公司没有购买此类机械的配额，头脑活络的归某想出一个好办法，利用其他公司的配额到上海纺机总厂定购。随后，归某将本公司的45万余元划入纺机总厂。然而，2001年年初他代表公司到纺机总厂核账时发现，"纺机总厂"财务出错：把已提走的设备，当作其他公司购买，而他划入的45万余元却变为公司的预付款。于是，一场偷梁换柱的把戏开始上演。

2001年3月至4月，归某派人到"纺机总厂"以公司的名义购买混条机等价值60余万元的设备，因为有了45万余元的"预付款"，归某仅向"纺机总厂"支付了15万元。随后，他找到了亲戚经营的某纺织器材公司，开出了公司以67万元的价格购得这批设备的发票。而公司不知内情，向大发公司支付了全部购货款，归某从中得利52万元。同年7月至10月期间，归某又以相同手段骗得公司11万余元，占为己有。2001年年底，归某终于梦想成真，开办了自己的公司——中岛纺织机械成套设备公司，并担任法定代理人。

2008年上半年，纺机总厂发现45万元被骗，向公安机关报案，归某随后被捕。法院认定归某贪污公款64万余元。构成贪污罪，判处归某有期徒刑15年。

请分析归某所在公司及上海纺机总厂各自与案例相关的在内部控制制度设计中存在的问题。

任务8.6　销售业务内部控制制度的设计

任务目标

1. 了解销售业务内部控制制度设计的关键控制点。

2. 了解销售业务内部控制制度设计的目标。

3. 掌握销售业务内部控制制度的措施设计。

4. 掌握销售业务内部控制制度设计的内容。

想一想

1. 你知道销售业务有哪些风险需要控制吗？

2. 你认为销售业务内部控制制度的设计要点有哪些？

知识准备

一、销售业务内部控制制度设计的目标

销售是企业收入和利润的主要来源。销售与收款业务同采购与付款业务一样，既涉及实物，又涉及现金，是企业较为敏感的业务活动，发生舞弊和错误的概率较高。企业在设计销售业务的内部会计控制制度时，要因地制宜，根据自身的产品特点、销售方式等实际情况进行。一套切实可行的销售业务内部会计控制制度，能够提高企业经济效益，助力其在激烈的市场竞争中占据优势地位。

一般来讲，企业的销售业务内部会计控制制度应该至少实现以下目标。

（1）保证销售收入真实、完整且合理。

（2）保证商业折扣和现金折扣真实、适度。

（3）保证销售折让与销售退回的合理处理与揭示。

（4）保证应收账款记录真实且可收回。

（5）杜绝销售与收款业务中可能出现的一切违法乱纪和侵害企业利益的行为。

二、销售业务内部控制制度设计的内容

为贯彻实现销售业务内部会计控制的目标，需将上述对于销售业务内部会计控制制度设计的具体要求进一步细化，构建一套科学合理、系统完善的销售业务内部会计控制制度基本内容。

（一）岗位分工制度

企业应建立销售与收款业务的岗位责任制，明确相关部门和岗位的职责与权限，确保办理销售与收款业务的不相容岗位相互分离、相互制约和相互监督。销售与收款业务中的销售、发货和收款环节应分别由不同的部门或人员负责。具体来说，其中不相容的岗位主要包括：销售部门内销售业务的经办、审核和销售通知单的开立；会计部门内开具销售发票、出纳和记账；收款、应收账款的管理和向欠款客户寄发对账单；（应收）票据的保管与记录；信用管理与销售部门职能分离。企业不得由同一部门办理销售与收款业务的全过程，并且应根据具体情况对办理销售与收款业务的人员进行岗位轮换。

（二）授权批准制度

企业需对销售与收款业务建立严格的授权批准制度，明确审批人员对销售与收款业务的授权批准方式、权限、程序、责任和相关控制措施，规定经办人办理销售与收款业务的职责范围和工作要求。审批人应在授权范围内进行审批，不得超越权限；经办人应在职责范围内，按照审批人的批准意见办理销售与收款业务。对于审批人超越授权范围审批的销售与收款业务，经办人员有权拒绝办理，并及时向审批人的上级授权部门报告。严禁未经授权的机构和人员办理销售与收款业务。对于超过企业既定销售政策和信用政策规定范围的特殊销售业务，应当进行集体决策，避免因决策失误而给企业造成严重损失。

（三）客户资信控制制度

企业对于赊销的各项规定和手续都应规范、严格，尤其要加强客户资信的控制，以合理降低账款回收中的风险。

首先，企业应根据自身条件，统一制定出合理的信用政策并严格执行。信用政策应明确规定信用标准、信用条件和收账政策等，作为对客户资信进行审查的参照和标准。信用政策的制定要在业绩增长和风险控制两个目标之间达成平衡，绝不能偏重一方而忽视另一方。企业的每一项赊销业务都必须以信用政策为依据，任何人不得擅自违背或更改。同时，信用政策作为约束和调节企业与客户信用关系的重要依据，是企业对客户实施规范化管理的保障。

其次，企业应做好赊销客户的资信调查，广泛收集赊销客户信用状况的资料，在对客户的信用品质、偿付能力、资本、抵押品、经济状况等进行分析的基础上，建立客户档案。尤其是针对企业重要或者风险较高的客户，信用管理部门应协同销售部门做好其信用调查工作。客户档案应反映客户的基本情况（包括背景资料、行业状况、组织管理等）、财务状况（包括对客户的经营状况和偿债能力等的分析），以及以往交易的信用记录。由此，信用管理部门可根据企业的信用政策确定客户的信用等级、资信额度、信用期限、折扣期限及现金折扣等，进而制定灵活的销售方式。

最后，由于客户的资信状况会随时间不断变化，需对客户进行跟踪管理，根据变化情况及时对客户档案予以调整。除在每一次交易后分析客户销售额回笼及执行赊销协议和付款的情况外，还应定期对客户进行信用分析，时刻保持高度警惕，密切注意客户的经营状况及其外部市场环境的变化，确定是否需要调整其信用等级和额度等。

（四）销售环节控制制度

销售业务流程中，从接受客户订单到发货、开具销售发票等环节，都需要严格的内部会计控制制度加以约束。以下针对销售业务中对客户订单的处理、销售价格的控制、销售发票的开具、销售业务的记录等工作应遵循的内部会计控制制度进行简要说明：

1. 订单控制制度

接受客户订单通常是企业销售业务的起点，也是销售业务内部会计控制的重要环节。订单控制制度主要包括以下几点。

（1）根据不同的客户和销售形式设计多种订单格式，以满足企业内部各个部门协调工作、相互制约的经营管理需求。

（2）对客户订单进行处理的人员应得到适当授权，任何涉及赊销业务的订单必须经过信用管理部门负责人或其他授权人的签字批准，现销订单的接受也应得到销售部门负责人的批准。

（3）对于审核后的订单，销售部门应设立订单登记簿，对订单的接收时间、产品名称、数量等进行登记，并送交信用管理部门备份。

（4）实行订单顺序编号法，对已执行的订单和尚未执行的订单分别进行管理和控制，以便随时检查订单的执行情况和每一订单的处理过程。

（5）接受客户订单后，企业应尽量与客户签订销售合同，以明确双方在交易中的权利和义务。

2. 销售定价控制制度

产品的销售价格是影响企业利润的关键因素之一,同时也是客户最为关心的因素。要建立合理的销售价格确定机制,防止销售业务人员随意定价或为获取回扣而故意压低价格、损害企业利益的不法行为。销售定价控制制度包括:制定统一的产品销售价格目录;规定灵活的商业折扣、现金折扣标准,并建立相应的授权批准权限。

企业应从以下三个方面着手建立销售价格确定机制。

(1) 企业定价策略要考虑营销能力、销售成本、市场状况等众多因素。产品标准销售价格由企业最高管理机构确定,标准定价一经确定不可随意调整,应保证对同一层次的客户公平地实施相同的价格,并定期对价格的合理性进行审查评价。

(2) 对于销售折扣、折让等优惠政策的给予应由有关主管人员审核批准。对于折扣、折让给予的实际数量、金额应做好记录,并同时反映给予的原因,以上文件记录都应及时归档,便于日后核查。

(3) 实施折扣、折让之前应做预测,确定该政策会给企业带来的目标利润;事后要将实际销售与收益情况同目标利润相比较,并报告相关部门,以确定是否需要调整折扣政策。

3. 销售发票控制制度

产品发出后向客户开具销售发票是企业销售成立的标志,也是向客户收取货款的依据。如果在向客户开具销售发票和账单时缺乏有效的控制,不仅会导致营私舞弊行为的发生,还会使会计的营业收入记录失真。销售发票控制制度包括以下内容。

(1) 指定专人负责销售发票的保管和使用,任何未经授权的人员不得接触发票,明确销售发票管理制度。

(2) 销售发票均应事先连续编号,发票使用人在领用销售发票时应签字注明所领用发票的起讫号码。

(3) 发票开立过程中必须与销售订单、发货通知单等有关凭证上载明的客户名称、日期、数量、单价和金额等内容核对一致,同时对作为开票依据的发货通知单等连续编号,以保证所有发出的货物均开出销售发票。

(4) 发票管理应严格遵循复核制度,由会计部门指定独立于开票人员的专人,复核发票上的价格是否与经审核的销售价目表一致、数量是否与发货通知单一致、其他内容是否准确无误,并核对所有发票定期加出的合计金额与应收账款或销货合计数是否一致。

4. 销售记录控制制度

销售记录控制制度是销售业务会计资料真实完整的重要保证。企业应在销售与发货各个环节设置相关记录,填制相应凭证,建立完整的销售登记制度,并加强销售合同、销售计划、销售通知单、发货凭证、运货凭证、销售发票等文件和凭证的相互核对工作;销售部门应设置销售台账,及时反映各种商品、劳务等销售的开单、发货、收款情况;销售台账应当附有客户订单、销售合同、客户签收回执等相关购货单据。

(五) 收款环节控制制度

收款是保证销售业务成功并使企业获得利润的决定性环节。企业应按照相关政策法规的规定,及时办理收款业务。收款环节控制制度的内容如下。

（1）企业应将销售收入及时入账，不得账外设账，不得擅自坐支现金。销售与收款职能分离，销售人员应避免接触销售现款。

（2）应收账款是赊销形成的，其安全性受债务人信用和经营状况的影响较大。所以，企业要加强对应收账款的管理，保证应收账款的合理占用和安全完整。对应收账款的控制可以从以下六个方面进行。

① 企业应设置应收账款总账和明细账对应收账款进行核算，同时按客户设置应收账款台账。应收账款的确认必须以经销售部门核准的销售发票和发运单据等为依据；应收账款总账和明细账的登记应由不同的人员根据汇总的记账凭证、各种原始凭证和记账凭证分别进行，且需由独立于记录应收账款的其他人员定期核对应收账款总账和明细账的余额。

② 企业应建立应收账款账龄分析制度和逾期应收账款催收制度。通过应收账款账龄分析，可以清楚地看到企业应收账款的分布及拖欠情况、拖欠客户、拖欠原因、拖欠时间等。对逾期应收账款予以足够的重视，由销售部门负责及时催收，会计部门负责监督销售部门加紧催收。对于催收无效的逾期应收账款，可考虑通过法律程序解决。

③ 企业应规范计提应收账款坏账准备和核销坏账的程序。坏账准备的计提比例应符合企业会计制度的规定，会计处理正确且前后期保持一致。对于可能成为坏账的应收账款，应报告有关决策机构进行审查，以确定是否确认为坏账。发生的各项坏账，应查明原因、明确责任，并在履行规定的审批程序后进行会计处理。注销的坏账应进行备查登记，做到账销案存。已注销的坏账又收回时应及时入账，防止形成账外款。

④ 企业应根据应收账款明细账余额定期编制应收账款余额核对表，并将该表寄送客户核实。编制该表的工作与应收账款的记录和调整工作应职责分离。

⑤ 应收票据的取得和贴现必须经保管票据以外的主管人员书面批准。企业应有专人保管应收票据，对于即将到期的应收票据，应及时向付款人提示付款；已贴现票据应在备查簿中登记，以便日后追踪管理。还应制定逾期票据的冲销管理程序和逾期票据追踪监控制度。

⑥ 企业应定期与往来客户通过函证等方式核对应收账款、应收票据、预收账款等往来款项。如有不符，应查明原因并及时处理。

（六）折扣和折让控制制度

折扣和折让是营业收入和应收账款的抵减项目，企业应制定详细的折扣、折让政策，并严格审核、规范执行。商业折扣应明确客户可享受折扣的条件、不同数量和品种的购货订单可以享受的折扣比例等；现金折扣应明确适用范围和不同支付时间可享受的折扣比例等。折扣政策一般由企业最高管理层批准。折让属于偶然经济行为，往往需要具体问题具体分析。当客户提出折让要求时，企业应对其理由进行记录，并派专人核实，然后由授权人员复核客户提出的折让理由和企业核查结果，决定在特定情况下给予客户的折让金额。所有折扣和折让的批准文件应记录在事先连续编号的折扣、折让事项备忘录上，并由专人定期检查。

（七）销售退回控制制度

企业的销售退回相对于正常销售来讲是少量且不经常发生的业务，但因其直接影响企业销售收入和应收账款的确认，直接抵减企业的经济效益，还可能引发舞弊行为。因此，建立销售退回控制制度至关重要。企业的销售退回控制制度主要涵盖以下六个方面。

(1) 建立退货损失惩罚制度。在整个销售过程中明确各环节的责任人,当发生销售退回业务时,根据调查结果确定退回责任人,并给予相应的惩罚,以增强生产、销售各环节业务人员的责任意识,减少不必要的退货损失。

(2) 设立独立于销售部门的销售争议处理机构。当客户验收商品发现问题并通知企业时,销售争议处理机构能够立即展开调查,积极与客户协调,确认责任方。对于因本企业责任而造成客户争议的,尽快提出双方都能够接受的解决方案。

(3) 建立销售折让优先制度。对确认为本企业责任的,第一解决方案应是给予客户销售折让,以减少可能发生的退货损失。

(4) 理顺销售折让和销售退回的凭证流转程序,确保会计记录所使用的原始凭证真实可靠,从而保证相应会计记录的客观性。

(5) 建立退货、索赔、销售折让审批制度。任何退货、索赔及销售折让的执行,必须经授权领导批准。

(6) 建立退货验收制度和退款审查制度。对于退回的商品应严格验收,确认是企业之前向购货方发出且未损坏的商品。

(八) 售后服务控制制度

在激烈的市场竞争中,企业为树立自身良好的形象,更加周到、全程地满足消费者需求,需对售出商品提供质量担保。售后服务控制制度要求企业根据自身商品的特点,对售后服务对象、服务时间、服务范围、服务标准、服务单位、服务业务手续等作出明确的规定,力求以最低成本实现消费者满意程度的最大化。

(九) 监督检查制度

企业应建立对销售业务内部控制的监督检查制度,明确监督检查机构或人员的职责权限,定期或不定期检查各项规定的执行有效性。对监督检查过程中发现的销售与收款内部会计控制的薄弱环节,应采取措施,及时加以纠正和完善。

企业销售与收款业务内部会计控制监督检查的内容主要包括:销售业务相关岗位及人员的设置情况,重点检查是否存在销售业务不相容职务混岗现象;销售业务授权批准制度的执行情况,重点检查授权批准手续是否健全,是否存在越权审批行为;销售的管理情况,重点检查信用政策、销售政策的执行是否符合规定;收款的管理情况,重点检查单位销售收入是否及时入账,应收账款的催收是否有效,坏账核销和应收票据的管理是否符合规定;销售退回的管理情况,重点检查销售退回手续是否齐全、退回货物是否及时入库等。

三、销售业务内部控制制度设计的关键控制点

销售业务内部控制要点是销售业务处理程序要实现的目标。其主要内容包括以下十个方面。

(1) 销售合同签订、开票、发货、收款记账等职务要进行分离。

(2) 销售价格的确定,销售方式、结算方式的选择,均需经单位有关负责人审批。

(3) 发票、发货票要连续编号,对缺号情况要彻底查清,签订合同、开票均需经有关负责

人签章。

(4) 销售业务应尽可能根据合同进行,销售发票中的品名、单价、数量、金额及付款方式要填列清楚,且与合同保持一致,并经专人复核。

(5) 针对非合同销售和门市部直销,应建立严密的审查制度。

(6) 如发生赊销业务,应对债务人进行信用调查,并按规定办理批准手续。

(7) 预付账款应按合同的规定执行,及时与客户办理结算手续。

(8) 废料、残料出售视同一般销售,销货退回须经有关负责人批准后方可办理销账和退款手续,且退货要及时入库。

(9) 制定合理的催收政策和现金折扣条件,按不同债务人设立应收预付账款明细账并定期对账,定期编制"应收账款账龄分析表",设立"应收账款坏账备查簿",坏账转销要按规定审批。

(10) 合理确认销售的实现,并完整登记入账。

四、销售业务内部控制制度的措施设计

完善的内部控制制度依赖一系列有效的内部控制措施的运用,才能被合理执行和落实。销售业务内部控制制度设计时,主要涉及的内部会计控制措施如下。

(一) 不相容职务分离控制

不相容职务分离控制要求企业建立销售与收款业务的岗位责任制,明确相关部门和岗位的职责权限,确保办理销售与收款业务的不相容岗位相互分离、相互制约和相互监督。只有对经济业务所涉及的不相容职务实施分离措施,形成各司其职、各负其责、相互制约的工作机制,构建有效的内部牵制,才能从制度层面保证对销售与收款循环的严密把控,降低错误和舞弊发生的概率。销售与收款业务中的不相容职务主要如下。

(1) 接受客户订单的人员不得同时负责核准付款条件和对客户信用的审查。

(2) 批准赊销的人员不得同时负责开票、发货、收款等其他业务。

(3) 发运凭证的编制人员不得同时负责提取货物或运输货物。

(4) 开票、发货、收款业务不得由同一人员负责。

(5) 开立销售通知单的人员不得同时负责发货。

(6) 填制销售发票的人员不得同时负责销售发票的审核。

(7) 记账人员不得同时负责账款的收取和退款工作。

(8) 销售货款的确认、回收与相关会计记录不得由同一人员负责。

(9) 销售退回货品的验收、处置与相关会计记录不得由同一人员负责。

(10) 负责坏账准备计提的人员不得同时负责对坏账准备的审批。

(11) 负责坏账核销的人员不得同时负责对核销坏账的审批。

(12) 收款、应收账款管理、向客户寄发对账单不得由相同的人员负责。

总之,企业不能由同一部门或人员办理销售与收款业务的全过程。此外,企业还应根据具体情况对销售与收款业务的各岗位进行轮换。例如,对销售人员进行岗位轮换或管区、管户调整,可防止其携带客户资源跳槽、利用个人名义私下与客户做生意、出售客户资源等损害企业利益的行为。

（二）授权批准控制

授权批准控制要求企业对销售业务建立严格的授权批准制度，明确审批人员对销售业务的授权批准方式、权限、程序、责任和相关控制措施，规定经办人的职责范围和工作要求，即企业内部各级管理层必须在授权范围内行使职权和承担责任，经办人员也必须在授权范围内办理业务，明确各自对经济业务的责任。有效的授权批准控制能够对每一项经济业务起到严格的审批、引导和监督作用。

对于企业的销售环节，主要存在以下五个关键的审批点。

（1）在销售发生前，赊销业务已经经过审批。企业在赊销前应由信用管理部门专门审查客户的资信状况，决定是否授权销售。对于新客户，应根据其品质、能力、资产、客观条件、抵押这五项标准，分析企业的经济状况和信用情况，将其信用等级划分为好、一般、差三种类型，分别给予不同的信用额度；对于老客户，应根据其往期还款情况和当期企业财务状况，分析是否更改原定的信用等级和信用额度。赊销应在客户相应的信用额度内进行，否则不予批准。这项审批旨在确保企业只对符合条件的客户进行赊销，降低应收账款的风险。

（2）未经正当审批，不得发运货物。仓库发出货物需要销售部门开具的销售通知单，而销售部门开具通知单需要信用管理部门对该客户的销售授权。这项授权批准措施与上一项共同作用，防止企业因向虚构的或无力支付货款的购货企业发货而蒙受损失。

（3）对于销售价格、折扣和折让等必须经过专人授权审批。销售价目表需经企业最高管理层批准；折扣政策也需企业最高管理层的批准，具体每一种商品的销售折扣需销售部门负责人根据折扣政策审核批准；折让和退回需由专人调查原因后，由销售部门负责人审批。这些措施都可合理保证企业销售业务按照政策规定的价格开票收款，防止个人侵占企业利益。

（4）对于金额较大或情况特殊的销售业务和特殊信用条件，单位应当进行集体决策，经有权限人员的审批后方可执行，防止决策失误造成严重损失。

（5）对于坏账准备的计提和坏账的核销必须经过正当审批。坏账准备计提需经财务部门负责人批准，坏账的核销要由财务部门负责人批准并报总经理签字。这些审批的作用是防止记账人员私自计提坏账，侵吞企业应收账款。

（三）人员素质控制

人员素质控制要求企业配备胜任的人员负责销售和收款业务，并定期或不定期开展检查监督。人是内部控制制度建立与实施的根本要素，积极合理的人事制度和人员素质控制要求，可最大限度激发人的主观能动性和创造性，充分调动员工的积极性，使其在授权范围内履行职责、发挥价值。企业对从事销售与收款业务的人员素质控制要求主要如下。

（1）企业应当制定适合销售与收款业务需求的人员上岗条件，根据岗位要求选拔符合条件的人员担任不同级别的工作，保证人员具有较高的业务素质和专业技能，坚决杜绝“任人唯亲”现象。各岗位工作人员必须熟悉业务流程和工作要求，严格按照企业内部会计控制制度和企业会计制度的要求办理业务。

（2）企业任用的工作人员不仅要业务水平过硬，还应具备良好的爱岗敬业精神和责任感、道德观。企业应当对所有已经在岗和即将走上销售与收款环节工作岗位的人员进行定期或不定期的职业道德教育，促使他们形成良好的职业道德，进而促进营造企业良好的内部控制环境和外部经营环境。

(3) 企业应制定适用于销售与收款业务的工作人员的合理激励原则，尤其是对销售部门的员工，以合适的激励促进其为提升企业业绩而努力。激励要强调物质激励和精神激励并重，做到赏罚分明，将业绩与员工奖惩和晋升联系起来，营造内部员工间良好的竞争氛围。

(4) 企业应制定各岗位工作人员的培训和继续教育制度，安排专门人员对员工进行定期或不定期的业务能力培训，使员工持续学习和提升，以适应复杂多变的岗位需求。

(5) 企业需要定期对人员岗位进行轮换，以增加员工对其岗位的熟悉程度及全面复核能力。岗位轮换最大的好处就是使某项职务的承担人员所发生的错误和舞弊，能在较短的时间内被发现和纠正。同时，轮岗还能促使工作人员兢兢业业地工作，以便在交接时经得起检查，从而增强内部控制的功能。

(四) 预算控制

预算控制要求企业加强预算编制、执行、分析、考核等环节的管理，明确预算项目，建立预算标准，强化预算的作用。即对销售业务建立严格的预算管理制度，制定销售目标，确立销售管理责任制。销售预算是全部预算的起点，在预算体系中占有非常重要的地位。销售预算内部控制的内容如下。

1. 销售量的预测

企业应根据市场的发展变化，充分考虑企业市场占有率和潜在风险，从现有市场状况、自身状况、竞争对手状况、顾客状况等方面进行分析，合理预测销售量。

(1) 销售预测一般应由销售部门负责，企业也可专门成立预测委员会，必要时聘请专家参与销售预测过程。预测并非个人凭空臆想，而是一个科学的分析过程，是一个集思广益的结果。

(2) 销售预测的前提是对市场的调查分析，调查分析内容包括：现有市场状况（人口、经济、科技、政治法律、自然风俗和文化、区域发展等因素）、自身状况（单位营运资源、单位影响力等）、竞争对手状况（竞争对手的财务实力、现行战略、发展战略、核心竞争力、竞争弱点等）、顾客状况（市场容量、顾客范围、顾客结构、顾客收入水平等）。

(3) 在市场调查的基础上，企业应结合自身的特点，选择合适的预测方法进行预测。预测方法包括定性分析法和定量分析法，企业一般将两种方法结合使用。

2. 销售预算的编制

企业应以销售预测为基础，在全面预算方针的指导下编制销售预算。销售预算应与企业发展战略及内部环境保持一致。销售预算需明确预算原则、编制预算草案、协调预算、复议和审批等，预算内容包括销售的品种结构、季节性、价格金额、销售策略等。销售预算中的各项数据应有详细理由说明，并接受企业主管的严格分析论证，以便使预算成为日后控制销售业务的有效工具。

3. 销售预算的审批

销售预算编制完成后，交由销售部门主管进行检查批复，编制人员根据批复意见修改，直至销售主管审批签字，再上交给企业预算委员会进一步审批。预算委员会对销售预算的修改意见应形成书面意见稿，送回销售部门修改。经预算委员会审议通过的销售预算方可生效执行。

4. 销售预算的执行、监控和调整

(1) 企业应将预计销售目标层层分解,落实到人,严格按照销售预算及分解的具体目标执行销售业务。

(2) 在销售预算执行过程中,各部门主管应随时关注执行进度。销售部门经理定期将实际的销售收入(包括金额和数量)同预算进行比较;财务部门经理定期将实际毛利同预算进行比较,将实际发生的冲销项目、贷项通知单等同历史资料相比较;各种比较结果应做详细的分析说明,上报企业高层管理者。

(3) 对于实际销售情况同预算之间的重大差异,企业高层管理者应指定专人调查,通过挖掘市场潜力、改善销售策略或计划、寻求最佳品种组合等方式促进销售,必要时经管理层批准对预算作出相应调整。

(4) 为确保预算的严肃性,避免随意调整预算影响企业战略计划,企业必须对预算的调整予以严格控制。调整预算的申请可由销售部门主管根据实际情况提出,上报企业预算委员会,经预算委员会讨论通过和企业高层管理者的审核批准后方可调整。

(5) 销售预算的考评。根据预算实际执行情况,对执行销售预算的各部门和人员进行考核和评价,奖勤罚懒,并逐步优化整个业务处理流程,使其更高效、严谨。

(五) 会计系统控制

会计系统控制要求企业依据《会计法》和国家统一的会计制度,制定适合本企业的会计制度,明确会计凭证、会计账簿和财务会计报告的处理程序,建立和完善会计档案保管和会计工作交接办法,实行会计人员岗位责任制,充分发挥会计的监督职能。对销售与收款业务的会计系统控制主要体现在以下方面。

1. 对凭证的控制

顾客订货单、销售通知单、发货单、销售发票等都需要一式多联,由多个部门协同处理,同时需要事先连续编号,防止经济业务重复或遗漏。销售通知单必须严格按照客户订单或者销售合同内容填列,并与客户进行确认;仓库的发货单必须按照销售通知单填列,所发货物符合填写内容;销售发票应按照发货单上的数量和商品价目表上的价格填写,并由专人审核。所有凭证都应妥善保管,尤其要加强对空白发票和销售合同等法律文件的管理。

2. 对账簿登记的控制

会计部门登记销售与收款业务账簿时,应严格审查各项原始凭证和记账凭证,将销售发票、发货单、销售通知单等与销售合同副本、顾客订单等对照审核,确保销售业务的真实性和准确性。要严格按照会计政策的要求确认收入并登记入账,不得人为更改销售收入日期以粉饰报表。对于应收账款,企业应严格按照应收账款总账和明细账核算,并由独立于记账人员的其他人员定期检查核对应收账款总账和明细账是否相符;同时按客户名称设置应收账款台账,登记每位客户的应收账款余额增减变动情况和信用额度审核情况,做好应收账款的催收管理工作。

3. 会计对账的控制

企业应在日常会计处理过程中及时对账,与会计凭证核对确保会计记录依据充分,与仓库的发货记录核对确保销售货物记录准确,与客户核对确保应收账款真实准确。与欠款客户对账至少在每一会计年末向客户寄发一次对账单。对账工作应由会计部门负责人或其授权的、独立于账簿登记工作的人员办理。对于对账过程中发现的任何差异都应追查，以进一步查实是会计记账的错误或是其他方面的错误，及时进行更正。

（六）内部审计控制

内部审计控制要求企业内部审计机构和人员对单位销售业务的真实性、准确性、有效性展开审查和评价，借以揭露差错和舞弊行为，助力改善企业经营管理，提升经济效益。这是构建健全销售业务内部会计控制极其重要的一个环节，如果没有有效的检查监督，即便最完善的制度也将流于形式，得不到贯彻执行。

内部审计部门只有完全独立于各业务部门，直接对企业最高管理机构负责，其内部审计工作才能做到客观、公正并富有全局性。内部审计机构和人员应借助符合性测试和实质性测试检查销售业务内部会计控制制度是否健全，各项规定是否得到有效执行。针对审计过程中发现的销售与收款会计控制的薄弱环节提出改进建议，对差错或舞弊状况进行妥善处理，进而完善企业内部会计控制制度。销售业务进行内部审计的要点如下。

1. 审计岗位分工环节

设置合理的销售与收款循环工作岗位，将不相容职务分离开来，是保证销售与收款业务健康有序进行的组织基础。审计该环节是否存在不相容岗位混岗现象，是销售与收款业务内部会计控制测试的重要内容。

2. 审计授权批准环节

授权批准手续合理、健全是销售与收款循环各环节责任明确的制度保障。审计授权批准环节的重点在于审查企业对每一级别人员的授权批准权限规定是否明确，是否存在越权审批的行为。

3. 审计销售执行阶段

这一阶段审计的重点包括：一是批准赊销情况，企业在赊销前，应对客户的资信状况进行严格审查，合理降低应收账款风险，防止因盲目扩大销售，向虚构的或不符合信用条件的客户发货而造成损失；二是销售政策的执行情况，企业对标准销售价格的执行、销售折扣的认定等是否符合既定销售政策；三是各种凭证的开具和传递情况，审计单据开具是否及时、传递程序是否合理，以及销售业务记录是否准确。

4. 审计销售收款阶段

这一阶段重点审计销售收入是否及时入账；应收账款催收是否有效；应收账款管理是否严格；减值准备的计提和坏账核销是否符合规定。

5. 审计销售退回阶段

重点审计销售退回手续是否齐全、退回货物是否及时入库。

（七）电子信息技术控制

电子信息技术控制要求企业运用电子信息技术手段构建内部会计控制系统，减少并消除人为操纵因素，确保内部会计控制的有效实施；同时要强化对财务会计电子信息系统开发与维护、数据输入与输出、文件储存与保管、网络安全等方面的控制。在销售与收款业务中运用电子信息技术控制，相对于传统的手工处理程序，对所有的业务采用计算机记录，主要具备以下优点。

（1）在电子信息技术环境下，通过分配操作员代码和口令的方式，赋予每一个操作员相应的代码和权限，操作员只能利用自己的代码，在自己的职责权限内操作，否则系统会予以拒绝；操作员在进入系统时必须输入自己事先设定的口令，不知道口令就无法擅自进入；操作员所有的操作行为都会被系统记录，不符合规定的行为也会被自动拒绝。例如，一项现销业务的订单，系统会自动传递给销售部门经理进行审核，其他没有权限的人员无法进行操作；又如，一项赊销业务的销售通知单，系统会将其传递给信用管理部门有权限的人员，如果赊销客户不符合企业的信用政策，系统会拒绝操作人员批准赊销的操作。

（2）数据录入系统后，会根据事先设定的程序由相关部门和人员实时自动共享，这不仅提高了业务处理效率，同时有效防范了手工凭证在传递过程中可能被篡改的风险。

（3）由于所有的数据都存储在系统中，程序也事先设定，企业能够随时获取反映自身实时销售和财务状况的各类报表，更便于管理者及时作出决策。

实战演练

1. 想一想

请你联系一家制造业企业，以设计会计制度为目标，了解该企业的销售业务的基本情况，并阐述该企业销售业务内部控制存在的不足之处。

2. 画一画

请画出制造业企业的销售退回业务流程图。

知识拓展

销售与收款业务流程如图 8-6-1 所示。

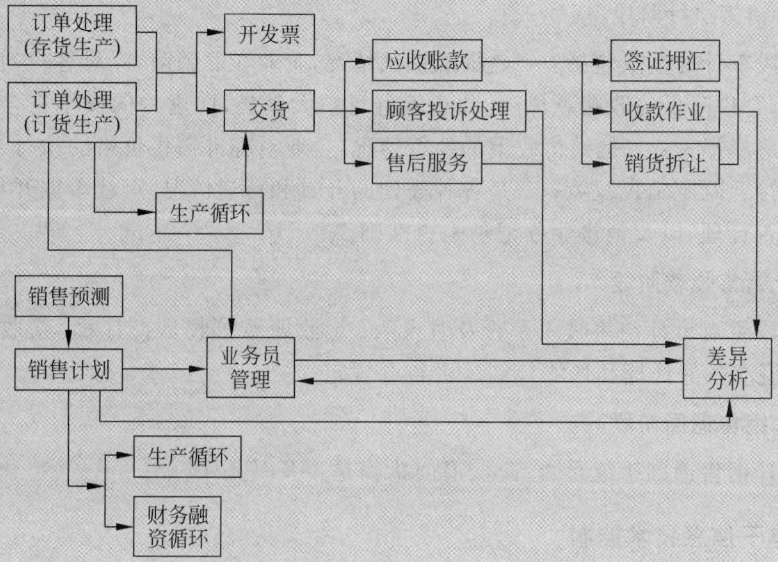

图 8-6-1　销售与收款业务流程

任务训练

一、单项选择题

1. 负责应收账款的人员，不能同时负责库存现金收入账的登记工作，这种安排属于（　　）。
   A. 职责分工控制制度设计　　B. 授权审批控制制度设计
   C. 货币资金核算控制制度设计　　D. 货币资金监督检查制度设计
2. 下列关于销售与收款业务流程说法错误的是（　　）。
   A. 销售部门分析客户需求，受理客户订单，订单应按类别连续编号
   B. 所有订单均由被授权人核准，并对客户信用状况进行初步核查
   C. 产品销售计划传送给财务部门审定，特别重大的产品销售计划报公司总经理办公室审定
   D. 财务部根据销售合同和销售实施方案/销售订单查询核实客户预留资金和客户预付款的到账情况或客户信用额度的使用情况，向销售部门传送核实信息或据实开具收款通知单
3. 下列关于销售业务的不相容岗位说法错误的是（　　）。
   A. 销售合同的审批、签订与办理发货的岗位相分离
   B. 销售货款的确认、回收与相关会计记录的岗位相分离
   C. 销售业务经办与发票开具、管理岗位可以由一人担任
   D. 坏账准备的计提与审批、坏账的核销与审批的岗位相分离
4. 销售与收款业务的特点不包括（　　）。
   A. 销售与收款过程较为复杂
   B. 销售与收款业务存在的风险较大
   C. 销售与收款业务存在的风险较小
   D. 销售与收款业务的会计处理工作繁杂
5. 在销售控制中最关键的一点是（　　）。
   A. 产品质量　　B. 发运商品　　C. 货款收回的控制　　D. 销售折让

二、多项选择题

1. 确认销售商品收入的条件包括（　　）。
   A. 企业已将商品所有权上的主要风险和报酬转移给购货方
   B. 企业既没有保留通常与所有权相联系的继续管理权，也没有对已售商品实施有效控制
   C. 收入的金额能够可靠地计量
   D. 相关的已发生或将发生的成本能够可靠地计量
   E. 相关的经济利益很可能流入企业
2. 在进行销售业务内部控制制度设计中，应采取相应控制措施的方面包括（　　）。
   A. 职责分工与授权批准制度设计
   B. 货币资金核算控制制度设计
   C. 销售与收款业务会计核算控制制度设计
   D. 储存业务内部会计控制制度设计
   E. 销售与发货控制制度设计

3. 销售与收款业务会计制度设计的目标主要有(　　)。

A. 保证销售收入的真实性和合理性

B. 保证产品的安全、完整

C. 保证销售折扣措施恰当

D. 保证销售折让和退回的合理与正确

三、简答题

1. 销售业务内部控制制度设计的目标是什么?

2. 销售业务内部控制制度设计的内容有哪些?

3. 销售业务内部控制制度的措施有哪些?

四、案例分析题

已知B公司销售与收款内部控制有关业务流程如下。

1. 销售部门收到顾客的订单后,由销售经理甲对品种、规格、数量、价格、付款条件、结算方式等详细审核后签章,交仓库办理发货手续。

2. 仓库在发运商品出库时,均必须由管理员乙根据经批准的订单,填制一式四联的销售单。在各联上签章后,第一联作为发运单,由工作人员配货并随货交顾客;第二联送会计部;第三联送应收账款管理员丙;第四联由乙按编号顺序连同订单一并归档保存,作为盘存的依据。

3. 会计部收到销货单后,根据单中所列资料,开具统一的销售发票,将顾客联寄送顾客,将销售联交应收账款管理员丙,作为记账和收款的凭证。

4. 应收账款管理员丙收到发票后,将发票与销货单核对,如无错误,据以登记应收账款明细账,并将发票和销货单按顾客顺序归档保存。

要求:指出B公司在销售业务内部控制制度设计中存在的缺陷。

任务8.7　投资与筹资业务内部控制制度的设计

任务目标

1. 了解投资与筹资业务内部控制制度设计的关键控制点。

2. 了解投资与筹资业务内部控制制度设计的目标。

3. 掌握投资与筹资业务内部控制制度的措施设计。

4. 掌握投资与筹资业务内部控制制度设计的内容。

想一想

1. 你知道投资与筹资业务有哪些风险需要控制吗?

2. 你认为投资与筹资业务内部控制制度的设计要点有哪些?

知识准备

一、投资与筹资业务内部控制制度设计的目标

投资与筹资业务内部控制制度设计的目标如下。

(1) 投资业务的合法性。

(2) 股利和利息收益计提的适当性。

(3) 会计记录的合规性。

(4) 筹资活动发生前的审批,筹资业务的合法性。

(5) 利息和股利计提和支付的适当性。

(6) 股东权益记录的合规性。

二、投资与筹资业务内部控制制度设计的内容

(一) 投资业务内部控制制度设计的内容

不同企业的投资活动具有很多相同地方,因此投资业务的内部控制制度设计能够更加规范。根据财政部颁布的对外投资内部控制规范,投资业务内部控制制度设计主要包括岗位责任制度、财务分析制度、投资调查授权审批制度、投资取得与保管控制制度、投资核算控制制度及投资清理和处置制度。

1. 岗位责任制度

企业应建立对外投资业务的岗位责任制,明确相关部门和岗位的职责权限,确保办理对外投资业务的不相容职务相互分离、相互制约和相互监督。投资业务不相容职务至少应当包括以下方面。

(1) 对外投资预算的编制与投资的审批相互分离,以确保审批人员对投资可行性的研究、评估保持客观公正。

(2) 对外投资项目的可行性研究与评估相互分离,有助于规避投资风险,实现投资效益的最大化。

(3) 对外投资的决策者与投资活动的执行人员相互分离,以确保投资活动能得到更有效的执行,企业财富得到最大限度的增加。

(4) 对外投资处置的审批人员与执行人员相互分离,以防止在投资资产处置过程中可能发生的舞弊行为。

(5) 对外投资的执行和相关会计记录相互分离,以确保业务运行和会计记录的相互核对与控制关系。

2. 财务分析制度

财务分析制度应贯穿企业投资活动的全过程,包括投资的提出、立项、调查、审批、跟踪和处理等环节。投资负责部门和财务部门应定期或不定期地分析被投资企业的财务状况、证券市场行情等,并据此编制财务分析报告,向企业管理层或董事局汇报。若企业进行财务分析活动成本过高或能力不足时,可以聘请市场分析专家、证券分析专家或投资咨询公司来进行投资分析,以便随时掌握投资的运行状态,及时采取对策规避投资风险。财务分析制度应包括以下主要内容。

(1) 分析正常生产经营与计划中扩大生产经营情况下所需的营运资本额,核查企业的资金存量。

(2) 根据生产经营计划,编制和调整资本预算。

(3) 了解分析本行业或其他行业中盈利较高企业的经营政策和财务状况。

(4) 及时跟踪了解证券市场的相关政策和上市公司的资料。

(5) 编制财务分析报告,定期向管理层或董事会递交。

3. 投资调查授权审批制度

企业应建立严格的对外投资业务授权审批制度,明确审批人员的授权审批方式、权限、程序、责任及相关控制措施,规定经办人的职责范围和工作要求。审批人应根据对外投资授权审批制度的规定,在授权范围内进行审批,不得超越审批权限。经办人员应在职责范围内,按照审批人员的意见办理对外投资业务。所有投资决策都应当形成书面材料并予以记录,重大投资项目应通过董事会集体决策,并采取会签或联签制度。所有投资决策在审批确认后,方可正式执行。投资决策的有关书面文件应当进行连续编号归档,以便日后查询。

4. 投资取得与保管控制制度

企业直接投资的合同、章程和间接投资的有价证券等,应协同专门部门或专人进行跟踪管理。无论有价证券由银行或其他独立机构代为保管还是由企业自行保管,证券管理人都必须设置证券登记簿,根据经复核和批准的原始单据,建立详细的记录,内容包括登记存取证券的名称、号码、数量、面值、存放和取出日期及经手人等。该登记簿应同财务部门的投资明细账一起定期由专人进行核对,以保证投资资产的安全和完整。

5. 投资核算控制制度

企业的投资资产无论是由企业自行保管还是由他人代管,都要进行完整的会计记录,并对其增减变动及投资收益进行相关会计核算。投资核算控制制度主要包括投资的发生、期末计价、利息及股利的收取和投资处置等投资业务全过程的会计核算控制制度。企业应对每一种股票或债券分别设立明细分类账,并详细记录其名称、面值、证书编号、数量、取得日期、经纪人名称、购入成本、收取的股利或利息等。

6. 投资清理和处置制度

投资的收回、转让和核销,应当按规定权限和程序进行审批,并履行相关审批手续。对应收回的对外投资资产,要及时足额收取,转让对外投资应当由相关机构或人员合理确定价格,并报授权批准部门批准;必要时,可委托具有相应资质的专门机构进行评估。如果处置的结果是收回现金,还应结合现金收入的控制方法对投资资产处置进行控制。

(二) 筹资业务内部控制制度设计的内容

筹资业务内部控制旨在规范筹资行为,防范筹资过程中的差错与舞弊,有效控制筹资风险并降低筹资成本。因此,企业筹资业务内部控制制度主要包括岗位责任制度、授权批准制度、筹资决策控制制度、筹资决策执行制度、筹资偿付制度、筹资凭证的记录与保管制度及监督检查制度。

1. 岗位责任制度

筹资业务及其相关业务环节包括:分析确定企业短期和长期所需资金数量;编制相应的筹资计划,审批确定筹资方式;办理债券或股票发行登记和注册手续,签订借款合同;自行或委托证券发行代理机构发行债券或股票;保管未发行的债券、股票和重新收回的股票;定期计算并支付利息或股利;进行会计记录等。企业应建立筹资业务的岗位责任制度,明确相关机构和岗位的职责与权限,确保办理筹资业务的不相容职务相互分离、相互制约和相互监督。筹资业务的不相容职务具体如下。

(1) 筹资计划的拟订人员与决策人员相互分离,以保障决策者能客观评估计划的优劣。

(2) 筹资业务的执行人员与相关会计记录人员相互分离,通常要求由独立机构代理发行债券或股票。

(3) 筹资协议或合同的订立人员与审核人员相互分离。

(4) 与筹资有关的各种款项偿付的审批与执行相互分离。

(5) 未发行债券或股票的保管人员与会计记录人员相互分离。

(6) 利息和股利的计算、会计记录人员与利息、股利的支付人员相互分离。

2. 授权批准制度

企业需建立严格的筹资业务授权批准制度,明确授权批准的方式、程序和相关控制措施,规定审批人的权限、责任及经办人的职责范围和工作要求。严禁未经授权的机构或个人办理筹资业务。审批人应根据筹资业务授权批准制度的规定,在授权范围内进行审批。经办人员应在职责范围内,按照审批人的批准意见办理筹资业务,对于审批人超越授权范围审批的筹资业务,经办人有权拒绝办理,并及时向上级部门报告。单位应制定筹资业务流程,明确筹资决策、执行、偿付等环节的内部控制要求,并设置相应的记录或凭证,如实记载各环节业务开展情况,确保筹资全过程得到有效控制。

3. 筹资决策控制制度

企业应建立筹资业务决策环节的控制制度,对筹资预算的编制和审批、筹资方案的拟订、筹资决策程序等作出明确规定,以确保筹资决策的科学性和合理性。筹资决策控制制度包含以下内容。

(1) 企业应强化对筹资业务的预算管理。筹资预算需符合国家有关法规、政策和单位筹资预算要求,符合企业战略发展需求,筹资规模、筹资结构和筹资方式应恰当、可行。

(2) 企业拟订筹资方案时,应考虑企业的经营范围、投资项目的未来收益、目标资本结构、可接受的资本成本,对筹资时机选择、预计筹资成本、潜在筹资风险和具体应对措施等作出安排和说明。

(3) 企业应建立筹资方案的集体决策制度。一般筹资方案可由授权的相关部门或人员在职权范围内批准,重大决策方案应实行集体审议联签。

(4) 筹资决策过程应有完整的书面记录。对重大筹资方案应进行风险评估,形成评估报告,报董事会或股东大会决议。评估报告应全面反映评估人员的意见,并由所有评估人员签章。

(5) 企业筹资涉及中介机构的,应对其资信状况和资质条件进行充分调查和了解。

(6) 企业应建立筹资决策追究制度,明确相关部门和人员的责任,并定期或不定期进行检查。

4. 筹资决策执行制度

企业应建立筹资决策执行环节的控制制度,对筹资合同的订立和审议、资产的收取以及相关会计记录等作出明确规定。其控制要点如下。

(1) 企业应根据经批准的筹资方案,按照规定程序和筹资对象、中介机构订立筹资合同或协议。筹资合同或协议的订立应符合《中华人民共和国民法典》中"第三编合同"及其他相关法律法规的规定,并经单位有关授权人员批准。重大筹资合同或协议的订立,应征询法律顾问或专家的意见。企业相关组织或机构应对筹资合同或协议的合法性、合理性、完整性进行审核，审核情况和意见应有完整的书面记录。企业变更筹资合同或协议，应按照原授权审批程序进行。

(2) 企业取得的资产是货币资金的，应按货币资金的实有数额及时入账；取得的资产是非货币资金，且需要对该资产进行验资、评估的，应按规定在验资评估后合理确定其价值，进行会计记录，并办理有关产权转移、工商变更手续。

(3) 企业对已核准但尚未对外发行的有价证券应妥善保管，或委托专门机构代为保管，建立相应的保管制度，明确保管责任，定期或不定期进行检查。

(4) 企业应加强对筹资费用的计算、核对工作，确保筹资费用符合筹资合同或协议的规定。

(5) 对由于市场环境变化等特殊情况导致改变资产用途的，应履行审批手续，并对审批过程进行完整的书面记录，及时公告和披露。

5. 筹资偿付制度

企业应建立筹资业务偿付环节的控制制度，对利息、租金、股利及本金等的计算、核对、支付作出明确规定，确保各项款项偿付符合筹资合同或协议的规定。内部控制制度的关键点如下。

(1) 企业应指定专人严格按照合同或协议规定的本金、利率及币种计算利息和租金，经有关人员审核、确认后，与债权人进行核对。单位支付利息、租金，应履行审批手续，经授权人员批准后方可支付。本金与利息必须和债权人定期对账，如有不符，要及时查明原因、迅速处理。

(2) 企业委托代理机构对外支付债券利息，应清点、核对代理机构的利息支付清单，并及时取得相关凭据。

(3) 企业应按照股利分配方案分配股利，股利分配方案应按照企业章程或有关规定，按权限审批。委托代理机构支付股利的，应清点、核对代理机构的股利支付清单。

(4) 企业财会部门在办理筹资业务款项偿付过程中，发现已审批拟偿付的各种款项的支付方式、金额或币种等与有关合同或协议不符的，应拒绝支付并及时向有关部门报告，查明原因，作出处理。

6. 筹资凭证的记录与保管制度

企业吸收直接投资形成的权益性筹资或向银行借款形成的负债性筹资，在正常会计记录之外，通常要设立股本明细表、股东名册、长期借款明细表和短期借款明细表，并由专人进行登记。采用发行证券方式进行的筹资业务，控制要点在于对实物的保管。为加强控制，对于核准后但尚未发行的公司债券，应委托独立的机构代为保管。企业如果自行保管尚未发行的公司债券，应指定专人存放于保险箱中保管，并详细记录。内部审计人员要定期清点在库债券。

企业应加强对与筹资业务相关的各种文件和凭据的管理，建立筹资决策、审批过程的书面记录制度以及有关合同或协议、收款凭证、验收证明、入库凭证、支付凭证等的存档、保管和调用制度，并对有关文件和凭证进行定期核对和检查。

7. 监督检查制度

企业应当建立对筹资业务内部控制的监督检查制度，明确监督检查机构或人员的职责权限,定期或不定期进行检查。筹资业务内部控制监督检查的关键点如下。

(1) 监督检查筹资业务岗位和人员设置情况,重点检查是否存在不相容职务混岗的情况。

(2) 监督检查筹资业务授权批准制度的执行情况,重点检查授权批准手续是否健全、是否存在越权审批的行为。

(3) 监督检查筹资决策制度的执行情况,重点检查决策是否按照规定程序进行、责任制度是否落实到位。

(4) 监督检查决策执行及资产的收取情况,重点检查是否严格按照经批准的筹资方案、有关合同或协议办理筹资业务,以及是否及时、足额收取资产。

(5) 监督检查各项款项的支付情况,重点检查筹资费用、本金、利息、租金、股利等的支付是否符合合同或协议的规定,是否履行审批手续。

(6) 监督检查会计处理和信息披露情况,重点检查会计处理是否真实、正确,信息披露是否及时、完整。

三、投资和筹资业务内部控制制度设计的关键控制点

(一) 投资业务内部控制制度设计的关键控制点

1. 投资评估控制重点

投资评估控制包括以下内容。

(1) 有关投资事务的处理,均依单位处理程序办理。

(2) 所有股权投资总额及作业程序须符合《公司法》规定。

(3) 凡对外所有投资活动皆需经有关部门进行效益分析,并考虑单位经营政策及资金状况,经权责主管核准后方可开展。

(4) 投资建议报告形成后,应及时汇集该项投资的建议及相关资料,对投资特性进行评估和效益分析,从而形成投资评估报告。

(5) 投资评估报告经决议通过后,交付负责单位执行投资事宜。

2. 投资买卖控制重点

投资买卖控制包括以下内容。

(1) 负责单位向财务部申请追加预算,获取资金后,按计划进行交易买卖。

(2) 需要在集中交易市场或证券公司买卖证券时,负责单位应依据市场行情研判买卖时机,通过签呈核准后确定买卖价格。

(3) 需要在集中交易市场或证券公司买卖证券,负责单位须将交易价格的参考依据、计算过程及交易条件通过签呈核准后,确定买卖价格。

(4) 如有需要,可邀请证券分析师对价格的合理性发表意见,并详细说明评估依据。

(5) 价格确定后,进行买卖交易。

(6) 交易资金应依照融资循环作业规定进行处理。

3. 保管与异动控制重点

保管与异动控制包括以下内容。

(1) 取得有价证券后,及时转交公司财务部门保管。财务部接收有价证券后,登记在投

资明细簿，存放于防护措施健全的场所，并指定专人管理。

（2）有价证券借出或领出，必须取得权责主管的书面核准，并在登记簿上详细记录借出、领出相关资料。

（3）借出期限届满，若未主动归还有价证券，保管人员应负责追回，并将情况呈报责任主管处理。

（4）保管人员应注意如下事项：①对保管物品设立登记簿；②对保管的物品需指定专人管理；③登记簿随时保持完整且详细记录，以供查阅；④经营人员对于有价证券，应随时检查其还本付息日期，按期收回本金，领取利息或股息，并于收到后将资料转交会计，据以编制传票入账。

4. 盘点与抵押控制重点

盘点与抵押控制包括以下内容。

（1）负责单位不定期开展有价证券抽盘作业。

（2）每半年进行一次有价证券定期盘点，并请会计师会同参与盘点。

（3）盘点时，就实际盘点数填写盘点卡，注明差异原因及处理对策。保管人及盘点人签名后，交由责任主管核准，会计对差异部分予以调整。

（4）所有盘点人员对本身工作职责及应行准备事项，必须事前深入了解。

（5）所有财务盘点以静态盘点为原则，盘点开始时，应停止财物的进出及变动。

（6）有价证券抵押作业需经责任单位主管核准后，依照既定抵押程序办理。

5. 申报与公告控制重点

申报与公告控制包括以下内容。

（1）取得或处分投资的股权，应在发生之日起两日内依规定公告，并附上相关资料向证监会申报，上市后将副本抄送证交所、证券商等部门。

（2）有关投资股权的公告，由财务部按规定格式撰稿，经签核后对外公告。

6. 投资记录控制重点

投资记录控制包括以下内容。

（1）对所有投资标的均应设置账卡进行保管。

（2）账列证券如供作质押、债务保证或寄托保管等，均须详细记录。

（3）按期领取及记录各项有价证券投资收入、股利等。

（4）有价证券交易留存的出售证券成交单、交易税完税凭证及所得税申报资料等，设立专档备查。

（5）妥善保管结账日有价证券的市价资料。

（6）因持有有价证券而获取股票股利或资本公积转增股本所配发的股票，按有价证券的种类分别注记所增加的股数。

（7）长期股权投资采用权益法评价时，若被投资事业符合特别规定，被投资事业的财务报表需经会计师查核验证。

（8）长期股权投资与有价证券期末评价及会计处理，按会计制度规定执行。

7. 差异分析控制重点

差异分析控制包括以下内容。

(1) 检查各项长短期投资是否均依规定处理。

(2) 查看买卖、保管、盘点及公告作业是否遵循既定程序。

(3) 盘点结果如有差异，及时进行检查分析并立即处理。

(二) 筹资业务内部控制制度设计的关键控制点

筹资业务内部控制如图 8-7-1 所示。

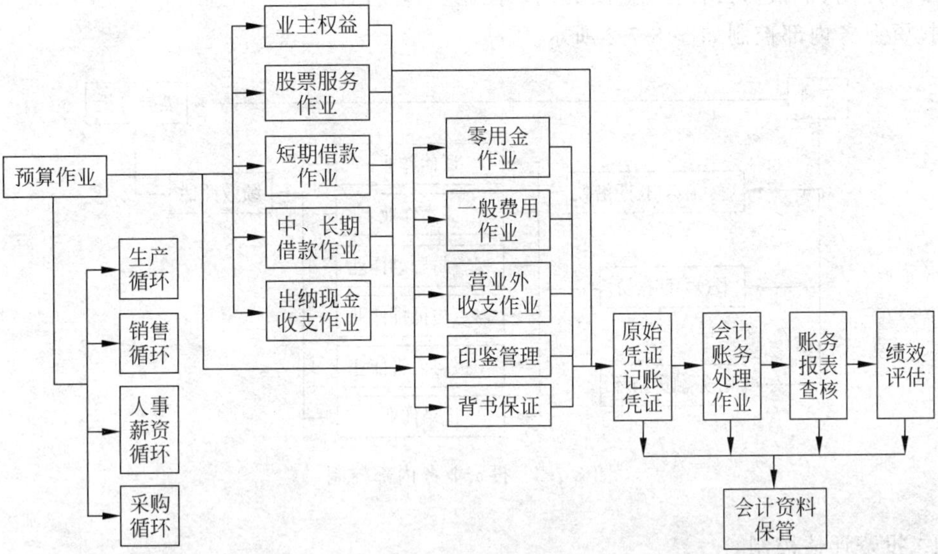

图 8-7-1　筹资业务内部控制

1. 发行股票筹资业务的内部控制要点

(1) 若本期无盈余用于派发股利，以公积金拨充股利时，需符合《公司法》的规定，并报证券主管机关核准。

(2) 股东领取股利时，需注意下列内部控制要点：①股东必须在基准日前办妥过户手续，方可领取股利；②发放股利时，股东印鉴须与登记印鉴相符；③发放股利时，股东应出示股利发放通知书、身份证明、印鉴，核对无误后发放；④股东领取股利后，应在股利清册上盖章，如由金融机构代发，则应填入代发银行名称及代发日期，以便复查。

(3) 发放股利手续力求简洁，处理程序要符合法律法规的规定。

(4) 稽核部门应根据已发行股票明细表核对股票存根，并盘点空白股票的张数。

(5) 出现换发收回作废股票的情况，稽核部门应抽查作废股票，并查核作废原因。作废股票的销毁，经呈报批准后，由财务部主管监督服务部门，会同稽核部门办理。

2. 债务筹资业务的内部控制要点

(1) 举借债务前，应先分析举债用途、利弊得失、获利来源及获利率是否足以偿付利息，并衡量举债对公司财务状况的影响，再决定是否对外借款。

(2) 对员工、股东、附属公司或关系人的借款应分别列示。

(3) 中、长期借款如有一年内到期的，转列入流动负债。

(4) 借款如指定用途的，按计划或约定行事，不得擅自改变用途。

(5) 发放债券筹资严格按照发行债券的相关程序进行。

四、投资与筹资业务内部控制制度的措施设计

(一) 投资业务内部控制制度的措施设计

投资业务的内部控制措施主要包括投资评估控制、投资买卖控制、保管与异动控制、盘点与抵押控制、申报与公告控制、投资记录控制、风险控制。

投资业务内部控制如图 8-7-2 所示。

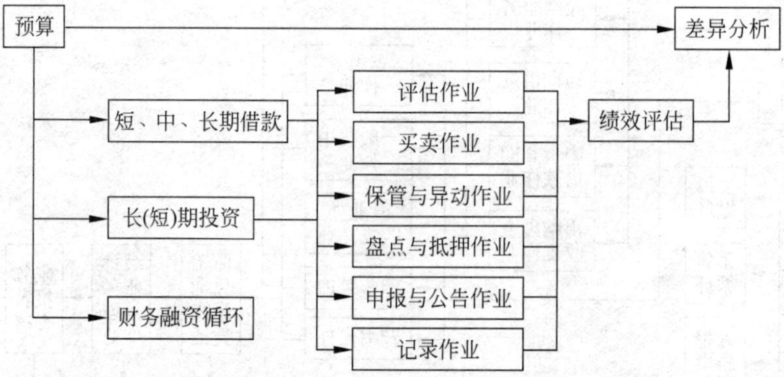

图 8-7-2 投资业务内部控制

1. 投资评估控制

(1) 投资事务的处理应按照企业相关程序处理。

(2) 所有股权投资总额及作业程序应符合《公司法》规定。

(3) 凡对外所有投资活动需要经有关部门分析,并考虑企业的经营政策和资金状况,经相关主管批准后,方可执行。

(4) 投资建议方案形成后,应及时汇集该项投资的建议及有关资料,对投资特性进行分析后,从而形成书面的投资评估报告。

(5) 投资评估报告经决议通过后,交付负责部门执行投资事宜。

2. 投资买卖控制

(1) 投资执行部门向财务部门申请投资预算,获取资金后,按计划开展投资活动。

(2) 在集中交易市场或证券商处办理投资时,投资负责部门应分析研究行情,经上报核准后,确定买卖价格。

(3) 不需要在集中交易市场或证券商处办理的投资,投资负责部门应将交易价格参考依据或计算及交易条件上报批准后,确定买卖价格。

(4) 如有需要,可邀请证券分析专家对价格的合理性发表意见,并详细说明评估理由。

(5) 价格确定后,执行部门进行交易买卖。

(6) 交易资金应依据企业融资循环的有关规定办理。

3. 保管与异动控制

(1) 取得有价证券后,及时转交财会部门保管。财会部门受理后,应详细记录在投资明

细账簿，存放于防护措施健全的场所，并指定专人负责保管。

(2) 有价证券需要借出或领出时，必须取得权责主管的书面核准文件，财会部门在登记簿上详细记录借出、领出的情况。

(3) 超过期限仍未交还有价证券的，保管人员要负责追回，并及时向上级部门报告处理。

4. 盘点与抵押控制

(1) 企业管理部门要定期或不定期地开展有价证券的盘点，并请会计人员参与盘点。

(2) 盘点时，根据实际盘点数填写盘点卡，注明差异原因并及时处理。保管人和盘点人签章后，交由权责主管部门审核，会计人员根据处理意见编制调整会计分录。

(3) 有价证券抵押作业需经权责单位主管核准后，按相应的程序处理。

5. 申报与公告控制

(1) 取得或处分投资的股权，应在发生之日起两日内依规定公告，并将相关资料向证监会申报，上市公司将副本抄送证交所、证券商同业公会及证券市场发展基金会。

(2) 有关投资股权的公告，由财务部门按规定格式撰写，经签核后对外公告。

6. 投资记录控制

(1) 对所有投资标的都要设置账卡，并妥善进行保管。

(2) 账列证券如供作质押、债务保证或寄托保管等，需详细记录。

(3) 按期领取及记录各项有价证券投资、股利等。

(4) 有价证券交易留存的出售证券成交单、交易完税凭证及所得税申报资料等，设立专档备查。

(5) 长期股权投资的处理严格按照会计制度的规定进行。

7. 风险控制

风险控制方法要求企业树立风险意识，针对各个风险控制点，构建有效的风险管理系统，通过风险预警、风险识别、风险分析、风险报告等措施，对财务风险和经营风险进行全方位防范和控制。具体如下。

(1) 在可行性研究阶段、论证阶段，需全面掌握被投资企业外部的政治、经济、法律、文化环境，防止各种环境因素对投资项目造成不利影响；掌握被投资企业的资信状况、财务状况、经营成果和现金流量；分析投资企业自身因该项投资可能面临的财务风险和财务承受能力。

(2) 在投资决策执行过程中，当投资项目的盈利前景发生重大不利变化，或连续长时间亏损且超出可行性报告中的预计范围，以及总投资额大幅度增加且难以取得利益补偿时，投资企业应充分评估这种不利影响的程度，并提取足够的投资减值准备。

(二) 筹资业务内部控制制度的措施设计

1. 不相容职务分离控制

企业的筹资业务主要包括发行股票、债券，向银行等金融机构借款等。因此，企业应建立筹资业务的岗位责任制，明确有关部门和岗位的职责与权限，确保办理筹资业务的不相容岗位相互分离、制约和监督。此外，企业还应当建立筹资业务的岗位责任制，明确相关部门和岗位的职责和权限，确保办理筹资业务的不相容职务相互分离、相互制约和相互监督。

(1) 筹资计划的编制人员与审批人员应适当分离，以便审批人员从独立的立场来衡量计划的优劣程度。

(2) 筹资方式的执行人员与会计记录人员应适当分离，通常要求由独立的机构来代理。

(3) 筹资方式的执行人员与筹集所得资金的保管人员应分离，以保证筹集资金的安全与完整。

(4) 负责筹资股利或利息计算的人员及会计记录的人员应与支付股利或利息的人员相分离，并且尽可能由独立机构支付股利或利息。

(5) 保管未发行债券或股票的人员应与负责债券或股票会计记录的人员相互分离。

(6) 不得由同一部门或个人办理筹资业务的全过程。

2. 授权审批控制

企业应当对筹资业务建立严格的授权批准制度，明确授权批准的方式、程序和相关控制措施，规定审批人的权限、责任以及经办人的职责范围和工作要求。授权批准制度控制措施主要如下：首先，单位筹资预算、预算变动和调整必须经过单位管理层批准。其次，单位重大筹资决策必须经过集体的审批。再次，任何个人无权单独作出重大的筹资决策。此外，单位负责筹资决策执行和筹资业务会计核算的部门必须在授权范围内进行工作。最后，对未经授权私自筹资或者越权筹资的行为，无论该行为是否给企业造成损失，都必须进行调查和处理。

实战演练

想一想

请你联系一家制造业企业，以设计会计制度为目标，了解该企业的投资和筹资业务的基本情况，并阐述该企业内部控制制度存在的不足之处。

知识拓展

股票发行流程如图 8-7-3 所示。

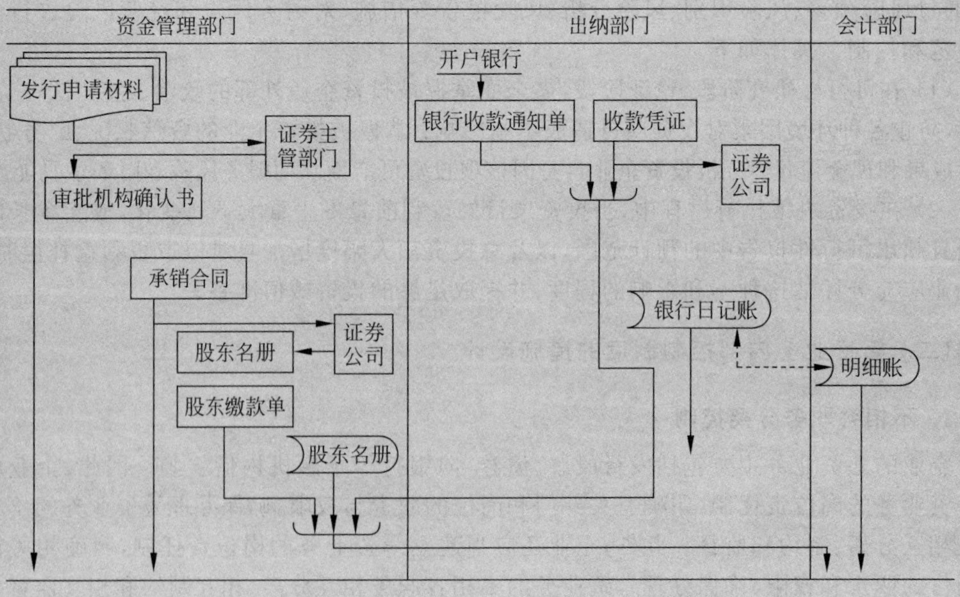

图 8-7-3 股票发行流程

任务训练

一、单项选择题

1. 筹资业务会计核算程序设计不包括(　　)。

A. 股票发行业务程序设计　　B. 债券发行业务程序设计

C. 股利分配业务程序设计　　D. 债券出售(处置)业务程序设计

2. 投资业务操作人员与会计人员相分离是为了保证(　　)。

A. 会计账算对有价证券的安全进行有效监控

B. 业务运行和会计记录的相互核对与控制

C. 防范投资决策风险

D. 审批人员客观地分析投资的可行性、合理性

3. 在长期股权投资中，实际支付的价款中包含的已宣告但尚未领取的现金股利时，应通过(　　)账户进行核算。

A. "应付股利"　　B. "长期股权投资"

C. "长期股权投资——损益调整"　　D. "应收股利"

4. 对外投资应由(　　)决策，决策过程应有完整的书面记录。

A. 小组　　B. 主要领导

C. 主管部门　　D. 集体

5. 企业应当由相关部门和人员或委托具有相应资质的专业机构对投资项目进行(　　)，通过对与投资项目有关的经济、社会、技术等方面情况进行全面的调查研究，对各种投资方案进行分析，对投资后的经济效益和社会效益进行预测，为投资决策提供依据。

A. 可行性研究　　B. 项目建议　　C. 评估　　D. 决策

二、多项选择题

1. 负债性筹资和权益性筹资的不同点是(　　)。

A. 债权人与股东在投票权方面存在权力大小的不同

B. 债权人与股东对公司的剩余索取权不同

C. 负债性融资和权益性融资对股东权益的影响不同

D. 负债性融资和权益性融资的成本不同

2. 我国《企业会计准则》规定，应当划分为以公允价值计量且其变动计入当期损益的金融资产的金融资产需要满足的条件有(　　)。

A. 取得该金融资产的目的主要是为了近期出售

B. 属于进行集中管理的可辨认金融工具组合的一部分

C. 有客观证据表明企业近期采用短期获利方式对该组合进行管理

D. 属于衍生工具

3. 投资活动的财务分析制度包括(　　)。

A. 投资的提出与立项　　B. 投资的调查与审批

C. 投资的跟踪　　D. 投资的处理

4. 企业的有价证券应妥善保管，具体的保管方式有(　　)。

A. 委托独立的银行代为保管　　B. 企业专人自行保管

C. 内部审计人员保管　　D. 委托独立的信托公司代为保管

5. 筹资业务的不相容岗位至少包括(　　)。

A. 筹资方案的拟订与决策

B. 筹资合同或协议的审批与订立

C. 与筹资有关的各种款项偿付的审批与执行

D. 筹资业务的执行与相关会计记录

三、简答题

1. 对外投资的内部控制制度设计应达到哪些目标?

2. 对外投资业务内部控制中不相容岗位主要有哪些?

3. 筹资业务内部控制制度设计应达到哪些目标?

四、案例分析题

A公司股东大会批准董事会的投资权限为1亿元以下。董事会决定由总经理负责实施。总经理决定由证券部负责总额在1亿元以下的股票买卖。A公司规定:公司划入营业部的款项由证券部申请,由会计部审核,总经理批准后划转入公司在营业部开立的资金账户。经总经理批准,证券部直接从营业部资金账户支取款项。证券买卖、资金存取的会计记录由会计部处理。检查人员了解和测试投资的内部控制制度后发现:证券部在某营业部开户的有关协议及补充协议未经会计部门或其他部门审核。根据总经理的批准,会计部已将8000万元汇入该户。证券部处理证券买卖的会计记录,月底将证券买卖清单交给会计部,会计部据以汇总登记。

根据上述资料,请指出A公司内部控制制度设计方面的缺陷。

项目实施

1. 不当之处

主要存在以下几方面的不当之处。

(1) 成本费用业务内部控制制度方面。

① 销售费用实行实报实销制度容易造成销售费用失控,不利于提高资金利用率。

② 计时工资制度不利于提高员工的生产积极性,容易造成消极怠工现象。

(2) 采购业务内部控制制度方面。

不应由车间主任提出请购申请,岗位职责划分不当。

(3) 货币资金业务内部控制制度方面。

出纳人员不应同时登记库存现金日记账和总分类账。

(4) 存货业务内部控制制度方面。

存货在不同仓库流转属于内部流转,不办理出入库手续做法错误。

2. 完善措施

(1) 成本费用业务内部控制制度方面。

① 取消实报实销制度,实行预算控制制度,同时完善授权批准制度,控制销售费用的支出。

② 由计时工资改为计件工资，同时对产品质量提出要求，加强成本费用的控制。

(2) 采购业务内部控制制度方面。

应由仓库部门提出采购申请，明确职责分工。

(3) 货币资金业务内部控制制度方面。

出纳人员登记库存现金日记账，由会计人员登记总分类账，实现不相容职务分离。

(4) 存货业务内部控制制度方面。

存货在不同仓库流转属于内部流转，应当办理出入库手续，加强对存货的管理和控制。

项目总结

企业主要业务内部控制制度的设计通过将企业的经营业务进行划分，按照流程设计内部控制制度，能够达到防范风险的目标。本项目的学习内容选取了对企业而言比较重要的业务，其内部控制制度的内容主要涉及货币资金业务控制、采购业务控制、存货业务控制、成本费用业务控制、固定资产业务控制、销售业务控制、投资与筹资业务控制等方面。从设计目标入手，对设计内容、关键控制点及措施设计进行阐述，将内部控制制度的设计进行了完整的编排。

项目9

会计信息化系统制度设计

学习目标

【知识目标】

1. 了解会计信息化系统的概念和结构。
2. 了解会计信息化系统的一般控制设计和应用设计。
3. 掌握会计信息化系统的特征。
4. 掌握会计信息化制度设计的内容和方法。
5. 掌握会计信息化内部管理制度的设计策略。

【能力目标】

认识会计信息化系统制度的内容和设计方法。

【素质目标】

1. 培养学生信息化应用能力、大数据思维意识。
2. 具有实事求是的工作作风。
3. 具有勇于探索的学习精神。

思维导图

会计信息化系统制度设计思维导图如图 9-0-1 所示。

项目描述

华茂公司是一家大型企业，近期企业采用了 ERP 系统，实现了信息化管理。你认为该企业应如何进行会计信息化系统的设计？

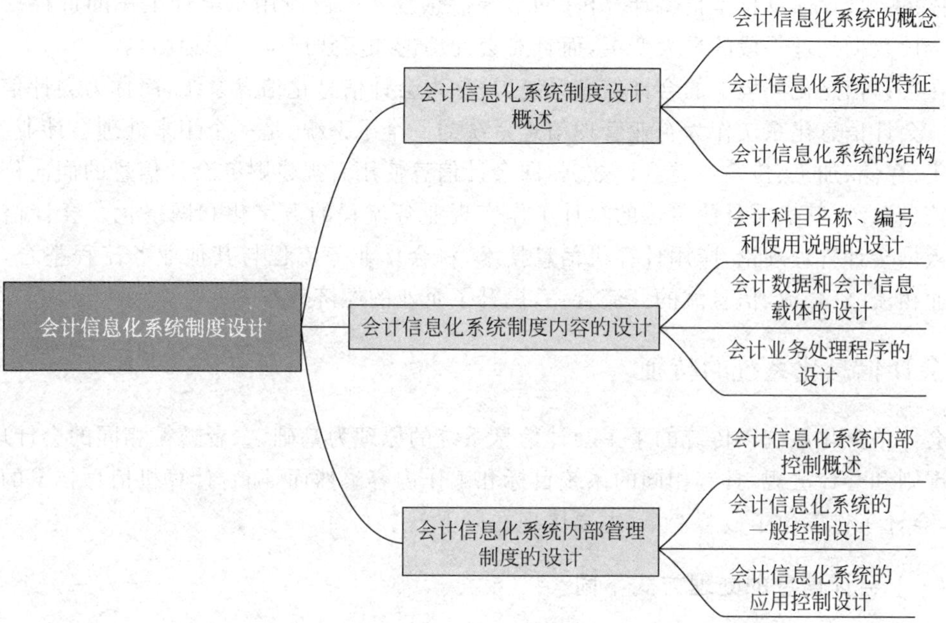

图 9-0-1　会计信息化系统制度设计思维导图

项目分析

华茂公司是一家大型企业，从公司会计信息化系统设计的内容分析，公司需要进行会计科目、会计数据和会计信息载体及会计业务处理程序三方面的设计。

任务 9.1　会计信息化系统制度设计概述

任务目标

1. 了解会计信息化系统的概念和结构。
2. 掌握会计信息化系统的特征。

想一想

1. 你了解会计信息系统吗？
2. 你认为会计信息化系统和手工会计系统有哪些不一样？

知识准备

一、会计信息化系统的概念

从 20 世纪 70 年代末、80 年代初开始，我国会计信息化经历了从“传统会计”到“会计电算化”，再到“会计信息化”的发展历程。2009 年 4 月 12 日，财政部发布了《关于全面推进我国会计信息化工作的指导意见》，提出要全面推进会计信息化工作，构建我国的会计信息化管理体系。会计信息化是指将计算机、网络等信息技术广泛应用于会计工作的过程。它不仅是会计数据处理手段的重大变革,而且对会计理论和实践产生了深远影响。

在会计信息化环境下的会计信息系统,被称为会计信息化信息系统,简称为会计信息化系统。会计信息化系统作为企业管理信息系统的一个子系统,是一个用来处理会计业务,负责收集、存储、加工、传输各类会计数据,向会计信息使用者提供财务会计信息的面向价值管理的信息系统,其实质是使单位的会计工作实现业务流程的数字化和网络化。会计信息化系统依据会计管理理论,应用计算机信息技术,将会计业务流程与其他业务流程整合,实现了企业物流、资金流、信息流的三流合一,提升了企业的经济效益。

二、会计信息化系统的特征

会计信息化系统以传统的手工会计信息系统的原理为基础,二者遵循相同的会计理论、会计准则和会计法规,具有相同的系统目标和工作内容。然而,随着计算机信息技术的深度应用,会计工作发生了显著变革,主要体现在以下五个方面。

(一)会计信息的处理方式不同

1. 数据的存储媒介不同

在手工会计信息系统中,会计数据的载体是纸张。在会计信息化系统中,会计数据以电子形式保存在各种磁性存储介质上。这些存储介质虽然具有体积小、存储密度大及易于会计信息传递、复制和保管的优点,但是有着数据容易被删改且删改后一般不留痕迹的弊端。

2. 数据的加工过程不同

在手工会计信息系统中,会计数据由不同的责任人按会计账户分别转抄到日记账、明细分类账和总分类账中,最终以报表形式列报。在会计信息化条件下,数据处理实现了自动化、集中化。当原始数据录入系统后,后续的加工处理都集中在计算机中进行,会计工作质量和效率得到了极大提高。因此,对数据校验的控制提出了更高要求,可采用合法性检查、凭证录入后机内审核等方式来保证录入数据的可靠性。

(二)会计信息的处理流程不同

在手工会计信息系统中,会计数据的处理通常要经过取得或填制原始凭证、编制记账凭证、过账、结账、编制会计报表等步骤,数据处理流程清晰明了。并且按照凭证、账簿、报表相结合的方式不同,存在记账凭证核算形式、科目汇总表核算形式等多种会计核算形式。

在会计信息化方式下,计算机能迅速、准确地对存储的会计信息进行分类汇总,并按要求输出各种会计账簿和报表,总账、日记账、明细账都出自同一数据源,从而避免了数据的重复转抄,以及账证核对、账账核对、账表核对等对账工作,也没有必要像手工环境下那样区分不同的会计核算形式。

(三)人员分工和组织机构不同

在手工会计信息系统中,组织机构由相互牵制的专业组构成。实施会计信息化后,根据信息化实施程度的不同,企业既可在总部设置信息中心,也可在各个业务部门设置计算机应用组,或是仅在财务部门内部配以计算机操作人员、维护人员等。这些人员必须是既精通会计知识、又熟悉计算机知识的复合型人才。在此情况下,需要重新对各岗位的责权进行严格规定和控制,确保不相容责权得以分离,以保证系统的有效运作。

(四) 内部控制制度不同

会计信息化系统的应用使得会计信息存储、处理、传递的方式发生改变。一方面,提高了企业内部控制的效率与效果,如处理会计数据更加及时、准确,获取审计资料更加快捷、完整等;另一方面,也带来了与手工环境不同来源、不同性质的风险。例如,电磁介质上的数据能够被不留痕迹地修改和删除,手工会计系统中依靠证、账、表间的勾稽关系来纠正控制差错的方法在信息化环境下失去了原有作用,计算机程序控制的失效只能在出现较严重的后果时才会被察觉等。

实现会计信息化后,部分内部控制实现自动化,以程序形式内置于计算机系统中。例如,输入控制中的编码合法性检验、借贷平衡校验、机内凭证审核等方法,数据处理控制中的自动对账、自动结账等功能。内部控制的范围从以人为主,扩展到涵盖人、计算机软硬件资源、应用系统、数据等多种要素。企业要相应制定一些适用于信息化环境下的内部控制制度,如操作管理制度、软硬件维护制度、会计档案保管制度等。

(五) 管理与支持决策职能得以提升,

在手工会计信息系统中,会计工作的重点是事后的记账、算账和报账,主要体现会计的反映和控制的基本职能,参与决策、预测只是更为广泛的衍生职能。在会计信息化方式下,凭借计算机的优势,管理层能方便地利用数学方法分析、处理数据,并建立实用的经济模型,如最优经济订货批量模型,从而提升了会计的管理与支持决策职能。

三、会计信息化系统的结构

依据会计信息服务层次的不同,会计信息化系统可划分为会计核算、会计管理和会计决策支持三个层次。

会计核算子系统以财务会计理论和核算方法为基石,按照会计核算业务可细分为账务处理、工资核算、固定资产核算、采购与付款核算、存货核算、销售与收款核算、成本核算、报表处理等子系统。

会计管理子系统基于成本管理和财务管理的理论和方法,着重对资金、成本、收入、利润进行管理和控制,旨在辅助管理层对企业活动进行监督、控制和协调。具体可划分为资金管理子系统、成本管理子系统、销售收入与利润管理子系统。

会计决策支持子系统是在会计核算和会计管理子系统的基础上,对接收的内外部信息进行处理,为企业决策者制定科学的决策提供帮助。

下面具体介绍一下会计核算子系统各模块的主要任务。

(一) 账务处理子系统

账务处理子系统主要承担凭证编制、审核、入账等日常账务处理工作,期末自动转账、期末对账、结账等账务处理事项，以及查询或打印输出各类账、表。同时，该系统还负责按部门、项目等进行辅助核算和管理，以及数据备份、恢复等系统维护和管理工作。

（二）工资核算子系统

工资核算子系统的主要任务是计算应发工资、个人所得税、各种代扣款、实发工资等项目，汇总与分配工资费用，并生成相应的记账凭证，输出工资单、工资费用与福利费的分配表等。

（三）固定资产子系统

固定资产子系统主要负责对固定资产的增减变动（如新增、报废、盘盈盘亏等）、折旧、修理费用等进行核算与管理。

（四）采购与付款子系统

采购与付款子系统的主要任务包括审核采购订单、核算采购成本、生成付款凭单并完成付款业务、核算应付账款等。

（五）存货核算子系统

存货核算子系统的主要任务是对存货入库单、出库单、调拨单等单据进行输入、审核，完成材料结存核算、产成品结存核算等账务处理，以及完成库存计划、经济订货批量等库存统计分析。

（六）销售与收款子系统

销售与收款子系统的主要任务是计算销售成本、销售费用、销售税金及附加，反映销售收入实现情况和货款回收情况，同时进行客户管理、信用管理等。

（七）成本核算子系统

成本核算子系统主要负责按成本对象对相关费用进行归集和分配，履行成本核算职能。此外，该系统还可进行成本分析与控制、成本预测与计划。

（八）报表处理子系统

报表处理子系统的任务是获取账务处理、工资、固定资产、存货等会计核算子系统以及其他业务子系统的数据，完成报表的编制与输出工作。

实战演练

1. 看一看

请你联系一家企业，了解企业的基本情况，观察该企业会计信息化系统的常用结构。

2. 练一练

请根据该企业的基本业务，画出该企业会计信息化系统的结构关系图。

知识拓展

会计信息化系统与ERP系统

任务训练

一、单项选择题

1. 会计信息化是指将计算机、网络等信息技术广泛应用于(　　)的过程。

A. 会计处理　　B. 会计工作　　C. 会计使用　　D. 会计核算

2. 下列(　　)负责按部门、项目等进行辅助核算和管理，以及数据备份、恢复等系统维护和管理工作。

A. 账务处理子系统　　B. 工资核算子系统

C. 固定资产子系统　　D. 采购与付款子系统

3. (　　)可以进行成本分析与控制、成本预测与计划。

A. 工资核算子系统　　B. 固定资产子系统

C. 采购与付款子系统　　D. 成本核算子系统

二、多项选择题

按照会计信息服务层次的不同，会计信息化系统可划分为(　　)三个层次。

A. 会计核算　　B. 会计管理　　C. 会计决策支持　　D. 会计控制

三、简答题

会计信息化系统和手工会计系统有哪些异同？

任务9.2　会计信息化系统制度内容的设计

任务目标

1. 掌握会计信息化制度设计的内容和方法。
2. 了解会计信息化制度设计时需注意的问题。

想一想

你认为作为会计主管在会计信息系统制度设计时应注意哪些问题？

知识准备

会计信息系统制度设计旨在规划提供会计信息的诸多方面，主要内容包括三个方面：一是会计科目名称、编号和使用说明的设计，会计科目设计是对会计对象的具体内容进行分类，是对会计数据分门别类进行处理的依据；二是会计数据和会计信息载体的设计，主要有设计原始凭证、记账凭证、会计账簿、会计报表等的种类、格式、使用说明等；三是会计业务处理程序的设计，主要是设计会计数据的收集、整理、加工、处理、输出程序，也就是会计核算组织程序。从原始凭证到记账凭证，再到会计报表，这一系列处理程序因企业实际情况而异，需选择合适的流程以确保效率和效果。

一、会计科目名称、编号和使用说明的设计

在计算机环境下，所有会计科目的属性，如科目名称、科目代码、科目性质等，均被录入、保存在会计科目表文件中。为方便录入，系统可提供自动导入功能，例如系统可根据用户所选行业将总账科目添加进来，用户仅需设置明细科目。

(1) 在会计信息化环境下，为了提供管理所需的详细信息，可充分利用计算机运算速度快、存储量大的特点，将会计科目划分得比手工环境下的更细一些，如设置三级、四级明细科目。例如，对于固定资产科目，除按性质分设二级明细科目(生产用、非生产用)外，还可以再按类别分设三级明细科目(房屋、土地、设备等)，如若需要，还可再分设四级明细科目(运输设备、机械设备等)。

(2) 由于某些会计科目核算不能满足管理需求，因而还需要设置辅助核算，如往来、部门、项目等。会计信息化使手工模式下的辅助核算更加方便、经济、准确，还能提供多项辅助核算信息。例如，对于应收账款，需要了解客户信息(如名称、地址、信誉等)，在会计科目设置时，可将账户类别定义为“往来”，将明细科目从会计科目体系中分离出来，则系统会自动建立往来辅助核算科目与会计科目的对应关系。

知识拓展

会计科目

二、会计数据和会计信息载体的设计

(一) 原始凭证

在信息化环境下，为节省时间并确保输入数据的可靠性，可直接根据原始凭证在计算机中编制记账凭证，因此原始凭证的清晰完整非常重要。设计自制原始凭证时，除应具备原始凭证的基本内容外，还可增加会计科目名称、代码等记账凭证的内容，以方便录入。

(二) 记账凭证

记账凭证表文件是计算机环境下存储记账凭证各项数据的数据库文件。它不仅包含手工模式下记账凭证的内容，如制单日期、凭证号、摘要、科目名称、借贷方金额等，还包含计算机数据处理所需的各种标识，如科目代码。在凭证输入时，如果所选的会计科目设置了辅助

核算，如往来核算，则系统会自动提示输入往来单位科目代码。

会计信息化系统使用的记账凭证格式一般模拟手工格式。鉴于计算机处理数据精度高、速度快，方便查询和统计，一般采用通用记账凭证格式，而不必区分收款凭证、付款凭证、转账凭证格式。

（三）会计账簿的设计

实现会计信息化后，会计账簿不再承担按会计账户分类存储会计数据的任务，而是在需要时，自动从会计科目表文件、科目余额发生额文件和记账凭证文件中提取数据，快速按照会计账户格式要求输出结构化的会计信息，账页格式一般与手工条件下相同。

由于计算机输出日记账非常快捷方便，所有科目均可同时拥有日记账和明细账，可按需要打印输出或查询输出。

（四）会计报表的设计

目前常用的会计报表子系统主要有专用会计报表系统、电子报表系统和通用会计报表系统三类。其中，通用会计报表系统最为常用。它提供自定义方式供单位自定义报表结构、报表内容、报表取数来源和计算公式等，系统会根据用户定义自动从相关数据库中提取数据生成所需报表。

由于会计报表可按预先定义的参数和规则实时输出，在设计会计报表时，可根据管理需求适当增加报表种类和报送次数，如设计分析报表和预测报表，但也要注意避免编制不需要的报表。

三、会计业务处理程序的设计

为使会计信息系统能更加及时、有效地提供会计信息，应充分利用先进的计算机技术和网络技术，结合业务流程重组（BPR）的理念，对会计流程进行优化或重组。在设计会计业务流程时，应该注意以下四个问题。

（1）将会计流程与其他业务处理流程整合，不再基于传统的会计循环，而是基于业务活动的“业务过程/业务事件”来构建会计业务流程，并构建事件驱动型会计信息系统。会计工作的起点不再是记账凭证，而是各相关业务部门的业务事件。多数会计数据由各部门业务数据直接输入，计算机自动生成记账凭证，无须将原始凭证传递至会计部门进行处理。

（2）在设计新的会计业务流程时，应注重加强对每个流程的控制，包括权限控制、输入控制、输出控制等。尤其是在价值链会计管理中，将计划管理和会计控制流程嵌入各相关业务流程并实现有机集成，在业务发生时，动态实施强有力的计划管理和会计控制，以保证会计信息在整个流程中的准确性和及时性。

（3）新的会计业务流程应将会计工作的重心从传统财务会计逐步转移至管理会计。传统会计流程着重于对经济业务的记录，而忽略了通过分析会计信息对企业的生产运营进行管理。随着信息技术的广泛应用，会计人员从烦琐的重复劳动中解放出来，将有更多时间和精力参与企业管理。

(4) 企业组织结构应与会计业务流程的重组相匹配。传统会计组织结合内部控制的要求,按会计工作的不同内容进行划分,并配备会计人员开展数据处理工作。随着企业业务流程和会计业务流程的重组,企业内部传统的部门界限、数据处理职能分隔将越来越模糊,企业会计组织内部乃至整个企业组织内部的岗位职责都需重新定义和组合。

实战演练

1. 想一想

西方电子有限公司是一家新成立的私营流通企业,主要从事电脑主机批发业务,注册资金为 300 万元,经营面积为 260 平方米。公司采用信息系统进行业务处理,请帮助财务经理完成该企业会计信息系统制度的设计。

2. 画一画

请画出会计信息系统设计流程图。

任务训练

一、单项选择题

1. (　　)是账务系统乃至整个会计信息系统的工作基础。
   A. 会计凭证　B. 会计科目　C. 会计账簿　D. 会计报表
2. 新的会计业务流程应该将会计工作的重心从传统的财务会计逐步转移到(　　)。
   A. 基础会计　B. 成本会计　C. 管理会计　D. 财务管理
3. 在会计编码 10020102 中,第一个 1 代表(　　)。
   A. 资产类　B. 负债类　C. 成本类　D. 收入类

二、多项选择题

1. 会计数据和会计信息载体的设计包括(　　)。
   A. 原始凭证　B. 记账凭证　C. 会计账簿　D. 会计报表
2. 目前使用的会计报表子系统主要有(　　)。
   A. 专用会计报表系统　B. 电子报表系统
   C. 通用会计报表系统　D. 通用报表子系统

三、简答题

设计会计业务处理程序时应注意哪些问题?

任务 9.3　会计信息化系统内部管理制度的设计

任务目标

1. 掌握会计信息化内部管理制度的设计策略。
2. 了解会计信息化系统的概念和结构。

想一想

你认为,作为会计主管,在会计信息化系统内部管理制度设计时,应着重进行哪几个方面的设计?

知识准备

一、会计信息化系统内部控制概述

(一) 会计信息化系统内部控制概念

会计信息化对企业组织管理、业务流程及会计核算体系产生了巨大的影响，为应对与手工环境下不同来源、不同性质的风险，企业的内部管理制度也应作出相应调整。国外比较有影响的内部控制的模型或框架有信息系统审计与控制协会的《信息及相关技术控制目标》(COBIT)、国际内部审计师协会的《系统鉴证与控制》(SAC)和《电子系统确认与控制模型》(eSAC)等。我国《企业内部控制基本规范》中规定，“企业应当运用信息技术加强内部控制，建立与经营管理相适应的信息系统，促进内部控制流程与信息系统的有机结合，实现对业务和事项的自动控制，减少或消除人为操纵因素”。因此，企业需要重视内部控制和评价报告的信息化，做好有效设计和执行内部控制制度方面的工作。

会计信息化系统的内部控制是指为保护会计信息化系统的安全性、可靠性、高效性，以及保证为企业内部和外部提供会计信息的准确性、可靠性和完整性，运用各种手段和技术，对会计信息化系统进行管理和控制的过程。

(二) 会计信息化系统内部控制分类

为便于对信息化环境下内部控制的理解、审查和评价，可按照一定标准对会计信息化系统内部控制进行分类。

(1) 按控制的意图划分，内部控制可以分为预防性控制、检查性控制和纠正性控制。预防性控制用来防止不利事件的发生，是一种积极的控制方式；检查性控制用来检查并发现已发生的不利事件，试图在不利事件发生时就能发现；纠正性控制，也称恢复性控制，用来消除或降低不利事件造成的损失和影响，是一种相对消极的控制。

(2) 按控制采取的手段划分，内部控制可以分为手工控制和程序控制。手工控制是直接通过手工操作实施的控制，不仅在手工会计系统中适用，它在信息化环境下仍然起着重要作用。程序控制是由计算机程序自动完成的控制。

(3) 按控制的范围和对象划分，内部控制可以分为一般控制和应用控制。

《中国注册会计师审计准则第 1211 号——了解被审计单位及其环境并评估重大错报风险》对一般控制和应用控制作出了如下定义：信息技术一般控制是指与多个应用系统有关的政策和程序，有助于保证信息系统持续恰当地运行(包括信息的完整性和数据的安全性)，支持应用控制作用的有效发挥，通常包括数据中心和网络运行控制，系统软件的购置、修改及维护控制，接触或访问权限控制，应用系统的购置、开发及维护控制。信息技术应用控制是指主要在业务流程层次运行的人工或自动化程序，与用于生成、记录、处理、报告交易或其他财务数据的程序相关，通常包括检查数据计算准确性，审核账户和试算平衡表，设置对输入数据和数字序号的自动检查，以及对例外报告进行人工干预。

一般控制以程序为主，应用控制以数据为主。一般控制是应用控制的基础，它为数据处理提供了良好的环境，普遍适用于会计信息化系统和其他管理信息系统；应用控制是一般控制的深化，保证了数据处理的可靠性、准确性和完整性，针对不同的应用系统有不同的控制要求。这种对内部控制的分类方法比较常用。企业信息系统内部控制框架如图 9-3-1 所示。

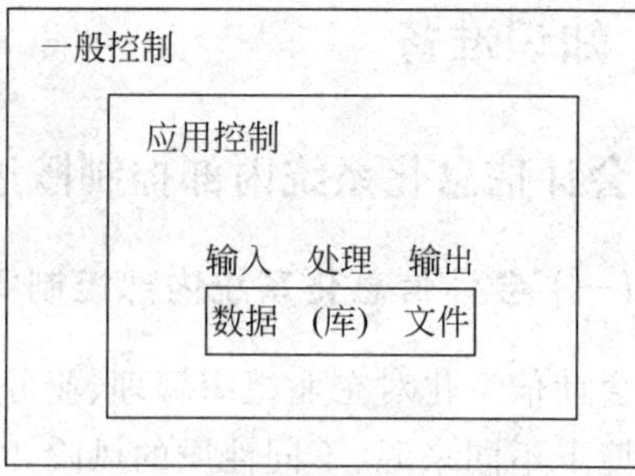

图 9-3-1 企业信息系统内部控制框架

(三) 会计信息化系统内部控制设计策略

鉴于会计信息化条件下内部控制的新特点，会计信息化系统内部控制设计需重点关注流程控制、组织控制、信息系统控制三个方面。

1. 流程控制

信息技术促使企业物流、信息流实现有效融合。在企业流程设计过程中：首先，要把握好业务流程和信息流程的联系，并进行风险评估，以确定风险重要程度。其次，根据组织规模、员工素质、软硬件条件等因素，为业务流程和信息流程制定具体的规则和程序。最后，依据风险重要程度确定业务流程和信息流程的关键控制点，设定风险控制参数与程序，并将其嵌入信息系统，构建人机结合、以事前与事中控制为主、业务流程和信息流程融合的控制机制。

2. 组织控制

在信息技术环境下，流程决定企业的组织结构。因此，企业的组织结构设计应契合流程管理与控制的要求，与员工的信息使用权、决策权相匹配。在岗位设计方面，要做到不相容职责相互分离；可在流程层面上明确各部门的职责及协调关系，再将这些流程细分为相关的作业，并以此设计岗位责任制度。

3. 信息系统控制

信息系统控制包括系统建设过程中的控制与使用过程中的控制。

(1) 系统建设过程中的控制。系统开发前要做好可行性研究，加强对开发商的资质验证；在系统实施过程中，要明确项目实施各阶段的目标与任务，建立健全进度控制、质量控制、验收控制机制，确保系统质量。

(2) 系统使用过程中的控制。具体包括操作权限控制、操作规程控制、安全管理控制、数据处理流程控制等方面的设计。

二、会计信息化系统的一般控制设计

一般控制也称为管理控制，是对会计信息系统的开发、实施、维护、运行等环节进行的控制。一般控制主要包括组织控制、系统开发与维护控制、计算机操作控制、硬件和软件控制、安全管理控制、系统文档控制六个方面。

(一) 组织控制

组织控制是通过构建对信息系统进行控制的组织结构，来预防或减少错误和舞弊行为的发生，主要形式包括部门设置、人员分工、职责制定及权限划分等。组织控制的基本要求是职责分离、职责牵制及人事控制。

1. 职责分离

职责分离的一般原则是将业务授权、执行、记录、保管等不相容职责相互分开，主要体现在以下两个方面。

(1) 会计信息化部门与用户部门的职责分离。会计信息化部门的主要职责是对数据进行处理和控制，而用户部门是指提供处理前原始数据和使用处理后会计资料的部门或人员。会计信息化部门不能承担业务的授权和执行工作，也不能保管除计算机系统以外的实物资产，其主要是发挥记录的职能。用户部门(即各业务部门)是进行业务授权、执行、保管的部门。

(2) 会计信息化部门内部的职责分离。在会计信息化环境下，数据被统一处理且高度共享，导致某些本应分离的不相容职责趋于集中化，因此会计信息化系统内部也应适当分工。例如：系统开发人员不能在系统正式运行阶段随意接触系统；操作员应负责日常的业务数据处理而不能参与程序的分析、设计、编制与修改；资料保管员保管系统的所有文档，防止未经授权使用数据资料的行为。

企业应根据信息化环境下会计工作的特点和内部控制的要求，建立岗位责任制度。与手工模式下的会计岗位设置相比，部分岗位与原先的有所交叉，如会计信息化系统的主管可以由会计部门主管兼任，有的岗位只是工作方式有所改变而基本职责、性质并未改变，如审核岗与档案管理岗。会计信息化系统设置的岗位主要有系统主管、系统管理员、操作员、审核员、会计档案管理员。

① 系统主管负责管理、协调、监督会计信息化系统正常运行。

② 系统管理员负责建立系统的运行环境、定期检查软硬件的运行情况及数据的安全性和准确性。当系统出现故障时，上报系统主管后进行故障排除，或及时联系软件开发单位解决问题。

③ 操作员负责输入记账凭证和原始凭证等会计数据，运行程序进行部分会计数据处理，并按要求输出记账凭证、会计账簿、会计报表等。出纳会计要做到现金的日清月结。

④ 审核员负责对输入计算机的会计数据(记账凭证和原始凭证等)的真实性、合法性、完整性和规范性进行审核，对审核通过的记账凭证进行签章确认。

⑤ 会计档案管理员负责对各类电子或纸质形式的数据进行分类保管，建立会计数据档案，并做好安全保密工作。

2. 职责牵制

即便实现了不相容职责分离，也不能完全杜绝个人犯错的可能性，为进一步降低风险，还需形成职责牵制机制。例如，系统管理员对数据进行修改和恢复时，负责该数据日常操作的人员应在现场进行监督。

3. 人事控制

内部控制的成效取决于相关人员的素质，高素质的人员是构建高质量系统的必要条件。特别是在单位规模较小、信息化系统较为简单的情况下，完全的职责分离既不现实也不经济，因此可以加强人事控制。企业可通过建立人员招聘、在职教育、定期评价、轮换任职、奖惩制度等控制措施，降低组织控制方面的风险。

（二）系统开发与维护控制

系统开发与维护控制是对新系统的分析、设计、实施以及现有系统的改进与维护所实施的控制，应考虑系统开发控制、系统维护控制及文档控制三个方面。

1. 系统开发控制

信息系统的开发方式主要有自主开发、委托开发和合作开发等。作为系统的用户方，企业为保证系统开发的质量，需对开发过程中各项活动的合法性和有效性实施严格控制。

(1) 审批控制。在信息系统开发过程中，从系统计划、系统分析、系统设计到系统实施的每个阶段，都需要相关人员进行审批。审批包含两个方面：一方面，企业高层管理人员需从企业整体角度考虑新系统的开发，并在系统开发的各个阶段进行评审；另一方面，会计部门派人参与评审，以保证系统的开发方向与应用需求保持一致。

(2) 可行性及需求分析控制。首先要明确开发目标，从技术可行性与经济可行性两方面对项目进行可行性研究与分析。在此基础上，制订开发计划，包括系统目标、范围、要求、预算、进度等内容。在需求分析阶段，信息系统的用户应参与系统开发工作，使软件开发人员能深刻了解使用者的需求，并将控制措施嵌入应用系统；同时，内审和风险管理人员应对此过程进行监督，以保证会计控制功能全面融入系统逻辑模型。

(3) 设计开发控制。为确保系统开发过程按时按质完成，需要注意以下方面：设计开发应依照开发方案进行，控制好开发进度和开发费用，避免系统开发的无序性；会计部门应派人监督整个设计开发过程，如参加阶段性的系统评审、各阶段管理评审等，当开发方未按规定落实开发方案时，督促其改正。

(4) 系统测试及转换控制。在系统开发后期，系统开发人员、用户和内审人员共同制定测试方案，对系统是否满足使用目标进行测试。应检验整个系统的完整性，重点测试系统的抗干扰能力、对非法数据的容错能力、对突发事件的应变能力及系统遭到破坏后的恢复能力。在新旧系统转换过程中，要对转制工作进行审批，在确保无误的前提下，做好资源的整合配置及初始数据的安全导入工作，对关键性内容应予以打印并检查核对。

(5) 系统验收控制。系统验收是指系统开发管理人员、用户和内审人员对开发完成的信息系统进行验收评审，验证系统是否符合预期的目标和要求。若系统原设计功能未能实现，应由开发方负责系统程序修正和软件参数调整。系统验收完成后，要将开发过程中的文档资料统一归档，作为会计资料妥善保管，以便于系统日后的运行、维护和审计。

2. 系统维护控制

系统维护控制包括程序修改、文件修改、代码修改等，涉及系统功能结构的调整、扩充和完善。对系统维护需严格把控，防止程序意外毁损丢失以及未经授权而更改系统。

(1) 维护的授权与批准。系统维护往往会“牵一发而动全身”，因此对系统有任何修改要求时，都必须有正式的维护或修改申请、授权等程序。

(2) 维护的标准规程与文档控制。系统维护工作应按严密的标准规程执行，并建立规范化的文档。

(3) 系统测试与文档更新控制。系统主管、用户和内审员应共同对修改后的系统进行测试和验收。验收后，系统主管要向系统操作人员及所有使用者发出通知，明确系统新版本的启用时间、新功能和修改内容，必要时还应进行适当培训。

3. 文档控制

系统文档主要包括可行性研究报告、项目开发计划、系统分析说明书、系统设计说明书、程序设计报告、测试计划、系统测试报告、用户手册、操作手册、运行维护记录等。文档控制要实现文档的制度化管理，文档应标准化、规范化，建立文档的生成、保管、维护等制度。

(三) 计算机操作控制

在对信息系统的操作过程中，需对操作人员权限、操作规程等方面进行规范与审查，以保障信息处理的高质量，减少差错发生，降低未经批准使用数据和程序的风险，确保仅限于经过批准的人员能够进行计算机操作，仅能使用批准的程序，并能及时查出和更正计算机处理中的错误。计算机操作控制主要表现在操作权限控制和操作规程控制两个方面。

(1) 操作权限控制是指每个上机人员都应按照被授予的权限对系统进行操作，不得超越权限接触系统。例如，系统管理员有系统硬、软件管理维护和网络资源分配的超级权限，而操作人员不得进行系统性操作，系统程序员不得进行业务性操作。

需建立系统资源访问授权和身份认证制度，对系统使用人员的口令密码进行严格规范。在会计主管(或系统管理员)设置好上机人员登记和操作权限后，其他操作人员需自行设置口令密码，防止他人盗用自己的权限进行操作。若更换操作人员或密码泄露，必须及时更改密码。若操作人员离开工作现场，务必在离开前退出正在运行的程序。

(2) 操作规程控制指系统操作必须遵循一定的标准操作规程。操作规程一般在操作指南中进行规定，主要有软硬件操作规程、作业运行规程、用机时间记录规程等。

① 系统操作人员不得擅自进行系统软件的删除、复制、修改等操作，不得擅自升级、改变系统软件版本或更换系统软件，也不得擅自改变软件系统的环境配置。

② 建立上机日志记录，对用户身份、操作时间、操作内容、系统参数和状态、系统重要资源等进行实时监控和记录，并定期对日志文件进行安全检查和评估。上机日志记录可用来提供检查线索，是计算机审计取证的主要对象。上机操作日志可由操作员记录，也可由系统自动生成，但都禁止修改，以保证记录的原始性和真实性。

(四) 硬件和软件控制

1. 硬件控制

硬件控制是对会计信息化系统的计算机硬件系统实施的控制。硬件设备主要包括计算机主机、数据输入与输出设备、计算机网络设施。

硬件控制通常是硬件生产厂商在计算机设备中实现的控制技术和方法，它能够在无须程序或特殊指令的情况下，自动检测出某些类型的错误。审计人员应定期对其控制效果进行测试，以防硬件控制失效。常见的硬件控制方法如下。

(1) 有效性检验：将计算机实际操作与有效操作进行对比，从而发现错误。

(2) 设备自检：将控制手段构造在计算机集成电路板中，以检查并更正错误。

(3) 重复处理控制：重复执行同样的操作，对比每次的结果来发现错误。

对硬件作业过程的控制主要如下。

(1) 设备的新增、报废、更新、修复等工作需由相关人员提出申请,报上级主管人员审批,同时要建档登记。

(2) 定期对计算机设备进行检测,对运行不稳定以及不满足功能的部件及时更换。

(3) 当硬件系统出现故障时,应上报系统主管,由系统维护人员按照操作规程处理。若故障比较复杂难以解决,应联系专业人员进行维修,切勿盲目处理。

2. 软件控制

系统软件是一组执行系统管理、支持应用程序及控制等功能的软件,如操作系统、数据库管理系统。系统软件控制是为保证系统软件正常运行,预先在系统软件内部设计的各种安全控制措施。其控制功能主要包括以下四种。

(1) 错误处理:操作系统能够检查和纠正因软硬件问题引发的错误,如读/写错误处理、记录长度检查、存储装置检查。

(2) 程序保护:用于防止处理过程中受到其他程序的干扰,防止从程序库中调用程序时出现错误,防止未经批准而对应用程序进行修改。常见措施有边界保护、外部调用控制、库程序软件、控制参数修改程序等。

(3) 文档保护:防止未经批准而对存储的文件进行使用或修改,控制措施包括内部文件标签检查、存储保护、内存清理等方式。

(4) 安全保护:系统软件在一定程度上可防止系统在未经许可的情况下被使用。可采取的控制方法有操作系统自动记录系统使用情况、设置口令控制对系统的接触。

对软件系统进行维护时的控制措施主要是,软件的完善和升级要经过仔细调查和周密计划,必须经过授权、审批、测试和记录,会计部门和系统开发部门需密切配合、协同完成。

(五) 安全管理控制

安全管理控制是为了确保信息系统的硬件、软件和数据资源得到妥善保护,防止系统受到自然或人为因素的影响与破坏,避免系统中的信息资源被篡改或泄露,保障信息系统能够持续正常运行。信息系统的安全管理控制包括本地安全控制和网络安全控制两个方面。

1. 本地安全控制

本地安全控制主要是对会计信息化系统内部的软硬件及数据资源进行管理。

(1) 硬件安全控制。一方面,需严格限制无关人员接触计算机系统,可借助计算机机房及设备管理制度、岗位责任制和操作规程来防范风险,还可通过安装硬盘锁、IC卡身份验证等设备来提高安全性。另一方面,要营造良好的作业环境,机房应配备防火、防水、防尘及应急后备电源等设施,对温度、湿度、洁净度等环境参数进行监控,并制订灾难补救计划。

(2) 软件安全控制。选择、安装的操作系统和数据库管理系统要安全可靠,运行软件要严格遵循操作规程;系统软件和应用软件都要妥善保管,并进行安全备份。为增强软件的安全保密性,一些会计软件应对数据文件的修改做到留有痕迹,能自动记录执行修改的操作人员口令、时间和修改内容等;还有些会计软件应在每次业务处理结束时,强制操作人员进行数据备份,并提示把备份文件存放在安全的地方。

(3) 数据安全控制。数据资源是企业的重要资产,数据安全控制是为了防止系统内外人员对数据库的非法访问,以及因系统软硬件故障、操作人员失误操作或故意破坏等原因导致的数据库毁损。

① 访问控制。具体措施包括密码或身份鉴别(如口令识别、指纹识别等)、存取权限控制(如为不同用户确定其可存取数据的范围,明确哪些用户可以更新数据,哪些用户只能读取数据)。

② 数据备份及安全管理。制定数据的备份和恢复制度,周期性地转储备份数据,维护日志文件。当因自然或人为因素导致数据丢失时,可利用备份文件恢复数据资料。恢复数据应由专人负责,操作时应认真注意系统提示,避免错误操作。重要的备份数据还应定期检查和复制,以保证备份的完整性和时效性。

③ 数据删除控制。当硬盘系统无法满足会计信息化系统正常运行的存储要求时,可以删除机内以前年度的数据。数据删除要经过严格的审批程序,且在删除前要进行数据备份,以便在发生错误操作时能够恢复数据。

2. 网络安全控制

随着计算机网络的迅猛发展,系统安全受到病毒与黑客的潜在威胁,网络安全的重要性日益提高,网络安全控制十分重要。控制措施主要包括物理隔离、软件隔离和病毒防杀。①存储重要会计数据的机器必须与互联网实现物理隔离;②系统中的其他客户终端机器若要与互联网相连,则需设置外部访问区域、安装防火墙,还可通过数字加密(对远程终端数据的输入及传输采用密码方式,待数据到达时再解密)、数字认证等技术保障通信安全;③系统中所有计算机都要安装防病毒软件,并且防病毒软件要及时升级。

(六) 系统文档控制

会计信息化系统文档,既包括存储在计算机存储介质(如磁盘、光盘等)中的会计数据,也包括纸介质形式的会计数据,具体包括记账凭证、会计账簿、会计报表等数据,以及有关软件技术的文件(如系统可行性报告、系统分析与设计说明书、程序设计说明书、操作手册等)。系统文档既能为系统维护提供必要的资料,也能为审计工作提供依据。

1. 会计档案的生成与管理

建立健全文档的立卷、归档、保管、调阅和销毁管理制度;打印输出的书面资料需经过输出人员和审核人员共同签字,才能成为合法的会计档案,其保存期限按照《会计档案管理办法》的规定执行。

现金日记账和银行存款日记账需每天登记并打印输出,做到日清月结;科目汇总表、总分类账和各种明细分类账可每月打印一次,一般账簿可根据实际需要按月、季或年打印;打印输出的机制记账凭证上应有制单人(操作员)、审核人、记账人的签名和盖章,收付款凭证还应有出纳员的签名和盖章;会计报表等应按管理要求及时打印输出,经有关人员审核无误并签字盖章后方可生效;磁性介质的会计档案也要科学编号,建立好索引文件以便查阅。

2. 会计档案的安全保密

(1) 会计文档应由专人保管,数据在输入计算机前必须经过审验。

(2) 存储在磁性介质上的会计资料,应有加密保护,并且要定期进行检查,以防止因磁介质损坏而导致会计档案丢失。

(3) 系统软件、应用程序和数据文件应复制备份,以备文件毁损或数据丢失时恢复。

(4) 会计档案要做好防磁、防火、防潮、防尘、防盗等工作,重要会计档案要进行备份且应存放在不同地点。

(5) 会计档案不得随意堆放,要严防毁损、散失和泄密,使用时必须经过批准,且对任何资料的借取都要进行登记。

三、会计信息化系统的应用控制设计

应用控制是会计信息化在应用层面的具体控制。其目的在于确保数据处理的完整性与正确性,是对数据处理过程实施的控制。应用控制既可以通过人工实施控制,也可以借助计算机程序自动执行。数据处理过程分为输入、处理和输出三个基本阶段,相应的应用控制也分为输入控制、处理控制和输出控制三个方面。会计信息化系统应用控制关系如图 9-3-2 所示。

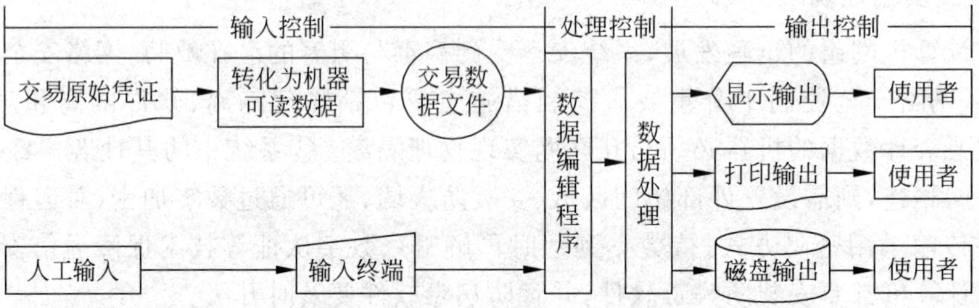

图 9-3-2　会计信息化系统应用控制关系

(一) 输入控制

输入控制旨在保证输入系统的数据准确、完整且可靠,是防止错误数据进入会计信息化系统的关键环节,也是实现正确数据处理和输出的前提保障。常见的输入控制措施如下。

1. 数据采集控制

数据采集控制的目标是确保从业务部门收集的原始数据完整可靠,具体控制措施如下。

(1) 明确经济业务审批人、资产保管人、原始凭证编制人、原始凭证审核人的职责,实现职责分离,并要求他们分别在原始凭证上签字,以明确各自责任。

(2) 制定凭证编制程序,明确凭证类别、编制时间、编码使用、传递程序和时间等。

(3) 在经济业务数据在进入系统前,原始凭证审核人必须对凭证进行审查,包括业务数据的合法性、有效性、正确性、完整性等方面。

(4) 若会计信息化部门发现原始数据存在错误,应不予受理,或退回业务部门进行更正后再受理。

2. 数据输入控制

数据输入控制是为了确保输入数据时无错误、无遗漏和重复,控制措施如下。

(1) 正确性控制。人机结合的控制方法如下:①屏幕显示目检法。把需要审核的凭证逐一显示在屏幕上,审核人员通过目测的方式对凭证进行审核,审核通过后签章。②打印输出核对法。把需要审核的凭证打印出来,由审核人员逐笔核对并签字。③重输入控制。将同样的数据两次输入系统，系统自动比对两次输入结果，若不一致则拒绝接受并要求强制修改。

计算机程序控制方法如下：①科目存在性检验。设置科目代码与科目名称对照文件，若输入的科目代码存在，系统提示对应科目名称以供确认，若输入的科目代码不存在，则提示重新输入正确代码。②非法对应科目检查。设置非法对应科目文件，将与某个科目不存在对应关系的所有科目存入非法对应科目表，在凭证输入时，系统自动检查科目对应关系的正确性，保证非法对应科目的凭证不被接收。③顺序校验。确保凭证号连续，不能有重号和漏号；凭证日期应随凭证号的递增而递增。④合理性检验。对某些输入的数据确定合理的范围，若输入数据超出该范围，则系统给出提示，如规定职工工资、材料储量的上限。⑤平衡校验。若输入的记账凭证借贷金额不相等，则系统显示错误信息，要求操作人员改正，否则系统拒绝执行新的命令。

（2）完整性控制。常用的方法是批总数控制，即在数据输入前先以某种特征为基础计算总数，如凭证张数、总金额等。输入该批业务后，程序自动计算该批业务的数量或金额，通过二者核对来判断业务数据是否全部输入系统。

（3）错误纠正控制。对于输入系统的错误数据，系统应提供改正和重新输入的功能，但对数据修改要严格管控，防止舞弊行为。错误纠正控制方法包括制定错误更正程序、保留修改痕迹、编制更正错误报告等。

（二）处理控制

处理控制的目的是保证系统按照预定程序对数据进行准确的加工处理，防止出现用错程序、文件和记录等情况。数据处理过程中人工干预较少，主要依靠程序控制。处理控制措施主要包括以下内容。

1. 处理权限控制

系统程序中应设计处理权限控制功能，只有经过授权的人员才能执行处理操作。对于重要的处理环节，如记账、结账等，可指定专人负责处理。

2. 业务时序控制

许多会计业务数据处理存在顺序关系，违反顺序可能导致数据处理混乱，应通过预先设置的程序进行控制。例如，记账凭证未经审核则不能进行记账操作。

3. 数据有效性检验

为保证所处理的数据来自正确的文件和记录，可采用以下控制措施。

（1）文件标签校验。在对数据文件处理之前，要检查数据文件的标签，确认要处理的文件是所需文件及其正确版本。外部标签校验属于手工控制，内部标签校验属于程序化控制。

（2）业务编码校验。业务数据处理文件包含多种类型的业务数据，应用程序通过识别不同业务类型的业务编码来确定由何种程序进行处理。

（3）顺序校验。即使数据文件在处理前已进行过顺序校验，但如果用错文件或出现排序、合并操作的错误，仍可能导致业务记录丢失。因此，应用程序应设置将每一项业务记录的关键字与前一业务记录的关键字相比较的顺序检验功能，保证既不丢失也不重复项目。

（4）配平测试。通过测试两个等价交易或一批交易之和与一个控制总额是否相等，来判断数据的正确性。

4. 程序处理有效性检验

(1) 计算正确性测试。通过重复运算、逆向运算、溢出测试(检查计算结果是否在规定的数据项长度范围内)等方法,检测运算中的逻辑错误。

(2) 数据合理性检验。用于发现超出预期结果的处理错误。

(3) 交叉汇总检验。不仅包括表格中横行数字与纵行数字的汇总验证,还包括其他任何具有内在关联但来源不同的数字的汇总验证。

5. 审计线索控制

在数据处理过程中,应保留审计线索,以便对各项交易进行追踪审查。尽量避免对数据做不留痕迹的修改或更新,对交易的处理记录应保存在交易日志中。

6. 断点技术控制

对于需要较长时间处理的任务,可设置若干控制点将其断开。在断点处,可通过外部干预(如提示是否继续)或监督程序控制(如与预期结果对比)的方式终止操作,以便及时发现和更正错误,并从断点处继续数据处理。

7. 错误更正控制

根据错误处理的方式建立相应的控制。对于通过有效性检验发现的错误,系统应停止后续操作,待错误更正后再继续处理。对于处理过程结束后发现的错误,不能直接删除原有错误记录的方式;例如,凭证入账后不能做不留痕迹的修改,只能采用补充凭证或红字冲销凭证的方式进行更正。

8. 备份及恢复控制

在对数据进行更新处理时,若出现系统意外中断,数据资源可能会受到破坏。因此,在处理数据前应进行必要的备份,一旦处理过程中发生意外,则可将数据恢复到处理前的状态。

(三) 输出控制

输出控制旨在保证输出信息的正确性,确保输出信息能够及时、完整地提供给经过授权的使用者而实施的控制。主要的输出控制措施有以下五种。

1. 输出权限控制

会计信息化系统的最终输出方式包括屏幕显示输出、打印输出和写入存储器输出等。针对这三种主要输出方式,都应设立相应的权限控制,只有经过授权批准的人员才能执行输出操作。其中,打印输出的文件往往最具有法律效力,因此要重点控制。

2. 输出信息正确性控制

具体控制措施如下。

(1) 总数控制。将初始的输入控制总数与最后的输出控制总数进行对比,以发现输出文件是否存在重复、遗漏的内容。

(2) 数据稽核控制。根据凭证、账簿和报表之间的勾稽关系,设置控制程序对输出数据进行核对控制。

(3) 抽样统计控制。通过对某些特定项目进行抽样统计,保证数据的正确性。

(4) 对照检查控制。将输出文件中的有关数据与其他文件进行对照检查,判断输出的正确性。

3. 输出数据审核控制

业务部门在使用输出信息前,需从形式、内容两方面进行审核,与自己保存的原始凭证清单逐一核对,确保输出数据的完整性和正确性。对于与实物相关的数据,应核对实物。内部审计人员也应定期对输出信息进行审核。

4. 输出信息分发传送控制

为确保输出文件安全、准确地分发传送,应建立相应制度进行控制。输出并分送文件时,要建立登记簿,编制文件分送清单,记录时间、发送份数、接收人等信息。为保障传送文件的安全性,还可采用数字加密、数字签名等技术。

5. 错误更正控制

即使采取了上述控制措施,输出控制中仍可能出现差错。因此,要设计错误更正程序或设置相应的控制日志,对发现的输出错误应及时查明原因并予以更正。

输入、处理和输出是计算机处理数据过程中相互关联、依次进行的三个环节,一个环节的控制效果会影响另外两个环节的控制作用。因此,应用控制的设计应从整体角度考虑,并结合具体的控制手段。各单位应根据控制的成本效益原则,设置适合自身的控制制度。

任务训练

一、单项选择题

一般控制以(　　)为主。

A. 程序　　B. 数据　　C. 关系　　D. 环境

二、多项选择题

1. 依据控制的意图,内部控制可以分为(　　)。

A. 预防性控制　　B. 检查性控制　　C. 纠正性控制　　D. 程序控制

2. 会计信息化系统内部控制设计要重点关注(　　)方面。

A. 流程控制　　B. 组织控制　　C. 信息系统控制　　D. 检查控制

3. 信息系统内部控制包括(　　)和(　　)。

A. 一般控制　　B. 应用控制　　C. 内部控制　　D. 外部控制

4. 应用控制也分为(　　)。

A. 输入控制　　B. 处理控制　　C. 输出控制　　D. 一般控制

5. 会计信息化系统设置的岗位主要有(　　)。

A. 系统主管　　B. 系统管理员

C. 审核员　　D. 会计档案管理员

三、简答题

1. 会计信息化系统内部控制设计的意义是什么?其内部控制可以如何分类?其设计策略包含哪几个方面?

2. 一般控制主要有哪几个方面?其主要内容有哪些?

3. 应用控制主要有哪几个方面?其主要内容有哪些?

项目实施

A 公司的会计为外聘的兼职会计，平时不在公司上班，日常会计事务，均由出纳费玲办理，所有票据和印章也均由费玲保管。一日，有客户持金额为 2 万元的购货发票要求退货，正与费玲争执时，被经理王某碰到，经查该款系 2 个月前的销售货款，并未入账。

试分析 A 公司在内控方面存在的缺陷。

项目总结

会计信息化系统作为企业管理信息系统的一个子系统，是一个用于处理会计业务，收集、存储、加工、传输各种会计数据，并向会计信息使用者提供财务会计信息的面向价值管理的信息系统。其实质是使单位的会计工作实现业务流程的数字化和网络化。会计信息化系统依据会计管理理论，应用计算机信息技术，将会计业务流程与其他业务流程整合，实现了企业物流、资金流、信息流的三流合一，提升了企业的经济效益。

会计信息化系统制度设计包括概述、设计内容、内部管理制度设计三部分。其中，设计内容包括会计科目名称、编号和使用说明的设计，会计数据和会计信息载体的设计，会计业务处理程序的设计；内部管理制度设计包括会计信息化系统内部控制概述、会计信息化系统的一般控制设计和会计信息化系统的应用控制设计等。

项目10

会计政策及其选择

学习目标

【知识目标】

1. 了解宏观会计政策的含义。
2. 了解企业会计政策的含义。
3. 掌握宏观会计政策和企业会计政策的关系。
4. 掌握选择会计政策的原则、影响因素。

【能力目标】

认识会计政策选择的原则、影响因素。

【素质目标】

1. 培养学生会计素养,树立会计责任意识。
2. 具有认真负责的工作态度和严谨的工作作风。
3. 具有良好的思想品德、诚实守信。

思维导图

会计政策及其选择思维导图如图 10-0-1 所示。

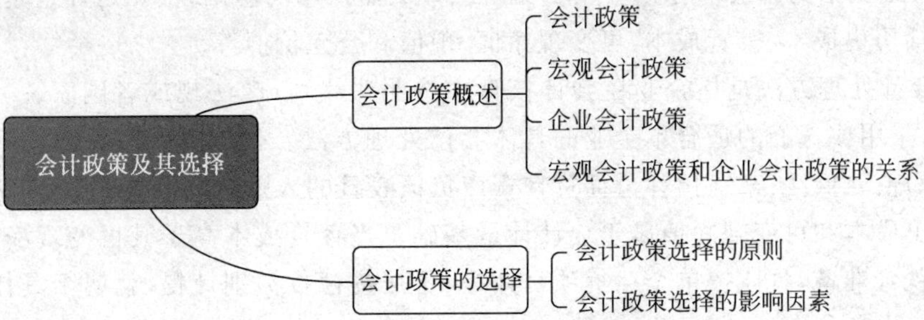

图 10-0-1　会计政策及其选择思维导图

项目描述

华茂公司是一家大型企业，为加强财务管理，规范财务工作，现要根据《企业会计制度》来设计企业会计政策，请探讨企业主要的会计政策有哪些？

项目分析

华茂公司设计企业会计政策时，可按照财政部第 33 号令和《企业会计准则第 23 号——金融资产转移》(财会〔2006〕3 号)的规定，根据修订后的《企业会计准则》等，结合公司实际情况编制。

任务 10.1 会计政策概述

任务目标

1. 了解会计政策的概念。
2. 掌握宏观会计政策和企业会计政策的关系。

想一想

1. 你了解什么是会计政策吗？
2. 想一想企业会计政策有什么特点？

知识准备

一、会计政策

(一) 会计政策的定义

会计政策是指企业在会计确认、计量和报告过程中所采用的原则、基础和会计处理方法，这些会计原则、基础和会计处理方法，是指导企业进行会计确认和计量的具体规范。

(1) 会计原则是指按照《企业会计准则》规定，适用于企业会计核算的具体会计原则。例如，收入准则规定，以交易已经完成、经济利益能够流入企业、收入和成本能够可靠计量作为收入确认的标准，这就属于收入确认的具体会计原则。

(2) 基础是指为将会计原则应用于交易或事项而采用的基础，主要是计量基础(即计量属性)，包括历史成本、重置成本、可变现净值、现值和公允价值等。

(3) 会计处理方法是指企业在会计核算中按照法律、行政法规或者国家统一的会计制度等规定，采用或选择的适合本企业的具体会计处理方法。例如，存货后续计量采用“成本与可变现净值孰低法”来谨慎计量存货在资产负债表日的入账金额。其中，该具体会计原则涉及的历史成本和可变现净值属于会计计量基础。当存货成本高于其可变现净值时，应当计提存货跌价准备，具体按单个存货项目计提，还是按存货类别计提，就属于具体会计处理方法。

（二）会计政策的特点

在我国，会计准则属于法规范畴，会计政策所包括的会计原则、基础和会计处理方法由会计准则规定。企业基本是在法规允许的范围内，选择适合自身实际情况的会计政策。因此，会计政策具有强制性和多层次的特点。

1. 会计政策的强制性

由于企业经济业务复杂多样，某些经济业务在符合会计原则和基础要求的情况下，存在多种会计处理方法。但是，企业发生某项经济业务时，必须从允许的会计原则、基础和会计处理方法中，选择适合本企业特点的会计政策。

2. 会计政策的多层次

会计政策包含会计原则、基础和会计处理方法三个层次。其中，会计原则是指导企业会计核算的具体准则；会计基础是为将会计原则体现在会计核算中而采用的基础；处理方法是按照会计原则和基础的要求，由企业在会计核算中采用或选择的适合本企业的具体会计处理方式。会计原则、基础和会计处理方法三者构成一个具有逻辑性、密不可分的整体，通过这个整体，会计政策才能得以应用和落实。

二、宏观会计政策

（一）宏观会计政策的定义

宏观会计政策是指由国家政府机关或有权制定会计政策的机构，在当前政治、经济、法律环境下，对企业进行会计核算和编制财务报表所应遵循的会计原则以及所应采用的具体会计处理方法作出的规范。

（二）宏观会计政策的特点

宏观会计政策体现国家意志，具有普遍的可选择性、适用性、指导性和较强的约束性等特点。企业应在国家统一的会计制度规定的会计政策范围内选择适用的会计政策。会计政策涉及会计原则、会计基础和具体的会计处理方法。在会计政策的基本原则方面，强调“质量重于形式”的原则。与此同时，管理要求不断提高和日趋复杂的经济活动为会计政策充实了新的内容。一个国家不同时期经济发展水平的变化，会不断对会计准则提出新的要求。

三、企业会计政策

（一）企业会计政策的定义

企业会计政策也可称为微观会计政策，是指在宏观会计政策的指导和约束下，企业根据自身情况选择的适合本单位使用，且有利于最恰当地反映本单位财务状况和经营成果的会计政策。

（二）企业会计政策的特点

企业会计政策体现企业意志，具有随宏观会计政策变动而变更、因企业自身原因而变更及有一定的约束性等特点。

四、宏观会计政策和企业会计政策的关系

（一）宏观会计政策与企业会计政策的联系

（1）宏观会计政策是企业会计政策的指导和规范。

（2）二者所规范的内容均为有关会计核算和财务报表编制方面的具体会计原则和会计处理方法。

（二）宏观会计政策与企业会计政策的区别

1. 制定政策的主体不同

宏观会计政策的制定主体一般是国家政府机关或有权制定会计政策的机构，其着眼于群体会计行为，具有共性，要求普遍遵循；企业会计政策的制定主体是受宏观会计政策指导和约束的会计主体，其制定或选择的会计政策仅适用于本企业，着眼于个体会计行为，具有特殊性，要求特定主体遵照执行。

2. 会计政策目标的侧重点不同

宏观会计政策目标旨在规范适用范围内所有企业的会计行为，侧重于全社会不同企业之间会计信息质量的可比性，以此实现宏观会计政策的社会经济目标；企业会计政策目标强调企业根据自身具体情况，选择最能恰当地反映本企业财务状况、经营成果和现金流量的会计政策，侧重于会计政策的连续性和稳定性，以便使同一企业不同时期的会计信息保持一致性，提高会计信息质量。

实战演练

1. 想一想

请你联系一家企业，以设计会计制度为目标，了解该企业制定的会计政策，并阐述该企业会计政策是否遵循宏观会计政策？

2. 写一写

西方电子公司要根据《企业会计制度》设计企业会计政策，请你为其编写企业会计政策。

知识拓展

企业会计准则第28号

——会计政策、会计估计变更和差错更正（前7条）

第一条　为了规范企业会计政策的应用，会计政策、会计估计变更和前期差错更正的确认、计量和相关信息的披露，根据《企业会计准则——基本准则》，制定本准则。

第二条　会计政策变更和前期差错更正的所得税影响，适用《企业会计准则第18号——所得税》。

第三条　企业应当对相同或者相似的交易或者事项采用相同的会计政策进行处理。但是，其他会计准则另有规定的除外。

会计政策，是指企业在会计确认、计量和报告中所采用的原则、基础和会计处理方法。

第四条 企业采用的会计政策，在每一会计期间和前后各期应当保持一致，不得随意变更。但是，满足下列条件之一的，可以变更会计政策：

（一）法律、行政法规或者国家统一的会计制度等要求变更。

（二）会计政策变更能够提供更可靠、更相关的会计信息。

第五条 下列各项不属于会计政策变更：

（一）本期发生的交易或者事项与以前相比具有本质差别而采用新的会计政策。

（二）对初次发生的或不重要的交易或者事项采用新的会计政策。

第六条 企业根据法律、行政法规或者国家统一的会计制度等要求变更会计政策的，应当按照国家相关会计规定执行。

会计政策变更能够提供更可靠、更相关的会计信息的，应当采用追溯调整法处理，将会计政策变更累积影响数调整列报前期最早期初留存收益，其他相关项目的期初余额和列报前期披露的其他比较数据也应当一并调整，但确定该项会计政策变更累积影响数不切实可行的除外。

追溯调整法，是指对某项交易或事项变更会计政策，视同该项交易或事项初次发生时即采用变更后的会计政策，并以此对财务报表相关项目进行调整的方法。

会计政策变更累积影响数，是指按照变更后的会计政策对以前各期追溯计算的列报前期最早期初留存收益应有金额与现有金额之间的差额。

第七条 确定会计政策变更对列报前期影响数不切实可行的，应当从可追溯调整的最早期间期初开始应用变更后的会计政策。

在当期期初确定会计政策变更对以前各期累积影响数不切实可行的，应当采用未来适用法处理。

未来适用法，是指将变更后的会计政策应用于变更日及以后发生的交易或者事项，或者在会计估计变更当期和未来期间确认会计估计变更影响数的方法。

任务训练

简答题

宏观会计政策与企业会计政策有什么关系？

任务 10.2 会计政策的选择

任务目标

1. 掌握会计政策选择的原则。
2. 掌握会计政策选择的影响因素。

想一想

你认为企业在会计政策选择时应注意哪些问题？

知识准备

一、会计政策选择的原则

（一）合法性和相对独立性相结合原则

企业在选择会计政策时，必须在会计准则、制度规定的可选择范围内，对会计原则和具体处理方法进行取舍，这样才能保证所提供的会计信息具有可比性和真实可靠性，否则就是违法行为，需承担法律责任。但是，当拟选用的会计政策与国家的税收法规不一致时，会计政策应保持自身的相对独立性和稳定性，遵循会计核算本身的固有规律，而不必拘泥于国家税收法规、政策的规定及变化或调整。

（二）适用性原则

企业在选择会计政策时，应紧密结合本企业的生产经营特点和理财环境，即企业在选择会计政策时应考虑行业特点、企业生产经营规模、内部管理状况、企业经营业绩、现金流量及偿债能力等多种因素。会计政策的适用性是确保会计政策得到很好发挥的重要保证。同时，会计政策的适用性还意味着随着企业生产经营状况及理财环境的变化，会计政策本身要重新作出选择，以确保在新环境下的适用性。

（三）一贯性原则

企业选用的会计政策应在前后各期保持一致和连贯，不得随意变更。但在理解和执行这一原则时，不能僵化地认为会计政策不能变更。如果已经选用的会计政策使其提供的会计信息不再具有相关性和可靠性，企业就不应再沿用该会计政策处理相关经济业务事项，而应基于当前的经济环境和经营状况，重新选择最能准确反映企业财务状况和经营成果的会计政策。企业应正确处理好保持稳定和适时调整之间的关系。当然，企业对会计政策的重新选择，应按照会计准则和制度要求进行相应的账务处理，并在财务报表附注中加以说明，以便会计信息使用者理解企业管理层选择会计政策的出发点及其具体影响，从而准确理解会计信息的内涵。

（四）遵守职业道德原则

遵守职业道德是会计人员上岗执业的基本前提，在会计信息生成过程中，会计政策处于至关重要的地位。在会计政策的选择和调整的问题上，由于会计环境复杂多样，会计行为主体始终面临着可靠性与相关性、稳定性与适用性、利益驱动与中立公正等观念和立场的冲突。加之近年来浮现出部分不良企业滥用会计政策的现象，因此在会计政策领域，强化会计行为主体的诚信理念，尤其要注重会计职业道德建设，有效防范和坚决制止任何有悖会计职业道德的行为是十分必要的，这也是实现会计信息恰当披露的重要保障。

二、会计政策选择的影响因素

（一）国家法规和经济政策

企业在进行会计政策选择时，必须严格遵循国家会计准则和法律法规的规定，在允许的范围内选择会计政策，体现出会计政策和合法性。

（二）经济形势与未来发展水平

企业的发展离不开经济发展水平和未来发展水平，当宏观经济情况不好、通货膨胀严重时，企业采取的会计政策上选择保守和稳健的政策能够有效保护企业利益。当宏观经济情况较好时，企业可能采取积极的会计政策，增强企业竞争实力。

（三）企业组织形式与资本结构

企业不同的组织形式决定了企业的资本来源不同。企业组织形式有独资企业、合伙企业和公司制企业等形式，不同组织形式的企业在会计政策的选择上是不一样的。例如，负债比率较高的企业，财务风险相应较高，其企业会计政策倾向于稳健性。

（四）企业的经营特点和发展状况

企业根据自身的经营特点和发展状况，选择不同的会计政策。例如，传统企业的研发费用政策与高新技术企业的政策可能并不相同。同时，企业在不同的发展阶段也可能采取不同的会计政策。例如，企业处于扩张期时和处于衰退期时所采取的会计政策也可能并不相同。

实战演练

1. 想一想

请你联系一家企业，分析企业制定的会计政策选择所具有的意义。

2. 写一写

根据西方电子公司《企业会计制度》所设计的企业会计政策，分析该企业在主要会计政策选择时所坚持的原则。

知识拓展

企业会计政策选择的理论演变

一、会计政策选择行为的传统认识：稳健主义

稳健主义是指对不确定性的审慎回应，以充分考虑并防范商业活动的内在不确定性和风险。19世纪末至20世纪初，主要资本主义国家都比较重视稳健主义，这与当时的历史背景有关。

19世纪末到20世纪初，是资本主义由自由竞争向垄断过渡的时期，经济环境极其动荡。1897—1903年，出现美国经济史上第一次大规模的企业兼并潮，随后，在1903—1925年，又再次掀起了兼并运动。同时，美国资本主义经济的周期性危机也频繁爆发。这种动荡的经济环境使企业危机四伏，于是管理者总想能找到一种方式使企业更加稳健，从而会计稳健成为他们追逐的目标。

在1929—1933年大危机之前，各个企业可以随意确定会计方法、确认费用和收入、计量资产和负债，这为稳健主义思想融入会计领域创造了条件。其次，在当时的美国，各个企业是通过向银行贷款，而不是发行证券来取得资本的，银行成为企业最主要的利益集团。

为了获得资金，企业就可能采用迎合银行需要的稳健主义：选择低（而不是高）收入、高（而不是低）费用、确认未实现损失而不确认未实现利得。这是稳健主义可能扎根于会计领域的第二个条件。另外，当时的企业财务报表以资产负债表为核心，损益表不受重视，不关心企业的盈利能力，这就给会计稳健做法创造了第三个条件。

就这样，在经济背景和会计背景的共同作用下，稳健主义成为当时最为流行的会计原则。

对于其他国家来讲，经过世界大战的洗礼，国内的经济十分萧条，政府出于恢复经济的需求，提倡企业采用"稳健主义"的会计政策。如法国，企业的主要利益人是债权人——政府，并且法律明确规定企业负责人需对企业破产的后果负责，这些都促使经理人员采用稳健主义的会计政策；在德国，政府希望企业提取各种准备金以投资社会经济；日本政府也要求企业提取各种准备金来增强企业的财务实力。因此，在当时，稳健主义成为占据主导地位的会计原则。

二、20 世纪五六十年代企业会计政策选择行为的认识：均衡收益

到了 20 世纪五六十年代，企业的不确定性和风险形式发生了改变，企业兼并不再是过去的那种"吞吃"方式，而是吸股合并，虽然所有权转移但企业实体仍旧保留。此外，企业资本的来源开始呈多样化格局，导致企业的经营责任发生了变化。企业所提供的信息不仅仅要反映资产保护状况服务于债权人，而且还包括资产的收益状况，供股东、潜在的投资者等利益相关者参考。随着时间的推移，逐步侧重于损益表所提供的信息，从以保护债权人利益为主变成了以保护股东利益为主。

根据费希尔的研究，无论个人是偏好于当前消费还是偏好于未来消费，他们都是为了现金流量现值的最大化而投资。不管企业主是吝啬鬼还是浪荡子，他们都是为了实现企业市场价值的最大化而进行投资的。因此，管理者的任务是尽可能提升公司的市场价值，即实现股价最大化。

为了使股价升高，就应该均衡收益，在这种理论的指导下，均衡收益成为当时最主要的谈论话题。

三、实证会计学派的观点：政治程序与经济后果

实证会计理论学者改变了以往从单个利益相关者角度来考虑会计政策选择，他们认为企业是股东、债权人、供应商、顾客、雇员和政府等各利益相关者与管理层订立的一系列契约的结合。在一般情况下，契约的订立和监督是建立在契约各方所接受的会计数据基础之上的。由于企业选用不同的会计政策会产生不同的经济后果，因此企业进行会计政策选择时必须考虑自己与不同利益相关方订立的契约。

（一）报酬契约

报酬契约是经理人员报酬构成的约定，通常由固定工资与分红两部分构成。由于大部分的分红计划是建立在会计收益数据上的，所以报酬契约对企业会计政策选择的影响如下。

(1) 一般而言，企业的分红计划里会规定：以企业当年会计数字为主要计量标准的业绩达到某一下限以上时，经理将取得一定的分红。另外，通常还会规定：企业业绩若超过了一定的上限，则超出部分的利润不作为分红基金的计提基础。所以，若企业的收益介

于分红计划上限与下限之间，通常采取增加收益的会计政策；反之，若企业的收益高于上限或低于下限，则普遍采取可减少收益的会计政策。

（2）如果企业发生亏损，管理人员更会试图把所有未来可能出现的亏损提前到本期来注销，以提高企业未来可能的收益，进而增加管理人员在未来所能取得的报酬。

（3）如果管理人员的分红计划包括了认股权，他们更愿意选择能平滑收益的会计方法，以保持其股票价值的稳定增长。

（二）债务契约

企业在正常的经营过程中，难免发生资金短缺现象，因而都或多或少地需要举债。举债方式一般有公开举债和私人举债。通常，为降低代理成本，限制经理人员的行为，以保护自己的利益，债权人在签订举债契约时会对债务公司提出一些限制性的条款。例如，关于股利和股份收买的限制、保持最低运转资本额度的限制、对企业向其他企业投资的限制及对本企业资产处置的限制等，而这些限制性条款一般都是以会计数据为基础订立的。此外，在经营活动过程中，对债务契约的检查也以会计数据为依据。债务契约对企业会计政策选择的影响主要体现以下方面。

（1）假定其他条件不变，企业的负债概率越高，企业经理人员便越有可能选择将未来期间的报告收益转移至当期的会计政策。

（2）如果在某种方法下将会发生违约行为，企业经理人员会变更会计程序，以避免这种违约行为。

（3）企业越是与特定的、基于会计数据的限制性条款联系越紧密，管理阶层越有可能采用增加当期收益的会计政策。

（4）私募债务比公募债务更容易出现调整报告数据从而违背公认会计原则的情况。

任务训练

简答题

影响会计政策的选择的因素有哪些？

项目实施

华茂公司主要会计政策如下。

1. 目的

为规范公司的会计核算工作，统一公司会计政策，真实、准确地提供会计信息，确保公司财务会计报告的真实性与完整性，根据财政部《企业会计准则》及相关补充规定，结合公司实际情况，制定本会计政策。

2. 适用范围

本政策适用于华茂公司及其所属分公司和控股子公司。

3. 政策依据

以财政部颁布的《企业会计准则》及有关补充规定为政策依据。

4. 会计年度

公司采用公历年度，即每年从1月1日起至12月31日止。

5. 记账本位币

本公司及境内子公司以人民币为记账本位币。本公司之境外子公司根据其经营所处的主要经济环境中的货币,确定人民币为其记账本位币。本公司编制本财务报表时所采用的货币为人民币。

6. 记账基础和计价原则

公司以权责发生制为记账基础,以历史成本为计价原则。

7. 外币折算方法

外币交易在初始确认时,采用交易发生日的即期汇率或与交易发生日即期汇率近似的汇率折算,其中与交易发生日即期汇率近似的汇率按"××汇率"计算确定。于资产负债表日,外币货币性项目采用该日即期汇率折算为人民币,因该日的即期汇率与初始确认时或者前一资产负债表日即期汇率不同而产生的汇兑差额,除:①符合资本化条件的外币专门借款的汇兑差额在资本化期间予以资本化计入相关资产的成本;②为规避外汇风险进行套期的套期工具的汇兑差额,按套期会计方法处理;③可供出售外币非货币性项目(如股票)产生的汇兑差额以及可供出售货币性项目除摊余成本之外的其他账面余额变动产生的汇兑差额,确认为其他综合收益外,均计入当期损益。以历史成本计量的外币非货币性项目仍以交易发生日的即期汇率折算的记账本位币金额计量。以公允价值计量的外币非货币性项目,采用公允价值确定日的即期汇率折算,折算后的记账本位币金额与原记账本位币金额的差额,作为公允价值变动(含汇率变动)处理,计入当期损益或确认为其他综合收益。

8. 现金等价物的确定标准

公司编制现金流量表时确定的现金等价物是指公司持有的期限短(一般指从购买日起3个月内到期)、流动性强、易于转换为已知金额现金、价值变动风险很小的投资。

9. 存货

存货主要分为原材料、包装物、低值易耗品、委托加工材料、在产品、产成品、库存商品、消耗性生物资产、委托代销商品、分期收款发出商品、开发产品、开发成本等。

存货取得和发出的计价方法:存货在取得时按实际成本计价;存货发出时,可采用加权平均法、先进先出法、个别计价法确定发出存货的实际成本。

存货可变现净值的确定依据及存货跌价准备的计提方法如下。

资产负债表日,存货按照成本与可变现净值孰低计量。当其可变现净值低于成本时,提取存货跌价准备。可变现净值是指在日常活动中,存货的估计售价减去至完工时估计将要发生的成本、估计的销售费用及相关税费后的金额。在确定存货的可变现净值时,以取得的确凿证据为基础,同时考虑持有存货的目的以及资产负债表日后事项的影响。

对于数量繁多、单价较低的存货,按存货类别计提存货跌价准备;对与在同一地区生产和销售的产品系列相关、具有相同或类似最终用途或目的,且难以与其他项目分开计量的存货,合并计提存货跌价准备;对其他存货按单个存货项目的成本高于其可变现净值的差额提取存货跌价准备。

计提存货跌价准备后,如果以前减记存货价值的影响因素已经消失,导致存货的可变现净值高于其账面价值的,在原已计提的存货跌价准备金额内予以转回,转回的金额计入当期损益。

存货的盘存制度采用永续盘存制或实地盘存制。

低值易耗品和包装物的摊销方法：采用一次转销法、五五摊销法、分次摊销法进行摊销。

10. 长期股权投资

长期股权投资包括对子公司、联营企业和合营企业的权益性投资。

(1) 初始投资成本的确定。对于企业合并形成的长期股权投资，按照下列规定确定其初始投资成本。

同一控制下的企业合并，本公司以支付现金、转让非现金资产或承担债务方式作为合并对价的，应当在合并日按照被合并方所有者权益在最终控制方合并财务报表中的账面价值的份额作为长期股权投资的初始投资成本。长期股权投资初始投资成本与支付的现金、转让的非现金资产，以及所承担债务账面价值之间的差额，应当调整资本公积；资本公积不足冲减的，调整留存收益。

本公司以发行权益性证券作为合并对价的，应当在合并日按照被合并方所有者权益在最终控制方合并财务报表中的账面价值的份额作为长期股权投资的初始投资成本。按照发行股份的面值总额作为股本，长期股权投资初始投资成本与所发行股份面值总额之间的差额，应当调整资本公积；资本公积不足冲减的，调整留存收益。

通过非同一控制下的企业合并取得的长期股权投资，按照合并成本作为长期股权投资的初始投资成本。通过多次交易分步取得被购买方的股权，最终形成非同一控制下的企业合并的，应分别是否属于"一揽子交易"进行处理：属于"一揽子交易"的，将各项交易作为一项取得控制权的交易进行会计处理。不属于"一揽子交易"的，按照原持有被购买方的股权投资账面价值加上新增投资成本之和，作为改按成本法核算的长期股权投资的初始投资成本。原持有的股权采用权益法核算的，相关其他综合收益暂不进行会计处理。原持有股权投资为可供出售金融资产的，其公允价值与账面价值之间的差额，以及原计入其他综合收益的累计公允价值变动转入当期损益。

除企业合并形成的长期股权投资以外，其他方式取得的长期股权投资，按成本进行初始计量。

(2) 后续计量及损益确认方法。

本公司对子公司的长期股权投资，采用成本法进行核算；子公司是指本公司能够对其实施控制的被投资单位。

当采用成本法核算时，长期股权投资按初始投资成本计价，除取得投资时实际支付的价款或者对价中包含的已宣告但尚未发放的现金股利或者利润外，当期投资收益按照享有被投资单位宣告发放的现金股利或利润确认。追加或收回投资时调整长期股权投资的成本。

本公司对联营企业和合营企业的投资采用权益法核算。联营企业是指本公司能够对其施加重大影响的被投资单位，合营企业是指本公司与其他投资方对其实施共同控制的被投资单位。

当采用权益法核算时，长期股权投资的初始投资成本大于投资时应享有被投资单位可辨认净资产公允价值份额的，不调整长期股权投资的初始投资成本；初始投资成本小于投资时应享有被投资单位可辨认净资产公允价值份额的，其差额计入当期损益，同时调整长期股权投资的成本。

当采用权益法核算时，当期投资损益为应享有或应分担的被投资单位当年实现的净损益的份额。在确认应享有被投资单位净损益的份额时，以取得投资时被投资单位各项可辨认资产等的公允价值为基础，并按照本公司的会计政策及会计期间，对被投资单位的净利润进行调整后确认。对于本公司与联营企业及合营企业之间发生的未实现内部交易损益按照持股比例计算属于本公司的部分予以抵销，在此基础上确认投资损益。但本公司与被投资单位发生的未实现内部交易损失，属于所转让资产减值损失的，不予以抵消。

本公司对取得长期股权投资后应享有的被投资单位其他综合收益的份额，确认为其他综合收益的，同时调整长期股权投资的账面价值；本公司按照被投资单位宣告分派的利润或现金股利计算应享有的部分，相应减少长期股权投资的账面价值；本公司对被投资单位除净损益、其他综合收益和利润分配以外所有者权益的其他变动，相应调整长期股权投资的账面价值，并计入所有者权益。

在确认应分担被投资单位发生的净亏损时，以长期股权投资的账面价值和其他实质上构成对被投资单位净投资的长期权益减计至零为限。此外，如本公司对被投资单位负有承担额外损失的义务，则按预计承担的义务确认预计负债，计入当期投资损失。被投资单位以后期间实现净利润的，本公司在收益分享额弥补未确认的亏损分担额后，恢复确认收益分享额。

（3）确定对被投资单位具有控制、共同控制、重大影响的判断标准。

控制是指本公司拥有对被投资方的权力，通过参与被投资方的相关活动而享有可变回报，并且有能力运用对被投资方的权力影响其回报金额。共同控制是指按照相关约定对某项安排所共有的控制，并且该安排的相关活动必须经过分享控制权的参与方一致同意后才能决策。重大影响是指本公司对被投资单位的财务和经营政策有参与决策的权力，但并不能够控制或者与其他方一起共同控制这些政策的制定。在确定能否对被投资单位实施控制或施加重大影响时，已考虑本公司和其他方持有的被投资单位当期可转换公司债券、当期可执行认股权证等潜在表决权因素。

项目总结

企业应当披露采用的重要会计政策，并结合企业实际情况披露其重要会计政策的确定依据和财务报表项目的计量基础。通常包括的项目有：企业财务报表的会计期间、记账本位币、记账基础和计价原则、外币业务和外币报表折算方法、现金及现金等价物的确定标准、存货的计价方法、长期股权投资的核算方法、收入确认原则等。

参考文献

[1] 中华人民共和国财政部.企业会计准则：2020年版[M].上海：立信会计出版社,2020.
[2] 中华人民共和国财政部.企业会计准则应用指南：2018年版[M].上海：立信会计出版社,2018.
[3] 企业会计准则编审委员会.企业会计准则案例讲解：2020年版[M].上海：立信会计出版社,2020.
[4] 高丽萍.企业会计制度设计[M].3版.北京：高等教育出版社,2019.
[5] 李端生,王玉兰.会计制度设计[M].7版.大连：东北财经大学出版社,2019.
[6] 吴育红.我国中小企业会计制度设计的现状及对策分析[J].收藏与投资,2018(3)：66.
[7] 张哲.企业的会计制度设计探讨：以江苏某交通设施企业为例[J].中国商业论,2018(20)：102-103.
[8] 吴心怡.从业财融合一体化角度分析如何设计企业财务制度[J].商情,2022(1)：16-18.
[9] 刘晓.浅析企业资金管理[J].商场现代化,2021(23)：176-178.
[10] 董盼.会计报表分析在企业财务管理中的作用[J].经济技术协作信息,2022(7)：122-124.
[11] 冯军.中小企业会计信息化系统实施研究[J].合作经济与科技,2020(19)：168-169.
[12] 宋建波.内部控制与风险管理[M].3版.北京：中国人民大学出版社,2021.
[13] 左强.企业内部控制主要风险点、关键控制点与案例解析：2022年版[M].上海：立信会计出版社,2022.
[14] 中华人民共和国财政部,中国证券监督管理委员会,中华人民共和国审计署,等.企业内部控制基本规范　企业内部控制配套指引：2021年版[M].上海：立信会计出版社,2021.
[15] 方红星,池国华.内部控制[M].5版.大连：东北财经大学出版社,2022.
[16] 曲远洋.会计制度设计[M].3版.上海：上海财经大学出版社,2021.
[17] 高翠莲.会计制度设计[M].2版.北京：高等教育出版社,2022.
[18] 李凤鸣.会计制度设计[M].6版.上海：复旦大学出版社,2020.
[19] 孙光国,陈艳利,刘英明.会计制度设计[M].7版.大连：东北财经大学出版社,2020.
[20] 陈艳利.会计制度设计[M].3版.北京：中国人民大学出版社,2021.
[21] 牛慧.会计制度设计[M].4版.北京：中国人民大学出版社,2020.